高等职业教育“十二五”规划教材

旅游类专业教材系列

旅游公共关系

（第二版）

刘德兵　主编

张昌贵　邓军华　刘　春　田　华　柳　旭　副主编

科学出版社

北　京

内 容 简 介

本书是讲述旅游公共关系的教材。

全书共分十章，主要内容包括旅游公共关系概论、原则与程序、调查、策划与传播、计划的实施与评估、谈判、旅游企业与旅游地 CIS 策划、旅游危机公共关系处理、实务、从业人员的素质与礼仪。

本书适合作为高职高专旅游、经济管理等相关专业的教材，也可供相关人员参考。

图书在版编目（CIP）数据

旅游公共关系 / 刘德兵主编. —2 版. —北京：科学出版社，2014
（高等职业教育"十二五"规划教材・旅游类专业教材系列）
ISBN 978-7-03-040113-7

Ⅰ. ①旅… Ⅱ. ①刘… Ⅲ. ①旅游业－公共关系学－高等职业教育－教材 Ⅳ. ①F590.65

中国版本图书馆 CIP 数据核字（2014）第 046472 号

责任编辑：朱大益 / 责任校对：刘玉靖
责任印制：吕春珉 / 封面设计：子时文化

科学出版社 出版
北京东黄城根北街 16 号
邮政编码：100717
http://www.sciencep.com
三河市骏杰印刷有限公司印刷
科学出版社发行 各地新华书店经销
*
2007 年 8 月第 一 版 开本：787×1092 1/16
2014 年 3 月第 二 版 印张：15 3/4
2020 年 1 月第八次印刷 字数：328 000

定价：39.00 元

（如有印装质量问题，我社负责调换〈骏杰〉）
销售部电话 010-62134988 编辑部电话 010-62138978-2018

第二版前言

旅游管理学和公共关系学都是边缘性、综合性学科，从诞生至今历时不是很长，还很不成熟，旅游公共关系则更显稚嫩。但是随着公共关系调查、公共关系策划与传播、公共关系谈判、危机公关处理等相关概念和知识，在开发旅游产品和发挥旅游产业功能的过程中，逐渐发挥了更重要的作用，旅游公共关系这门学科也在实践中不断得到完善，与之相适应的旅游公共关系教育也得到迅速的发展。

为了适应新形势下旅游产业的发展变化，加强旅游从业人员公共关系理念的教育，我们将 2007 年 9 月首次出版的教材进行了修改，删除了一些过时的内容，增加了一些新的资料和案例，使得内容能跟上新形势发展的要求，更能满足当前教学的需要。本书修改后所体现的特点：一是在相关知识方面，紧跟行业发展变化，拓展和补充了新的内容和观点；二是突出了教材的可读性，在语言阐述上尽量做到通俗易懂，在内容编排和知识结构上使用了一些新案例，而且每章后面的小结都给出了重点提示，以达到增强学习效果的目的；三是突出了实用性，对每章后面的典型案例做了分析提示，帮助学生加深对概念的理解，培养学生分析问题和解决问题的能力。

本书由江西旅游商贸职业学院刘德兵任主编；四川行政学院刘春、田华，陕西杨凌职业技术学院张昌贵，河南科技学院邓军华、大连轻工职业学院柳旭为副主编。各章的修改分工如下：第一、二、三、四章刘德兵；第六、九章张昌贵；第七、八章邓军华；第五、十章柳旭。全书最后由刘德兵统稿、定稿。

本书在修改的过程中，邀请了青岛啤酒（珠海）有限公司公关部经理刘聪参与，得到了科学出版社的支持和指导，并参考和引用了国内外相关学科和实践领域的案例等诸多研究成果。在此，一并向有关同人表示衷心感谢。

由于受时间和学识水平的限制，书中存在的不足之处，恳请各位专家和读者指教。

编　者

2013 年 12 月

第二版前言

第一版前言

现代公共关系学从诞生至今还不足100年，但伴随着人类社会的迅猛发展，公共关系学也得到了快速的发展，现已成为当代管理学研究领域最活跃的实践性学科之一，越来越引起人们的重视。人们学习公共关系学，运用公共关系学于社会实践的自觉性也越来越高。随着旅游业的迅猛发展，在我国公共关系实践领域，旅游业公共关系活动正向职业化和国际化的方向发展。旅游公共关系的概念在旅游产品的开发和旅游经营中已经成为人们关注的热点问题。随着公共关系在理念上进一步成熟，在未来的发展中，旅游公共关系工作将为进一步提高旅游服务的质量、改善旅游环境、推进旅游产业的发展，发挥更为积极的作用。

旅游业是现代产业系统中增长最快的产业之一。旅游产业跨越式发展的需要和当代公共关系理论实践的结合，是旅游公共关系理论和实践研究发展的必然结果。与这种实践需求相对应的是各类旅游专业教育迅速发展，而高等职业旅游院系担负着为旅游产业培养大批实用型人才的职责，在这种情况下，根据旅游产业发展的需要和旅游教育发展的需要，加强旅游公共关系理念的教育，增进旅游公共关系工作的实践，对全面提高旅游产业从业人员的公共关系意识和增强旅游管理人员的公共关系工作能力，有着十分重要的意义。

本书从旅游公共关系概论、旅游公共关系的原则与程序、旅游公共关系调查、旅游公共关系的策划与传播、旅游公共关系计划的实施与评估、旅游公共关系谈判、旅游企业与旅游地CIS策划、旅游危机公共关系处理、旅游公共关系实务、旅游公共关系人员的素质与礼仪等方面进行较系统的介绍，阐述了旅游公共关系的理论及实践运用，力求突出基础性、实践性和指导性的原则。在编写体例方面，考虑到了课前预习和课堂教学安排的特点，各章前标明了学习目标，章后附有小结、典型案例、实务训练、思考题，以进一步强化旅游公共关系教学的理论和实践结合的目标。

各章的编写分工为：第一、十章由江西旅游商贸职业学院的刘德兵编写；第二、三章由四川行政学院的田华编写；第四、五章由四川行政学院的刘春编写；第六、七章由陕西杨凌职业技术学院的张昌贵编写；第八、九章由河南科技学院的邓军华编写。本书在编写过程中参考了国内外公共关系学、旅游学及相关学科和实践领域的诸多研究成果，在此，一并向相关作者表示感谢！

由于编者的学识水平有限，书中难免存在不妥之处，恳请读者批评指正。

编　者

2007年8月

目　　录

第一章

旅游公共关系概论

学习目标

通过对本章的学习，了解现代公共关系的兴起及其在我国的发展状况，掌握旅游公共关系的概念、特征和理论基础知识，掌握旅游公共关系中主体、客体和媒体三大要素以及如何促进公众与旅游组织的了解和沟通，更好地塑造旅游组织的良好形象，使旅游业整体效益得到提高。

第一节　旅游公共关系概述

一、现代公共关系的兴起与发展

1．现代公共关系的兴起

现代公共关系是商品经济和资产阶级民主政治高度发展的产物，它于19世纪中叶在美国酝酿产生。公共关系作为一种新的社会思想和活动，其源头是美国19世纪中叶风行的报刊宣传活动。可以说，这是现代公共关系的发端时期。此后，随着美国民主政体的建立和健全，公众舆论在社会生活中变得举足轻重，政府、工商企业纷纷利用日益蓬勃发展的报刊业为自己制造舆论，争取民众。

公共关系在美国兴起后，大致经历了以下几个发展时期：

（1）巴纳姆时期——现代公共关系的发端

19 世纪中叶在美国风行的报刊宣传活动，被认为是现代公共关系业的“前身”。因为当时最有名的代表人物叫巴纳姆，所以人们将公共关系发展史的这一段时期称为巴纳姆时期。

19 世纪 30 年代，美国报界掀起了一场便士报运动。由于这种报纸售价低，一般劳动大众都买得起，因此报纸发行量大增，随即广告费也迅速上涨。有些公司、组织为了省下广告费，便雇用专门的人员来制造煽动性新闻，制造关于自己的神话，以此来扩大影响。报纸则为了迎合下层读者的阅读心理，也乐于接受并加以发表，这样双方各有所需，相互配合，就出现了美国历史上有名的报刊宣传活动。

当时最有代表性的人物就是巴纳姆。他是美国最善于创新和最受人赞赏的游艺节目演出经理人。他的信条是“凡宣传皆好事”。为了使自己和公司扬名，置公众利益于不顾，任意编造谎言和神话，利用新闻媒介“愚弄公众”，是该时期工商界宣传的显著特点。这种或把新闻媒介视为异己，或利用新闻媒介“愚弄公众”的现象在当时引起了新闻媒介的不满，报纸、杂志率先刊载揭露实业界那些“强盗大王”的恶劣丑闻，形成了美国近代史上著名的“清垃圾运动”。

“清垃圾运动”的冲击，使工商企业意识到了取悦舆论的重要性。许多企业开始聘请懂行的人专门从事改善与新闻界关系的工作，这种人被称为“新闻代理人”。他们为其委托人做宣传，在新闻媒介之间进行游说，经常与报界联系，邀请记者到企业参观采访，或为公司的政策作解释和辩护等。

后来，人们很快认识到了这种做法的错误，开始逐步剔除其中的不合理因素，并明确了公共关系活动中必须奉行诚实、公正和维护公众利益的原则。

（2）艾维·李时期——现代公共关系职业化的开始

19 世纪末 20 世纪初，美国资本主义进入垄断时期。伴随着垄断的形成，经济上日益繁荣的美国出现了严重的社会危机。为数不多的垄断资本家集团构成了错综复杂的社会网络，控制着整个国家的经济命脉，支配着政府的权力。垄断财团的种种恶行，最终招致整个社会对他们的敌意和仇视，终于在 1903 年前后爆发了以揭露企业丑行和阴暗面为主题的揭丑运动。在美国政府的直接推动下，新闻界的一些人士冲锋陷阵，掀起了揭丑运动的高潮。早期的新闻代理活动免不了存在大吹大擂、搪塞了事、混淆视听和隐瞒欺骗的弊端。此时，有一个人开始致力于改变这种状况。他就是被后人誉为公共关系之父的艾维·李。

艾维·李早期是《纽约世界报》的记者。1903 年，他开办了第一家宣传顾问事务所，成为向客户提供劳务而收取费用的第一个职业公共关系人。现代公共关系职业化由此发端。

1906 年，艾维·李在被邀请去帮助处理一件煤矿的罢工事件时，通过报纸发表了具有里程碑意义的《共同原则宣言》，指出：“我们的计划是公开而坦率地代表企业和公共事务机构向新闻界和公众提供公众需要了解的、有关公众利益和价值的准确资料。”这一思想可基本归结为两点：“公开事实真相”和“维护公众利益”，也即“说真话”和“公众必须被告知”。这些思想纠正了巴纳姆新闻代理时代宣传的欺骗性和非道德性，为公共关系的健康发展奠定了坚实基础。艾维·李认为，一个企业要获得良好的声誉，就必须及时地把自己的真实情况披露于世，把公众关心的以及与公众利益相关的所有情况告诉公众，以此来争取公众的信任与理解，而不是依靠向公众封锁消息或以欺骗手段来愚弄公众。

他的这些远见卓识，开拓了公共关系的新价值和新职能，对工商企业乃至整个社会的管理都产生了深远的影响，使公共关系这门学科从对一些简单问题的探讨上升为探求带有某些规律性的原则和方法，大大推动了这门学科的发展。他本人也从一个“单纯的代理人”成长为“企业最可信任的顾问”，被誉为“公共关系之父”。但由于时代的局限，艾维•李的咨询指导还主要是凭经验和直感进行的，缺乏对公众舆论的严密、大量的科学调查。因此，有人批评艾维•李的公共关系咨询只有艺术性而无科学性。

（3）爱德华•伯尼斯时期——现代公共关系学科化的成熟

艾维•李对公共关系的贡献主要是在实践方面，虽然他在理论上也有一些远见卓识，但始终没有形成系统而科学的理论体系。真正为公共关系理论奠定基础并使其系统化、科学化的，是美国学者爱德华•伯尼斯。

爱德华•伯尼斯在第一次世界大战前是一名记者。1913 年被聘为福特汽车公司公共关系经理，任期内在扩大公司影响、提升公司形象等方面做出了重大贡献。1919 年，他与夫人一起创办了一家公共关系公司。在从事公共关系实践活动的同时，他十分重视公共关系理论的研究，1923 年，他以教授的身份首次在纽约大学讲授公共关系课程，同年出版了被称为公共关系理论发展史上“第一个里程碑”的专著——《公众舆论的形成》。在书中，伯尼斯首先详尽阐述了“公共关系咨询”这一概念，而且还系统地论述了它的作用：“其一是向工商业组织推荐他们应采纳的政策，这种政策的实施可以保证工商业组织的行为符合社会利益；其二是把工商业组织执行的合理政策、采取的有益社会行为向社会广泛宣传，帮助工商业组织赢得公众的好感、信任和支持。”1952 年，他又写出了《公共关系学》教科书。该书从理论上对 20 世纪美国的公共关系实践进行了概括和总结，探讨了公共关系的内涵及其活动的原则和方法等，为公共关系学科的形成和进一步发展打下了坚实的基础。

伯尼斯的主要贡献就在于，他把公共关系学理论从新闻传播领域中分离出来，并对公共关系的原理与方法进行较系统的研究，使之系统化、完整化，最终成为一门独立完整的新兴学科。另外，在伯尼斯的理论中，公共关系已完全超越了新闻代理时代“宣传”、“告知”的单向传播阶段，进入组织与公众的双向沟通时期。伯尼斯认为：对组织、企业而言，要想获得稳定、持久的发展环境，不仅要做到让社会和公众了解自己，更重要的是必须得到公众的谅解与合作。正是基于这种认识，伯尼斯公共关系思想的一个重要组成部分就是他提出了“投公众所好”的公共关系策略，主张企业或组织在决策前，应先了解公众爱好什么，对企业或组织有什么要求或愿望，在确定公众价值取向与态度后，再有目的地开展宣传工作，以迎合公众的要求。伯尼斯在理论上做出的贡献，对于公共关系学科的形成和进一步发展具有划时代的意义。

1952 年，斯科特•卡特利普、艾伦•森特合著的《有效公共关系》出版（第 6 版时新增作者格伦·布鲁姆），被西方人誉为“公共关系圣经”。该书提出了“双向对称”的公共关系模式，认为公共关系的最终目的，是要在组织与公众之间建立起一种和谐而良好的关系。要实现这一目标，既要把组织的想法和信息传播给公众，同时又必须把公众的想法和信息反馈给组织。“双向对称”模式的提出，使公共关系完全跳出了新闻的窠臼，成为现代公共关系的重要标志。在理论研究取得突破的同时，公共关系在教育和实践领域也得到飞速发展。

1998年，美国公共关系学者詹姆斯·格鲁尼格教授主持的“卓越公共关系和传播管理”的课题研究已接近尾声，“卓越研究”衡量卓越公共关系和传播管理的程度，涉及卓越传播的三个层次（传播核心层、知识核心层和文化核心层），并有包容性。詹姆斯·格鲁尼格还提出了一种“普遍原则，特殊运用”的公共关系全球化理论。

2. 现代公共关系在西方的发展

1920年至第二次世界大战期间，随着世界科技进步，商品经济的发展，以消费者为导向的市场观念日益为企业的经营管理者所重视。在这种情况下，公共关系作为一种现代经营思想迅速传播开来。1924年，美国《芝加哥论坛报》社论强调：“公共关系已经成为一种专门职业，一种艺术和一门科学。”1948年，美国全国公共协会（PRSA）宣告成立，同时制定了作为行为法规的“公共关系人员职业规范守则”。

伴随着公共关系在美国的成熟和发展，大约从20世纪30年代开始，公共关系迅速向世界各地传播。首先是在发达的工业化国家生根，之后又在经济上欠发达的国家和地区落户。

公共关系的第一个输入国是英国。1926年，英国成立了皇家营销部。1948年，全国性的公共关系协会宣告成立。1940年，公共关系传入加拿大。第二次世界大战后，公共关系在欧洲国家迅速流行。1946年，法国的大公司开始应用公共关系，同年荷兰出现了首批公共关系事务所。20世纪50年代初，芬兰、意大利等国家相继成立了公共关系协会。1959年5月，欧共体（欧盟的前身）成员国联合成立了欧洲公共关系同盟，并于1965年通过了《国际公共关系道德法则》——由于它是在雅典会议上通过的，所以又被称为《雅典法则》。

20世纪50年代初中期，在北美和欧洲之外的其他地区，如中美洲、南美洲、大洋洲的澳大利亚和新西兰以及非洲的南非等国家和地区，都有了公共关系顾问这一职务。

1955年，国际公共关系协会（简称IPRA）在英国伦敦成立。该协会每年两次的理事会和各种专业讨论会以及每3年一次的世界公共关系大会，对于加强世界各国公共关系界的相互联系、促进专业交流、增进彼此了解，起到了积极作用，推动着国际公共关系事业不断向前发展。

1966年，泛美公共关系协会在南美洲成立，成员来自南美洲各个国家的公共关系组织。

公共关系在亚洲的兴起比较晚，大约在20世纪60年代伴随着日本以及其他东南亚国家和地区经济的飞速发展而被引入。虽然引入亚洲的时间比较晚，但发展的速度却异常迅速，引起国际公共关系界的重视。为了规范公共关系的发展，很好地协调彼此之间的关系，1967 年印度、菲律宾、韩国、新加坡和我国香港、台湾地区，建立了泛亚公共关系协会。

1975 年，由肯尼亚、埃及、尼日利亚、赞比亚、加纳、南非等国家的公共关系组织组成的非洲公共关系协会联盟在肯尼亚首都内罗毕宣告成立。

1978 年 8 月，世界公共关系协会在墨西哥城召开大会，一致同意公共关系的定义为："分析趋势，预测后果，向领导机构提供意见，履行一连串有计划的行动，以服务于本机构和公众利益的艺术和社会科学。"

公共关系产生后，在短短几十年内，从一国逐渐扩展至世界各国，从资本主义国家到不同性质、不同类型国家的多样化发展，是时代进步的标志，同时也证明了它自身的实用性与价值。

特别需要指出的是，随着冷战结束、全球经济一体化的推进，各国经济的发展面临更加激烈的国际竞争，要想在竞争中取胜，就必须具备主动适应环境变化的能力，因而有必要对其他国家的政治制度、经济环境、文化传统、社会习俗等进行深入的调查研究，并在此基础上采取相应且行之有效的对策。有鉴于此，早在 1995 年召开的美国公共关系协会第 48 届年会上，专家们指出：一个缺乏国际公共关系意识的公共关系人员不可能是一个适应现实和未来社会的合格公共关系人员。的确，伴随着经济和科技的飞速发展，今天的国际公共关系活动早已超出了早期主要围绕出口产品进行宣传（被称为出口产品的公共关系）的局限，扩展到国际政治、国际经济和国际文化交流等众多领域，促使一个又一个新兴公共关系市场不断形成，国际范围内公共关系职业化水平也有了很大的提高。

进入 20 世纪 90 年代后，公共关系国际化的趋势日益得到加强，国际公共关系的重要性也越来越多地为人们所认识，仍固守狭隘的地域观念、缺乏国际化眼光和意识的公共关系人员，确实是不合格的从业者。

3. 现代公共关系在中国的发展

公共关系作为一种全新的思想理论和社会职业，是伴随我国对外开放大门的打开而步入中国大地的。在此之前，大约在 20 世纪 50～60 年代，随着我国台湾和香港地区经济的迅速发展，现代公共关系也开始传入我国台湾和香港地区，并得到了较快发展。

1958 年，我国台湾的交通系统设立了公共关系职能部门。1974 年，第一家公共关系公司——联合太平洋国际公司成立，并迅速成长为台湾地区公共关系业的"龙头"企业。此外，进入 20 世纪 90 年代后，台湾地区的航空、旅游、餐饮等行业的许多企业都设立了自己的公共关系部。公共关系业成为台湾地区的热门职业。1994 年 4 月 5 日，由我国台湾"公共关系基金会"创办的第一份公共关系专业期刊——《公共关系》问世，标志着台湾地区公共关系业力量整合的开始。

自 20 世纪 60 年代公共关系引入香港地区后，其发展速度之快，令国际公共关系界惊讶。到 90 年代初期，香港地区具有国际服务水平和规模的公共关系公司已近 30 家。此外，各类型的企业特别是服务行业的企业也都纷纷成立了自己的公共关系机构。伴随着公共关系实务的不断发展，香港地区的公共关系教育、培训以及理论研究水平都有了很大的提高，使公共关系的社会影响和实际作用不断扩大，为其后公共关系向内地的引入和传播奠定了基础。

随着我国改革开放政策的实行，公共关系自 20 世纪 80 年代初传入我国内地并逐步发展起来。

公共关系实务在内地的引入和发展，走的是先沿海后内陆、先合资企业后国有企业、先服务性行业后生产性行业的道路。

20 世纪 80 年代初，公共关系作为一种新的管理方法和技术，率先在我国东南沿海地区落户。1984 年，广东白云山制药厂率先成立了公共关系部，为公共关系在我国的广泛传播以及被人们正确认识、理解和接受，起到了巨大的推动作用。在这种大气候的影响下，一些海外公共关系公司开始进入中国市场。1984 年，美国伟达公共关系公司率先在北京设立办事处。1985 年，美国的博雅公共关系公司进入中国并促成了我国第一家公共关系公司——中国环球公共关系公司的诞生。一些企业公共关系部和专业公共关系公司的出现，极大地促进了公共关系在我国的发展，使其不仅受到了工商企业等营利性组织的重视，同时也赢得了科研院所、社会团体和政府机关等非营利性组织的青睐。

（1）公共关系教育的兴起和发展

公共关系实务引入中国后，最突出的问题是公共关系从业人员的素质和水平相对低下，从而制约了公共关系向更高层次的发展。1985 年 1 月，深圳举办了全国第一期公共关系培训班，开创了我国公共关系培训事业的先河。此后，国内一些著名大学都开设了公共关系课程。1987 年，教育部正式将公共关系课程纳入相关专业的教学计划中，使公共关系在大中专学生中得到普及和传播。时至今日，几乎所有的大中专院校都开设有公共关系课程。此外，全国各地的公共关系协会以及社会上有资质的培训机构也开设了形式多样的公共关系培训班，为社会培养不同层次的公共关系人才。

（2）公共关系理论研究的深入和整体水平的提高

在公共关系实务和教育事业飞速发展的基础上，20 世纪 80 年代中期之后，我国掀起了一股公共关系理论研究的热潮。刚开始是高校的学者们从理论上比较系统地介绍公共关系，编译、撰写了一些反映国外公共关系发展状况的书籍和文章。1986 年 11 月，中国社科院新闻研究所公关课题组编著的我国内地第一部公共关系学专著《公共关系学概论》由科学普及出版社出版。1989 年，在我国正式出版的公共关系学教材和专著有 100 多种，1993 年年底则增加到 300 多种。出书速度之快，品种之多，是任何一门新学科都无法比拟的。

（3）我国公共关系的理论研究更加深入

社会主义市场经济体制改革目标确立以后，围绕着中国公共关系特色研究这个中心议题，一方面开展适应社会发展需要的专题性研究，另一方面是进行公共关系学科体系

的系统性研究，并取得了丰硕的成果，出版了一批体现中国特色的教材和专著。此外，在分支理论知识的研究上也取得了重大突破，这些著述从不同层次、不同角度对公共关系进行了有益的探讨，使中国的公共关系理论研究摆脱了纯粹的经验介绍之嫌，走上了系统化和科学化的轨道。

（4）公共关系社团的成立与建设

随着公共关系实务、理论研究和教学的广泛开展，各种公共关系社团如雨后春笋般涌现。1986 年 1 月，由中山大学牵头，在广东成立了我国内地第一个公共关系社团——广东地区公共关系俱乐部。同年 11 月 6 日，上海公共关系协会宣告成立，这是我国内地第一个省市级公共关系组织。1987 年 5 月，经国家有关部门批准，中国公共关系协会在北京成立。1991 年 4 月，中国国际公共关系协会成立。自 1988 年起，我国每年都要召开一次全国省市公共关系组织联席会议。在 1992 年于武汉召开的第四届联席会议上，正式通过了《中国公共关系职业道德准则》，这标志着我国公共关系事业日益走向成熟。

（5）中国公共关系事业的发展趋势

进入 21 世纪，随着经济全球化趋势的发展，公共关系作为重要的传播沟通工具，在提升竞争力、促进经济社会协调发展等方面发挥着越来越重要的作用。公共关系作一种职业、在我国还十分年轻。2000 年 12 月 3 日，首届全国公关员职业资格统一考试举行，24 个省、市、自治区的近 7000 人参加了初、中、高三个等级的公关员职业资格鉴定考试。公关作为一个专门职业被社会认可，公共关系也成为一个求职热点。

在我国公共关系事业及公关市场将是最具潜力且发展最快的市场。第一，中国本土企业将越来越与国际惯例接轨，一批具有国际眼光的企业家将成为未来中国经济的主导力量，进而带动公关需求量的增加。第二，公关市场竞争的国际化。国际公关公司将以其品牌、技术、历史赢得市场。本土企业将继续学习国际公关公司先进的技术和管理经验，并研究适合中国国情的市场战略和公关服务手段，使自己走向国际化。第三，高科技将普遍应用于公关事业。信息技术、传播技术广泛应用于公关业，媒体多元化、互动化、信息个性化为公关业务的创新发展提供了机遇。第四，竞争将产生优胜劣汰，效益向有品牌、有规模的公司集中。一批与国际接轨、具有专业公关水平的中国公关公司将会迅速成长起来。

二、旅游公共关系的概念与特征

1. 公共关系的基本概念

公共：从字面上讲，“公”与“私”相对，国家的、集体的、单位的、社会组织的、大家伙儿的等属于“共同”性质的范畴。共，相同的，共同具有的，亦有“共同”之含义。

《新华词典》解释道，公共关系是指团体或者个人在社会活动中的相互关系。“公共关系”一词，源自英语的“public relations”（简称 PR）。“public”可译为“公共的”、“公众的”或者“公开的”，“relations”可译为“关系”。英语“public relations”本来就是一个多义词，既用它来表述公共关系，也用它来表述与公共关系相关的事物和现象，最常见的是指代公共关系状态、公共关系活动、公共关系科学等。这样一来，这个词就具有了多层含义。我们应该对“公共关系”的概念加以界定和解释。

公共关系定义有许多种，其中具有代表性的定义主要有五种：

（1）管理职能论

这种观点认为，公共关系是一种管理职能，认为公共关系是社会组织对社会公众的一种有目的的传播与沟通活动，以此来影响公众的行动，实现组织的目标。因此，公共关系是社会组织的一项重要管理职能，甚至有人将其视为一种新的管理哲学或管理方法。这类定义比较强调公共关系的目标，认为公共关系就是组织实现自己目标的一项重要管理职能。在我国，不少学者赞同管理职能论的观点。

（2）传播沟通论

持这种观点的学者侧重于从公共关系的运作过程和特点来考虑并界定公共关系，认为公共关系是社会组织与公众的一种传播沟通方式、一种传播沟通活动。这类定义比较强调公共关系的手段和过程，认为公共关系离不开传播沟通。

（3）社会关系论

持这种观点的学者从公共关系的状态以及公共关系的对象、效果涉及和影响整个社会的角度来认识公共关系，认为公共关系是社会组织与社会之间的关系，是一种特殊的社会关系，是优化社会互动环境的一种努力。

（4）现象描述论

持这一观点的学者关注公共关系实务，抓住公共关系的某种功能、现象或者一个侧面，进行形象、生动地描述，从而给公共关系以通俗的解释和具体操作性定义。

（5）特征综合论

这类观点是将公共关系的各种特征综合起来加以表述。

1978 年 8 月，世界公共关系协会发表《墨西哥宣言》，指出：公共关系是一门艺术和社会科学。公共关系的实施是分析趋势、预测后果，向机构领导人提供意见，履行一系列有计划的行动，以服务于本机构和公众的共同利益。

公共关系引进中国以后，已经出版了许多教材、著作，提出了许许多多有所相通又有所不同的定义。关于公共关系的定义，我们比较赞同这样的表述：公共关系是社会组织为了实现自己的目标，以传播沟通为手段，使自己与公众相互了解，从而建立、发展、改善、协调与其公众之间的关系。其状态称之为公共关系状态，表现为一种社会关系；其过程表现为围绕目标、计划的行为、活动，称之为公共关系活动。

公共关系的主体是社会组织；公共关系的客体是公众；公共关系的手段是传播与沟通。对于公共关系，可以从不同的角度、侧面来分析、判断。从静态看，公共关系是一种状态；从动态看，公共关系是一种活动；从观念角度看，公共关系是一种意识；从学科理论角度分析，公共关系是一门科学；从运作方式角度把握，公共关系是一门艺术；

从社会化、职业化的角度分析，公共关系是一个职业。

公共关系作为一种关系，其客观承担者是社会组织和公众，因此，从广义上说，公共关系就是社会组织与公众之间的联系和相互作用，它包括动、静两种形态：当社会组织与公众之间的联系、相互作用处于相对静止的状况时，公共关系只是表现为这二者之间的一种静态关系，又称之为公共关系状态，属于社会关系的一种；当社会组织与公众之间的联系、相互作用构成了运动状态时，公共关系就表现为社会组织与公众之间的传播与沟通活动。运动总是遵循着一定的规律，活动总是遵循着一定的规范，所以作为传播与沟通活动的公共关系，又必然体现着一种行为规范，这种公共关系是动态关系。

静态的公共关系状态可以成为动态公共关系的重要条件；动态的公共关系的效果直接影响静态公共关系的状况。在动、静公共关系的矛盾中，动态的公共关系一般处于主导地位。通常意义上的公共关系，主要是指动态公共关系，又称之为公共关系活动。

公共关系的主体是社会组织，社会组织的主体是人，人的活动有自觉、盲目之分，公共关系也有自觉、盲目两种状态；自觉的公共关系活动，属于狭义的公共关系，也是我们所要研究的“公共关系”。

2. 公共关系的基本特征

所谓公共关系的基本特征，是指公共关系与其他类型的社会关系相比较所具有的基本特点。

（1）公共关系具有公众性

公共关系是社会组织与其公众之间的关系，是一种“公家关系”，不是一般的私人往来、私人关系。公共关系的主体是各种各样的社会组织，客体是公众。社会公众既有个人，也有社会组织，是与成为公共关系主体的社会组织相互联系、相互影响、相互作用的社会组织和个人的总和。因此，公共关系的公众性特点比较显著。

（2）公共关系具有互利性

公共关系的主体与客体之间存在着“互利性”，公共关系不是以血缘、地缘、学缘等纽带为基础建立起来的，而是以一定的利益关系、利害关系为基础建立、发展起来的。公共关系是基于公共关系的主体社会组织与公共关系的客体公众之间的共同愿望、共同利益或目标基础上的。社会组织在发展过程中必须得到相关社会公众的支持，他开展公共关系活动是为了实现本组织的目标，争取获得更多的利益。但是，公众也必须得益，公众的某些利益获得满足，他们才能对进行公共关系活动的主体——社会组织“买账”，才能与之“合作”，才能给予其支持，以有利于其实现自己的目标。从这个角度上讲，公共关系是以互惠为原则的。只有实现主客体之间的互惠互利，才能保证公共关系的建立和发展。否则，单方面受益甚至损人利己，是无法建立、维系良好的公共关系的。因此说，公共关系具有主客体之间的互利性。

（3）公共关系具有开放性

人与人的关系，局限于个体之间的往来，有相当部分属于“隐私”。世界上许许多多的关系都可以是秘密的、封闭的，而公共关系一般都是公开的、开放的。作为公共关系主体的社会组织，开展公共关系活动完全是合理合法、正大光明的，使用正当的手段、合法的途径大张旗鼓地宣传自己，协调与公众之间的关系，没有必要像“拉关系、走后门”和“非法公共关系”那样“偷偷摸摸”地进行；而且，公共关系的目的就是为了让更多的公众了解自己，扩大本组织的知名度，提高本组织的美誉度，塑造良好的组织形象，以谋求本组织的生存和发展，实现组织目标，因此，公共关系既不可能是封闭性的，也不可能是完全隐秘的。

（4）公共关系具有流动性

作为公共关系主体的社会组织，其运行是动态的，是一直处于发展变化的过程中的。而且，社会组织所面对的公共关系客体——公众，更是不断变化的。不仅公众对象一直处于动态的变化之中，而且公众层面也是流动变化的，非公众、潜在公众、知晓公众、行动公众会发生转化。再者，公众具有层次性，其要求是千差万别的；公众的主观意识、价值趋向、消费理念、可使用资源等也会不断地发展变化，其态度、行为也就必然会发生变化。对公共关系效果起着决定性作用的社会组织形象，一直处于动态的发展变化之中。社会组织形象不仅具有主观与客观的两重性，而且具有多维性和相对性，它在公众心目中的“定势”——好、坏，美、丑等“印象”，是会发生变化的。社会组织与公众建立良好的关系，获得美好的声誉，是必须经过长期的努力才能做到的。尽管这种良好的关系、美好的声誉具有一定的相对稳定性，但是它绝对不是一劳永逸的，放松了努力，良好的关系、美好的声誉会向反面转化；一旦社会组织形象发生恶化时，经过加倍的努力，他也可以向良性方面转化。可以说，在公共关系中，发展变化无处不有，无时不在，使它一直处于“流动”的状态。

三、旅游公共关系的理论基础

旅游公共关系作为一门新兴的、操作性很强的应用性边缘学科，许多概念、理论和框架结构都是直接从众多学科中套用或移植过来的，从而使它得以立足于坚实的科学基础之上，显示出勃勃生机。其中，它又以管理学、传播学、心理学为其学科支柱。

1. 旅游公共关系中的管理学理论

双因素理论是美国行为科学家弗雷德里克·赫茨伯格提出来的，又称激励因素-保健因素理论。

20 世纪 50 年代末，赫茨伯格和他的助手们在美国匹兹堡对 200 名工程师、会计师进行了调查访问。访问主要围绕两个问题：在工作中，哪些事项是让他们感到满意的，并估计这种积极情绪持续多长时间；哪些事项是让他们感到不满意的，并估计这种消极情绪能持续多长时间。结果他们发现，使职工感到满意的都是属于工作本身或工作内容方面的；使职工感到不满的都是属于工作环境或工作关系方面的。他把前者叫做激励因素，后者叫做保健因素。

保健因素的满足对职工产生的效果类似于卫生保健对身体健康所起的作用。它虽然不能直接提高健康水平，但有预防疾病的效果；它不是治疗性的，而是预防性的。保健因素包括公司政策、管理措施、监督、人际关系、物质工作条件、工资、福利等。当这些因素恶化到不能接受时，人们就会产生对工作的不满意。但是，当人们认为这些因素很好时，它只是消除了不满意，并不会导致积极的态度，这就形成了某种既不是满意，又不是不满意的中性状态。

那些能带来积极态度、满意和激励作用的因素就叫作“激励因素”，包括成就、赏识、挑战性的工作、增加的工作责任以及成长和发展的机会等。如果具备了这些因素，就能对人产生更大的激励。从这个意义出发，赫茨伯格认为传统的激励假设，如工资刺激、人际关系的改善、提供良好的工作条件等，都不会产生更大的激励，它们只能消除不满意，防止产生问题，但不会产生积极的激励。按照赫茨伯格的意见，管理当局应该认识到保健因素是必需的，不过它一旦使不满意中和以后，就不能产生更积极的效果，只有“激励因素”才能使人们有更好的工作成绩。

赫茨伯格及其同事以后进行了多次调查，他们发现，由于调查对象和条件的不同，各种因素的归属有些差别，但总的来看，激励因素基本上都是属于工作本身或工作内容的，保健因素基本上都是属于工作环境和工作关系的。但是，赫茨伯格注意到，激励因素和保健因素都有若干重叠现象，如赏识属于激励因素，基本上起积极作用，但当没有受到赏识时，又可能起消极作用，这时又表现为保健因素；工资是保健因素，但有时也能产生使职工满意的结果。

双因素理论促使企业管理人员注意工作内容方面因素的重要性，特别是他们同工作丰富化和工作满足的关系，因此是有积极意义的。赫茨伯格告诉我们，满足各种需要所引起的激励深度和效果是不一样的。物质需求的满足是必要的，没有它会导致不满，但是即使获得满足，它的作用往往是有限的、不能持久的。要调动人的积极性，不仅要注意物质利益和工作条件等外部因素，更重要的是要注意工作的安排，量才录用，各得其所，注意对人进行精神鼓励，给予表扬和认可，注意给人以成长、发展、晋升的机会。

2. CIS 理论

CIS 全称 Corporate Identity System，即企业识别系统或企业形象设计系统。其含义是，运用整体传递系统，将企业经营观念与精神文明及时地传递给社会公众，以塑造良好的企业形象，赢得消费者对企业的认同感，从而提高企业的市场竞争能力。现代企业之间的竞争很大程度上已不再取决于质量和价格的竞争，而是企业形象和知名度的较量，而提高企业形象和知名度正是导入 CIS 所能达到的效果。详细叙述参见第七章。

3. 旅游公共关系中的传播学理论

公共关系的传播是信息交流的过程，是通过一定的媒介或载体将传播的信息准确地传递给受传者，同时获得信息反馈的过程。离开了传播，公众无从了解组织，组织也无从了解公众。如果我们把社会组织看作公共关系工作的主体，把公众看作公共关系工作的客体，传播就是二者之间相互联系的纽带和桥梁。组织与公众的沟通，在很大程度上依靠信息传播，组织与公众之间的误解，也往往是由于信息不畅造成的。因此，一个社会组织充分利用传播手段开展公共关系活动，赢得公众的好感和舆论的支持，就能获得良好的经济效益和社会效益。详细叙述参见第四章。

4. 旅游公共关系中的社会心理学理论

社会心理学是研究特定社会环境中个人与他人、个人与群体间相互影响、相互作用而引起的心理活动的产生、发展和变化规律的科学。公共关系作为社会关系系统的子系统，存在着大量而广泛的社会心理现象。公共关系人员如能在公共关系活动中运用社会心理学的基本知识和技能，不仅有利于提高公共关系效率，同时也会使公共关系活动更具有针对性。

与公共关系密切相关的社会心理学理论主要有需要层次理论和人际交往学理论。

（1）马斯洛的需要层次理论

亚伯拉罕·H. 马斯洛是一位美国心理学家，早期曾经从事动物社会心理学的研究，后转入人类的社会心理学研究。

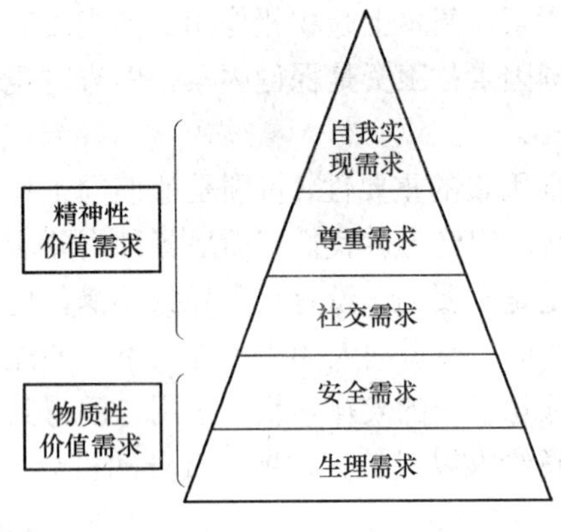

图 1-1　马斯洛的需要层次理论

马斯洛把人的需要归纳为五大类，由低到高分成五个层次，像金字塔一样，如图 1-1 所示。

1）生理需要，是人类本能的最基本的需要，位于多层次需要构成的“金字塔”的底部。这种需要包括衣、食、住、行及延续种族的需要等。

2）安全需要，实质上是生理需要的保障。包括生命安全、财产安全、职业安全、劳动安全、环境安全和心理安全等。

3）社交的需要，也可称为归属和爱的需要。包括社会交往，希望从属于某一个组织或某一种团体，并在其中发挥作用，得到承认；希望同伴之间保持友谊和融洽的关系，希望得到亲友的爱，等等。

4）尊重的需要，即自尊、自重，或要求被他人所尊重。包括自尊心，自信心，希望有地位、有威望，希望受到别人的尊重、信赖以及高度评价等。

5）自我实现的需要，是人生追求的最高目标，位于金字塔的顶端。包括能充分发挥自己的潜力，表现自己的才能，成为有成就的人物。马斯洛说：“音乐家必须演奏音乐，画家必须绘画，诗人必须写诗，这样才会使他们感到最大的快乐。是什么样的角色就应该干什么样的事。我们把这种需要叫作自我实现。”

国内外对马斯洛的需要层次理论有很多的争议。我们认为，绝对肯定或否定都是不恰当的。马斯洛的需要层次理论虽然有着不足之处，但对于我们的公共关系工作还是有

一定的启发作用。

1）马斯洛把人的需要分为五个层次，揭示了人类有多种需要的特征，有其合理的因素，对于我们研究人的需要有一定的参考价值。

2）马斯洛提出人的需要有一个从低级到高级的过程，在一定程度上反映了人类需要发展的一般规律。

3）马斯洛理论的精华在于重视人的需要，强调尊重人、关心人。对于我们了解和关心职工的需要，并根据不同情况采取不同措施，合理地予以满足以调动职工的积极性，具有启发意义。

4）马斯洛指出人在某一时期，只有一种需要占主导地位，其他需要则处于从属地位。这就启示我们，要使对人的管理工作收到成效，不仅要一般地了解职工的需要，而且要特别注意了解和掌握职工在某一时期的主导需要。只有了解到职工的主导需要，才能有针对性地进行工作。

（2）人际交往理论

人际交往过程中的社会心理学理论主要有两种：一是人际需要的三维理论；二是社会交换理论。

1）人际需要的三维理论。社会心理学家舒茨提出的人际需要的三维理论分为两个方面：首先，他提出了三种基本的人际需要；其次，他根据三种基本的人际需要，以及个体在表现这三种基本人际需要时的主动性和被动性，将人的社会行为划分为六种人际关系的行为模式。

① 三种基本的人际需要。舒茨认为，每一个个体在人际互动过程中，都有三种基本的需要，即包容需要、支配需要和情感需要。这三种基本的人际需要决定了个体在人际交往中所采用的行为，以及如何描述、解释和预测他人行为。三种基本需要的形成与个体的早期成长经验密切相关。

包容需要指个体想要与人接触、交往，隶属于某个群体，与他人建立并维持一种满意的相互关系的需要。在个体的成长过程中，若是社会交往的经历过少，父母与孩子之间缺乏正常的交往，儿童与同龄伙伴也缺乏适量的交往，那么，儿童的包容需要就没有得到满足，他们就会与他人形成否定的相互关系，产生焦虑，于是就倾向于形成低社会行为，在行为表现上倾向于内部言语，倾向于摆脱相互作用而与人保持距离，拒绝参加群体活动。如果个体在早期的成长经历中社会交往过多，包容需要得到了过分的满足的话，他们又会形成超社会行为，在人际交往中，会过分地要求与人接触，寻求他人的注意，过分地热衷于参加群体活动。相反，如果个体在早期能够与父母或他人进行有效的适当交往，他们就不会产生焦虑，他们就会形成理想的社会行为，这样的个体会依照具体的情境来决定自己的行为，决定自己是否应当参加或参与群体活动，形成适当的社会行为。

支配需要指个体控制别人或被别人控制的需要，是个体在权利关系上与他人建立或维持满意人际关系的需要。个体在早期生活经历中，若是成长于既有要求又有自由度的民主气氛环境里，个体就会形成既乐于顺从又乐于支配的民主型行为倾向，他们能够顺利解决人际关系中与控制有关的问题，能够根据实际情况适当地确定自己的地位和权利范围。而如果个体早期生活在高度控制或控制不充分的情境里，他们就倾向于形成专制型的或是服从型的行为方式。专制型行为方式的个体，表现为倾向于控制别人，但却绝对反对别人控制自己，他们喜欢拥有最高统治地位，喜欢为别人做出决定；服从型行为方式的个体，表现为过分顺从、依赖别人，完全拒绝支配别人，不愿意对任何事情或他人负责任，在与他人进行交往时，这种人甘愿当配角。

情感需要指个体爱别人或被别人爱的需要，是个体在人际交往中建立并维持与他人亲密的情感联系的需要。当个体在早期经历中没有获得爱的满足时，个体就会倾向于形成低个人行为，他们表面对人友好，但在个人的情感世界深处却与他人保持距离，总是避免亲密的人际关系；若个体在早期经历中被过于溺爱，就会形成超个人行为，表现出强烈地需求爱的倾向，并总是在任何方面都试图与他人建立和保持情感联系，过分希望自己与别人有亲密的关系；而在早期生活中经历了适当的关心和爱的个体，则能形成理想的个人行为，他们总能适当地对待自己和他人，能适当地表现自己的情感和接受别人的情感，又不会产生爱的缺失感，他们自信自己会讨人喜欢，并且能够依据具体情况与别人保持一定的距离，也可以与他人建立亲密的关系。

② 六种基本的人际行为倾向。舒茨认为，上述三种基本的人际需要都可以转化为行为动机，使个体产生行为倾向，而个体在表现三种基本人际需要时又可以分为主动的和被动的两种情况，于是个体的人际行为倾向就可以被划分为六种，如表 1-1 所示。

表 1-1　个体的人际行为倾向

需　　要	互　　动	被　　动
包容需要	主动与他人交流	期待与他人交流
支配需要	支配他人	期待他人支配
情感需要	主动表示友好	期待他人情感表达

2）社会交换理论。社会学家霍曼斯采用经济学的概念来解释人的社会行为，提出了社会交换理论。他认为人和动物都有寻求奖赏、快乐并尽量少付出代价的倾向。在社会互动过程中，人的社会行为实际上就是一种商品交换。人们所付出的行为肯定是为了获得某种收益，或者逃避某种惩罚，希望能够以最小的代价来获得最大的收益。人的行为服从社会交换规律，如果某一特定行为获得的奖赏越多的话，个体就越会表现这种行为；而如果某一行为付出的代价很大，获得的收益却较少的话，个体就不会继续从事这种行为，这就是社会交换。

霍曼斯指出，社会交换不仅是物质的交换，而且还包括了赞许、荣誉、地位、声望等非物质的交换，以及心理财富的交换。个体在进行社会交换时，付出的是代价，得到的是报偿，利润就是报偿与代价的差值。个体在社会交往中，如果给予别人的多，他就会试图从双方的交往中多得到回报，以达到平衡。如果他付出了很多，但得到的却很少，

他就会产生不公平感，就会终止这种社会交往。相反，如果一个人在社会交往中，总是付出的少，得到的却多，他就会希望这种社会交往继续保持，但同时也会产生内疚感。只有当个体感到自己的付出与收益达到平衡时，或者自己在与他人进行社会交往时，自己的报偿与代价之比相对于对方的报偿与代价之比是同等的时候，个体才会产生满意感，并希望双方的社会交往继续保持下去。

当然，个体在进行社会交往时，他们对报偿和代价的认识并不是固定不变的，也不一定是根据物质的绝对值来估计的，这是一个与心理效价有关的问题。所以，当个体对自己的报偿与代价之比的认识大于他人的报偿与代价之比时，也许会被别人所不理解或不认可，这就是为什么在人们的社会交往过程中，有时会出现在有些人看来根本不值得做的事情，却被当事人做得很有趣，而有些时候在别人看来是值得做的事情，却被另一些人所不齿。可见，社会交换过程中，包含了深层次的心理估价的问题。

第二节　旅游公共关系的要素

一、旅游公共关系的主体——旅游组织

1. 旅游公共关系的主体及作用

旅游公共关系活动是由一定的旅游组织来具体组织和实施的社会活动。旅游公共关系的主体，一般是指在旅游公共关系活动中处于主动地位、起主导性作用的旅游组织以及旅游公共关系机构和旅游公共关系人员。旅游公共关系活动的基本目的是使旅游组织与公众互相了解和理解，使旅游组织获得公众的信任、合作与支持，得以在良好的社会环境中生存和发展。

在现代旅游业中，存在各种形式的公共关系的主体，主要包括以下几种。

（1）旅游行政组织

旅游行政组织是指直接从事旅游管理或与旅游活动相关的各级行政管理部门，如旅游局、旅游派出机构以及园林局、文化局、城建局、交通局、民族宗教局、商务局、外事办等。

（2）旅游经济组织

旅游经济组织是指从事旅游商品生产、经营、服务的旅游企业，如旅行社、旅游饭店、旅游交通企业、景区、旅游商店、旅游主题公园等。旅游经济组织是旅游企业公共关系的主体。

（3）旅游公共关系公司及旅游社会团体

旅游公共关系公司是指专门从事旅游公共关系咨询、策划、推广的服务性企业，如公共关系顾问公司、公共关系咨询公司等；旅游社会团体是指从事旅游研发等社会活动

的各类群众组织，如旅游学会、饭店协会等。

（4）专门的公共关系人员

专门的公共关系人员从属于一定的公共关系组织，他们运用专门的技术和工具去开展专门性的公共关系活动。具体包括公共关系专家、公共关系计划编制者、公共关系传播人员和公共关系专门技术人员等。

2. 不同旅游组织的公共关系工作

（1）旅游行政管理机构公共关系

旅游行政管理机构包括各级政府中的旅游事业管理委员会、旅游局等，是国家和地方政府负责旅游事业发展领导和具体行使旅游行业管理的职能部门，具有对旅游业实施指导、管理、计划、监督、协调和服务等职能。这些机构的公共关系工作主要有沟通政府部门与旅游企业和旅游者的关系、开展市场调研和对外宣传促销、开展国际性的旅游公共关系活动、协调区域内外各方面的关系。

（2）旅游企业公共关系

旅游企业包括旅行社、饭店、旅游车船公司、旅游商店、旅游主题公园等，其公共关系工作的重点是依靠沟通信息、协调关系、决策咨询等来塑造自己的形象。旅游企业的公共关系活动主要是通过具体的服务来体现的，所以这种公共关系模式也称为“服务性公共关系”。而这种服务工作多落实在具体的服务人员身上，因而是一种“全员公共关系”。此外，旅游企业之间还必须开展正常的公共关系活动，如及时交换信息、协调好有关活动、相互监测服务质量、共同做好客源商和旅游传媒的工作，通过他们宣传旅游企业的形象；组织好对旅游产品的联合促销、展销；解决业务中涉及双方或多方的难点，对出现的事故积极协调，主动配合，妥善解决；等等。

（3）旅游社会团体

旅游社会团体主要是各种民间旅游组织，由于其本身是政府与企业的桥梁或者是部门的联合体，公共关系工作即成为活动的重要的、经常的手段。旅游社会团体公共关系的主要环节在于：在政府、主管部门和企业间沟通；组织旅游系统内或专业范围内的机构、企业、教育单位的相互交流沟通；积极开展国内外和各行业之间的交往活动，互通信息、相互协调，通过广泛的公众工作来配合旅游业开拓市场，以起到旅游经营和管理组织所难以起到的作用。

（4）旅游组织内的全体成员

旅游公共关系是一种全员式公共关系，从旅游组织的高级管理层，到旅行社的导游、饭店的服务员、旅游汽车公司的司机及其他工作人员等，随时都可能要和旅游者接触。他们在工作中所表现出的形象并不只是个人的形象，与社会公众的关系也不仅仅是个人之间的关系。旅游组织全体成员的日常工作都带有公共关系的性质，关系到整个组织的整体形象和声誉。

3. 旅游公共关系主体间的关系

旅游产品是一种组合产品，旅游者在旅游过程中具有多方面的需求，包括食、住、行、游、购、娱等方面。要满足旅游者的多种需求，分工不同的旅游组织如旅行社、宾馆饭店、旅游交通、景区景点、旅游商店、旅游行政管理、旅游教育科研等就必须共同努力，积极开展公共关系活动，使各个旅游组织之间加强沟通，得到协调，树立起旅游行业良好的整体形象，加深社会公众对发展旅游业的了解和理解，从而为实现旅游业自身和公众的利益的集合，创造一种最佳的环境，生产出高质量的旅游产品，使旅游者的需求目标得以圆满实现。

旅游是一种包括多种需求的综合性活动，旅游活动的完成不仅需要有旅游企业的经营管理，而且需要社会其他各行各业的支持，为旅游业提供服务，并在社会范围内为旅游者创造了一个良好的旅游环境。

旅游公共关系的目的，是通过多方位的公共关系活动，实现与各方的协作，达到与各方面关系的协调。由于旅游过程是一个综合性的过程，旅游产品是一种组合性的产品，因此加强旅游公共关系的协作性，做到与各行业、各部门、各类旅游者的协调统一，是旅游活动正常进行的根本保证。

二、旅游公共关系的客体——公众

1. 旅游公共关系公众的分类与特点

（1）旅游公共关系公众的概念

公众是公共关系学中的一个基本概念。所谓公众，是指与特定的公共关系主体相互联系、相互作用的个人、群体或组织的总和。旅游公共关系公众是指对旅游组织生存和发展有现实或潜在利害关系和影响力的个人、群体或组织。凡是与旅游组织有领导关系、业务联系、交往关系的个人或群体都属旅游公共关系公众。正确理解公众的含义，树立良好的公众意识，对于做好旅游公共关系工作具有指导作用。

（2）旅游公共关系公众的特点

1）群体性、相关性。旅游组织所面对的公共关系对象不是单一的公众，它或者是组织的员工，或者是受组织的方针、政策或组织的某种行为、某项措施、某种问题的影响而由个人集合而成的群体。旅游公共关系公众总是和旅游组织有这样或那样、直接或间接、现实的或潜在的关系或联系。一方面，旅游组织在诸多方面对公众的思想、态度、情绪、行为、生活或工作有不同程度的影响，旅游组织的决策和行为对公众所面临的问题和所处的状况具有控制力和作用力；另一方面，公众对这些影响所作出的反应也对旅游组织产生积极或消极的影响，公众的意见、态度或行为对旅游组织的目标和发展具有影响力和制约力，甚至成为左右旅游组织决策的力量。

2）同质性、依存性。旅游组织内的公众生活、工作在组织内，遵循着组织共同的行为准则，与组织有着共同的利害关系、共同的目标和任务。作为构成组织的细胞，内部公众与组织之间或他们彼此之间存在着基本相同的奋斗目标、价值观念、需求、意向、文化背景和心理。这种同质性是旅游组织内部凝聚力的基础和前提。

旅游组织与外部公众和组织之间也存在着不同程度的相互依存关系。旅游组织离不开外部公众，而外部公众在依赖社会的同时，也直接或间接地对旅游组织存在着一定程度的依赖关系。特别是旅游者公众，他们要实现旅游需求，离不开各类旅游组织的支持和协作。这种依存性正是公共关系工作在旅游领域发挥作用的根本依托。

3）层次性、多样性。旅游公众，特别是外部旅游者公众，分布在世界各地，分布在社会的各个领域和不同层次的人群中；存在形式是多种多样的，既可以是个体（如客人），也可以是群体（如社区居民），还可以是团体或组织（如机关学校）。公众对象的层次性、多样性决定了公共关系沟通方式和传播媒介的多样性。

4）变动性、开放性。社会环境是一个动态可变的系统，随着时间的推移，旅游公众不但在数量、范围、组成等方面变动不定，而且公众对旅游组织的态度、依存关系、作用等方面也经常变化。一方面，旅游企业由于经营管理、服务产品的变化，公众的性质、形式、数量、范围和存在方式也会随之发生变化；另一方面，由于公众的价值观念、消费行为、思维方式及社会环境的不断变化（如政府出台有关带薪休假及“十一”长假、清明、端午、中秋休息日的规定，使有条件外出的旅行人数猛增）。因此，旅游企业公共关系人员必须以动态的、发展的眼光认识自己的公众对象，根据公众环境的变化采取相应的对策，有的放矢地开展好旅游组织的公共关系工作。

5）相关性、可导性。旅游企业的公众是具体的，是与旅行社、饭店等企业组织密切相关的人群。公众的意见、观点、志向和行为，对旅游组织具有实际的或潜在的影响和制约，甚至决定着旅游企业经营的成败。但公众的动机、态度又具有可导性，企业公共关系工作可借助各种公共关系方式或手段，通过不懈的努力来影响公众的态度，改变公众的行为，防止不利于旅游企业组织的公众行为出现。这种相关性、可导性是旅游企业组织与公众形成关系的关键。没有这种相关性、可导性，公共关系工作就失去了存在的意义。

（3）公众意识

在市场经济条件下，任何企业都不可能脱离社会而孤立存在，旅游企业的生存和发展有赖于政府的支持、相关部门的合作、顾客的理解和公众的认同。一个旅游企业要想长期、稳定地发展，在所有决策和行为上，均要以公众的利益为前提。在制定产品的生产以及经营管理活动等方面关注公众的利益，了解公众的意见，满足公众的需求，同时旅游企业的管理者应具有长远的眼光，把企业目标同客人的需要及社会的需求统一起来，把企业利益与社会效益紧密地结合在一起。时刻关注公众的利益，加强与公众的沟通，争取公众的理解和支持，既是企业公众意识的重要内容，也是现代经营的重要理念。

2. 旅游公共关系公众的分类

根据不同的标准，可以对公众进行不同的划分。由于公众的对象性，决定了公众是

一个动态的概念，因此，从动态的角度可以比较准确地把握公众。

（1）根据公众对旅游组织的重要程度分类

根据重要程度分类，可将公众分为首要公众和次要公众。首要公众，即关系组织生死存亡，决定组织目标成败的公众对象，饭店中的VIP客人均属首要公众，对于这类公众，旅游企业组织必须高度重视；次要公众，一般是指兼顾的对象。首要公众和次要公众的划分只是相对的，两者之间可以相互转化，因而次要公众也不能轻视。

（2）根据公众对旅游组织的态度分类

根据公众的态度，可分为顺意公众、逆意公众和中间公众三类。顺意公众是指对组织的政策、行为和产品持认同、赞赏和支持态度的公众，一般来说，与旅游企业组织长期交往的客户均属顺意公众，是旅游企业赖以生存的基本公众；逆意公众是指对旅游企业组织的政策、行为和产品持反对态度的公众；中间公众是指对组织的政策、行为和产品持中间态度和观点或意见不明朗的公众。旅游企业的公共关系工作首先就是要尽量减少逆意公众，转变其敌对态度，即使不能使其成为顺意公众，也应争取使其成为中间公众。其次还要努力做好与中间公众的沟通工作，争取他们对企业组织的理解，引导他们成为顺意公众，防止他们向逆意公众转化。

（3）根据公众对旅游组织的认知程度分类

根据认知程度，可将公众分为临时公众、周期公众及稳定公众。临时公众是指因旅游企业某一临时因素偶尔形成的公众，其多数是第一次知晓旅游企业的人群，公共关系人员一定要主动抓住时机向他们宣传自己，给这些临时公众留下良好的印象，赢得他们的信任和支持；周期公众是指按一定规律和周期出现的公众，如度假村接待各国来访客人、旅行社接待节假日游客等，周期公众的出现是有规律、可预测的，其中的一部分有可能转化为稳定公众；稳定公众是指与旅游企业组织有稳定、持久关系的公众，如饭店的长住客、回头客及旅行社的长期合作单位等，旅游企业往往对稳定公众采取一定的优惠政策和保证措施，以示关系的亲密。

（4）根据受旅游组织影响程度分类

根据受企业影响的程度，可将公众分为非公众、潜在公众、知晓公众和行动公众。非公众是指处在旅游企业组织的影响范围之中，但与旅游企业组织无关，其观点、态度和行为不受旅游企业组织的影响，也不对旅游企业组织产生作用的公众。潜在公众是指由于旅游企业组织的行为而使某个或某些社会群体面临与其相关的共同问题时，他们却没有认识到问题的存在或问题后果的公众。由于潜在公众在一定条件下可能与旅游企业发生利害关系，因此公共关系人员要未雨绸缪，加强预测，做到防患于未然，将问题解决在萌芽状态。知晓公众是指那些由潜在公众发展而来的公众，他们认识到旅游企业组织行为及其所引起的问题，并要求对这些问题有较全面地了解但尚未采取行动的公众，如当饭店、旅行社因工作、服务不周到而给客人带来不便时，客人对这一问题表示关注或表现出不满时，公共关系人员就应采取积极主动的姿态，及时了解问题，并将问题发生的原因及解决措施及时告诉客人，以满足其知晓心理，使客人对饭店、旅行社组织产生信任，从而化不利为有利。行动公众是由知晓公众发展而来的公众，他们不仅意识到问题的存在，而且开始实施或采取行动来解决他们和旅游企业组织之间存在的问题，这时，旅游企业公共关系人员对客人提出的投诉、索赔等问题要及时解决，但这种反应不能停留在语言或文字上，还必须有实际行动，面对行动公众，旅游企业组织除采取相应的行动外别无选择。

（5）根据旅游组织的归属关系分类

根据归属关系分类，可将公众分为内部公众和外部公众。内部公众是指与旅游企业组织有法定的组织关系的内部成员，包括旅游企业的员工、股东、管理层，他们是旅游企业公共关系工作中最基本、最重要的公众。外部公众是指与该组织有着密切联系和一定利益关系的社会群体，是旅游经济活动的基本单位，其主要包括顾客群体（旅游者）、客源机构（旅游供应商和经销商）、社区、新闻媒体、政府部门、同行单位、金融界等，它们是旅游企业公共关系的重要目标公众。在现代社会里，旅游企业与社会之间存在着密切和广泛的联系。是否处理好与外部公众之间的关系是衡量企业社会形象的重要标准。

3. 旅游公共关系的协调

（1）外部公共关系的协调

旅游组织外部公共关系是指组织通过有效的传播和沟通，取得外部公众对旅游组织的认同、理解、支持和协作，与外部公众建立合作共进关系的公共关系活动。旅游组织的经营管理活动是整个社会活动的有机组成部分，他既需要社会提供必要的资金、劳务、原料、销售市场以及各种社会服务，又必须为旅游者等公众提供优质产品和优良服务，向国家上缴利税以及承担各种社会义务，这样就不可避免地要同政治、经济、法律、科研、教育等部门发生关系和联系。旅游组织与社会之间的互相需要、互相依赖、共存共荣的利害关系，是旅游组织进行外部公共关系活动的基础。

旅游组织外部公共关系具有公众对象复杂性、公众需求多元性、公共关系变动性和传播方式全面性的特点。在现代旅游活动中，旅游组织的生存和发展与外部环境有着密不可分的关系，旅游组织必须积极地影响外界环境，有针对性地采用各种手段建立组织与政府部门、国内外客户、竞争对手、新闻媒介等良好的外部关系。

旅游组织外部公共关系主要包括旅游者关系管理、旅游中间商关系管理、媒介关系管理、政府关系管理和社区关系管理。

1）旅游者关系的协调。旅游者关系管理公共关系工作的目标，是促使旅游者形成对旅游组织、特别是旅游企业及其产品的良好印象并建立信誉，提高旅游组织或旅游企业在社会广大消费者中的知名度。旅游者关系管理公共关系工作的主要内容包括识别旅游者群体、对旅游群体进行差异分析、与有组织旅游公众保持良性接触、改善旅游产品及其服务。要以信息为导向，强化旅游品牌与旅游者的关系，建立积极的互动关系。

2）旅游中间商关系的协调。密切旅游企业和旅游中间商合作关系的具体公共关系工作内容有改善服务质量、广泛介绍产品和服务、提高旅游组织或旅游企业信誉、建立与发展旅游组织或旅游企业同竞争对手的关系等。旅游产业的关联性决定了旅游组织或旅游企业在市场上的竞争对手，在社会大生产中是协作伙伴。旅游公共关系人员在帮助旅游组织或旅游企业开拓市场、参与竞争中，一定要高瞻远瞩，不为眼前利益和局部效益所左右，要从旅游组织或旅游企业发展与社会发展、旅游组织或旅游企业利益与全社会利益相协调一致的宏观角度出发，开展讲信义、有道德的竞争，通过竞争促进本组织、本企业与竞争对手乃至行业和全社会的和谐发展。

3）社区关系的协调。旅游组织与社区关系主要包括与所在地区的行政机关、工厂、学校、商店、医院、公益事业单位及居民的相互关系。尽管这些公众群体可能与旅游组织不发生直接的经济、业务联系，却是影响外部环境的重要因素，因而是旅游公共关系工作的重要对象。建立与社区良好关系的公共关系工作内容主要是：通过多种形式向社区公众介绍旅游组织情况，同时要向社区了解旅游组织作为社区一员所应承担的责任或义务。旅游组织如与社区发生摩擦，公共关系人员应向社区解释组织的政策及行动，及时平息社区公众对组织的不满，敦促组织管理决策层及时调整改善组织的政策和行动，适应社区的要求。旅游组织要与社区政府部门各级领导保持接触，经常向他们传递旅游组织的信息，争取社区领导的支持和帮助。在社区出现紧急或非常事件时，应竭尽全力向社区公众提供紧急援助，帮助社区政府部门渡过难关。实施社区公共关系的手段是多种多样的，如举办社区会议、定期向社区开放、参加社区的各种活动、赞助社区有关公益活动和事业等。

4）外部公共关系工作的内容。旅游组织外部公共关系工作的内容如下。

① 做好信息收集工作，及时了解外部公众的各项意见和要求。

② 扩大对外部公众的信息传播，树立良好的旅游组织形象，增进外部公众对旅游组织的理解和信任。

③ 做好决策咨询，使旅游组织决策中的利益机制能够有效地平衡组织与外部公众的利益。

④ 及时有效地处理危机，协调与外部公众的冲突、矛盾。

⑤ 做好全员公共关系，从旅游组织的各个角度，全方位地为外部公众服务。

（2）内部公共关系的协调

旅游组织内部公共关系是由旅游组织与其内部各类公众之间的利益关系而构成的社会关系。不同的内部公众与旅游组织存在着不同的利益关系，旅游组织的内部公共关系呈现出利益相关性和统一性、角色复杂性和模糊性、组织稳定性和严密性、关系直接性和密切性、合作和竞争并存等一系列特征。

旅游组织内部公共关系管理的核心是建立组织价值观。组织价值观不仅能赋予组织以重大的社会责任，还能为组织成员提供行动指南，并使组织成员的日常工作具有崇高的意义。

旅游组织内部公共关系管理的主要内容有员工关系管理、股东关系管理和管理层关系管理。任何旅游组织与旅游企业内部人员都可以分为决策层、经营层和执行层三个层次。每个层次的成员之间都有一定的关系或联系，三个层次之间的关系或联系就更加复杂多变。公共关系人员在内部成员间的工作任务是进行纵向的（领导与群众）和横向的（领导之间、管理者之间、职工之间）沟通和说服，使组织或企业成员间加强理解和合作。实现组织或企业的良性运行和协调发展。

（3）员工关系的协调

旅游组织内部公共关系中的员工关系协调是实现组织目标的前提，是塑造旅游组织形象的基础。旅游组织员工关系管理的目标是协调和改善组织内部人际关系，树立员工的团队意识，增强组织对员工的凝聚力。旅游组织内部公共关系必须加强员工内部的共同管理，建立多渠道的内部联系，强化信息共享和双向交流，坚持民主集中制、责权利相一致、目标激励、系统管理等原则，重视与“意见领袖”的关系，诱导说服对立双方以组织或企业的全局利益为重；在旅游组织或企业中经常开展交换立场、替对方着想的活动，创造轻松融洽的氛围，利用环境的中介缓和矛盾和冲突。

旅游组织内部公共关系在处理员工关系时，必须把满足员工的物质需要和精神需要放在重要地位。在满足员工的物质需求方面，要贯彻按劳分配的原则，努力改善员工的福利待遇，不断改善劳动条件和劳动环境。在满足员工的精神需求方面，应激励员工的工作积极性，满足员工的工作成就感；关心员工的业余生活，加强情感维系。旅游组织内部公共关系必须时刻监测内外环境的变化，及时提醒旅游组织与旅游企业决策者怎样去适应环境变化。为了有效地加强组织或企业的整体协调，公共关系人员还应建立灵敏的信息反馈网络，及时处理内部失衡问题，以保障组织或企业运行的综合平衡。

（4）股东关系的协调

随着股份制的发展，旅游企业与股东的关系已成为旅游企业内部公共关系的重要组成部分。旅游企业的股东公众有三类：第一类是分散在社会上的不直接参与企业的经营、但关心企业的盈利状况、持有或多或少股份的公众，这类股东公众人数较多；第二类是董事会成员，一般是社会名流或是由股东选举产生的持股人，通常占有较多的股份，代表股东管理企业；第三类是不一定持有公司股票，但对广大投资者的决断具有影响力的专业金融舆论家，例如证券分析师、股票经纪人、投资银行家、金融新闻人员等。股东已成为关系旅游企业发展命运的重要公众，并且持股者或股东的人数也越来越多。旅游组织内部公共关系在进行股东关系管理时，应充分激发股东的主人翁意识，联络股东的情感，保持双向沟通。除年度报告外，平时如有涉及股东利益或需与股东商讨的问题，公共关系部门应向股东发函或建议召开股东大会和举办其他联谊活动，直截了当、简明清晰、热情坦诚地表达企业的需求、意见和希望。总之，企业与股东的伙伴关系和合作关系必须依靠公共关系人员经常、持久地开展各种活动才能建立、维持和发展。

（5）管理层关系的协调

旅游组织内部公共关系中的管理层关系协调的目标是：要求管理层承担公共关系的义务，并且参与公共关系活动；在政策制定中融入公共关系视角；与内部和外部的各类

公众进行双向沟通；把说的和做的协调起来；清晰地界定组织目标。

现代旅游组织特别是旅游企业的集团化趋势使得许多旅游组织或旅游企业集团、分支机构不仅在全国各地可见，而且分布在海外许多国家和地区。这必然在旅游组织或企业内部形成多种多样的错综复杂的关系，给公共关系人员带来大量的协调组织或企业内部成员间各种矛盾和利益冲突的任务。开展旅游组织和企业内部公共关系工作的目的，在于使组织或企业内部信息畅通；加强领导与员工间的沟通和理解，消除摩擦和对立，造成一种和谐友善的环境氛围，培养全体员工的归属感、责任感、进取心，激发他们的创造性和敬业精神，调动他们的主动性、积极性，不断提高组织或企业的素质。搞好旅游组织或企业内部公共关系工作是促进组织或企业内部精诚团结、同舟共济，提高竞争力，保证组织或企业生存和健康发展的首要条件，也是卓有成效地开展组织或企业外部公共关系工作的基础和保证。

三、旅游公共关系的媒体——传播

1. 旅游公共关系媒介的基本类型

媒介是旅游公共关系宣传信息的重要载体，起着沟通旅游组织与公众双方信息的作用；双方对旅游组织的共识，为旅游组织的生存与发展创造了良好的公众基础。媒介是宣传旅游组织形象的基本途径，旅游公共关系只有借助媒介，才能得以有效地展开。因此，媒介的运用，在旅游公共关系宣传中占据了重要的地位。

（1）人际传播媒介

人际传播媒介是通过人的表情动作和体态在人与人的相互关系中进行信息传递的渠道。人际传播媒介在吸引公众、改变公众态度方面具有特殊的宣传功效。旅游组织通过人际间的相互宣传，可以增强宣传的情感色彩，在一定范围内从心理层次上有效地影响公众的消费观念和方式。在旅游公共关系中，常见的人际传播媒介主要包括以下几类。

1）外部公众中的政府公众、专家权威人士、影视体育明星以及自发产生的公众代表。政府公众对旅游组织的评价具有较高的权威性和说服力，对各类旅游公众有极强的导向性。因此，在旅游公共关系宣传中，适时适度地转引政府公众的评价结论，如荣誉证书、名誉称号、许可证明以及其他肯定性评价数据和材料，旅游组织将会收到较好的效果。

各类专家是某一领域的权威，他们的评价、鉴定意见，直接影响着各类公众对旅游组织的看法。

影视和体育明星是新闻媒介热衷报道的对象，具有特殊的“名人效应”和“新闻价值”，对提高旅游组织的知名度、改善旅游组织的形象具有特殊的作用。

旅游公众代表是公众队伍中自发形成的具有较高威望的人物，拥有广泛的公众基础，影响着对公众群体的行为规范和价值观念。搞好旅游组织与公众代表的相互关系，通过公众代表传播旅游组织的各种信息，有利于旅游社会稳定和扩大公众队伍。

2）内部公众中的宣传表演队、经营管理人员及普通员工等。旅游组织的经营管理人员是旅游组织的核心力量，他们的精神风貌和管理素质不仅影响内部员工积极性的发挥，而且影响外部公众对旅游组织的基本评价和参与热情。旅游组织的每一位员工，特别是公共关系部门的员工也都是传播媒介因素。在外部公众看来，旅游组织的普通员工是旅游组织形象的自然外化，旅游组织员工的一言一行直接影响着其周围公众对旅游组织的看法。因此，旅游组织要积极开展旅游全员公共关系运动，强化公共关系宣传的影响。

人际传播媒介是一种示范性和感染性很强的传播工具，容易给公众留下深刻的印象，直接影响着公众旅游组织的态度和看法，宣传效果比较理想。但是，就传播范围而言，纯粹的人际传播媒介，其辐射面比较狭窄，不可能在广泛的公众范围内传递信息，只有与其他媒介相配合，才能取得理想的公共关系效果。

（2）新闻媒介

公共关系新闻媒介分为电子传播媒介和印刷传播媒介两类。

广播、电视等电子传播媒介具有传播速度快、形象生动、影响范围广等特点。

在电子传播媒介中，广播的传播优势是普及率最高、有效覆盖面相对较大，在影响公众方面具有传播空间大、速度快，传播对象众多，重复率高、制作简便、费用低廉、传播过程人格化等优势。如果信息内容是听觉范围的，信息量又较大，则应首选广播媒介。

电视的传播优势有：艺术性与娱乐性较强，能够激发公众的模仿心理，促成流行和时尚现象，能有效地推广某种观念和生活方式。可以通过视觉、听觉全方位地表达旅游组织的形象，对公众具有较强的影响力和感染力。

印刷传播媒介主要包括三类。

一是报纸，报纸的传播优势主要有：信息容量大、信息能及时介入公众生活，拥有大量的读者队伍，出版印刷周期短，版面编排灵活，可以根据用户的意愿和要求设计出理想的宣传版面，做到图文并茂，从而增强公众的印象。

二是杂志，相对于报纸来说，杂志宣传的优势是：持续时间长，精读率高，有效接触率更大，杂志都有一批稳定的、明确的读者对象，这样进行宣传时容易做到有的放矢；杂志具有较高的专业权威，一般可以取得较为理想的宣传效果；篇幅灵活、印刷精致、图文并茂，可以使公众获得更为直观的认识。但杂志时效性较差，宣传的功效呈慢性状态，因而难以产生“轰动效应”。

此外，还有图书，如大众书籍、工商名录、年鉴、日历、电话号簿、工具书、宣传性小册子及各种印刷型宣传品、招贴画。由于印刷精美、个性鲜明，可以通过满足公众的审美心理需求达到传递信息的目的。

（3）实物和户外传播媒介

实物传播媒介是指借助橱窗和展览、展示会形式，通过产品、设备、样品、模型等实物来传播信息的渠道。这种传播媒介具有以下作用。

1）真实展示旅游组织的实力形象和产品形象，消除公众的疑虑，给公众以真实而深刻的印象。

2）突出宣传旅游组织的优势项目。

3）显示产品、服务项目及管理的一流水平。

4）营造营销氛围，创造出生意兴隆、争相购买的气氛，从而激发公众的购买欲望。

5）美化旅游组织的内外环境。

由于实物在传播信息方面具有这些功能，适应了公众“眼见为实”的心理认同机制，因此旅游组织应十分重视实物媒介的运用，力求设计新颖、整洁美观，以充分展示旅游组织的风姿。

实物传播媒介也有自己的局限性。由于它主要作用于公众的视觉系统，发出的信息不一定为公众所接受，因而它的接触率比较低，不利于提高知名度。

户外传播媒介是指利用霓虹灯、路牌、旗帜、灯箱、车船、气球、市政公共建筑物等来传播信息的渠道。户外传播媒介主题鲜明、形象突出、富有运动感，容易给人的感觉系统以强烈的刺激，有利于宣传旅游组织特色形象、特色项目等信息。

（4）网络传播媒介

20 世纪 90 年代末期，随着互联网的出现引发了传播领域的第五次革命。网络媒体在超越空间限制、自由选择性和交互性、传播容量和传播速度、综合服务功能等方面，表现出了传统媒体无法比拟的优势。

网络公共关系主要涉及两方面的工作：一是对旅游组织信息的主动传播；二是旅游组织对网络舆论的分析和监控需要旅游组织，一方面利用网络发布新闻，另一方面要积极创造良好的网络舆论环境。

虽然网络在传播公共关系信息中有诸多的优势，但同时也存在着跨文化传播可能带来某些负面影响、用户行为管理困难、垃圾信息过多所引发的信息可信度降低等一系列问题。

2. 旅游公共关系传播媒介的择用和管理

公共关系传播媒介的择用，直接影响着旅游公共关系活动的效果。只有择用理想的传播媒介，才能实现旅游公共关系的目的。所以，择用传播媒介，除必须评估传播媒介的权威性、可靠性、吸引度和真挚度外，还必须充分考虑到被选用媒介的效益性。这主要表现在以下几个方面。

1）讲究有效性，在充分重视传播媒介内在作用机制的基础上，还要注意媒介与旅游公共关系工作目标、公众媒介消费习惯之间的相关性要求。

2）注重经济效益。

3）整体性原则。

旅游组织择用了多种传播媒体后，还要根据整体性原则对这些传播媒介进行合理组织，以一种传播媒介为主体，其他传播媒介配合主体传播媒介，构建一个具有层次结构特征的传播梯队。在这种协同的主从互补机制中增强旅游公共关系的宣传效果，保证媒介运行程序上的复合效应。

旅游公共关系传媒内容管理包括对传播中信息的分类、传播内容的管理和传播效果的管理。旅游公共关系传播中的信息一般分为教育性信息、维持性信息和娱乐性信息。旅游公共关系传播内容的管理主要通过控制信息源和有效控制信息传播走向来实现。控制信息传播走向的模式包括事前控制、即时控制和事后控制。旅游公共关系传播效果管理主要采取加强与公众间的了解、促使公众的态度转变、促使公众采取行动和发展旅游组织与公众的关系等措施。

第三节　旅游公共关系的职能

1. 旅游组织公共关系的基本职能

尽管各类旅游组织及旅游企业的公共关系活动各有侧重，但是都可以归结到沟通信息、监测环境、协调关系、决策咨询、教育培训等方面。

（1）沟通信息

旅游组织及旅游企业与公众的联系有多种渠道，其中最为基本的渠道是旅游组织及旅游企业输出的信息。此外，旅游组织及旅游企业与公众的联系还包括旅游组织及旅游企业领导人的形象、旅游组织及旅游企业自身的结构和形象、旅游组织及旅游企业组织举办的一系列活动等。一般说来，旅游组织及旅游企业与外界的联系是多方面的，各个旅游业务部门与公众联系的业务统筹起来考虑，就形成了旅游组织及旅游企业的整体形象。沟通信息、联络公众可使旅游组织及旅游企业保持与市场的联系，准确把握旅游市场的变化；使组织与环境的渠道保持畅通，不让组织所产生的问题遗漏，以免酿成大错。此外，联络公众还能时时更新组织的形象，保持组织的活力。旅游公共关系的传播信息事务具有完整性、主动性、针对性等特点。旅游公共关系的传播信息工作追求情感的交流和态度的融合，旅游公共关系人员在传播信息的同时也在传播情感，以争取公众对组织的同情、理解和支持。

（2）监测环境

环境是旅游组织及旅游企业赖以存在的基础。广义的环境包括自然条件、社会条件和组织自身内部条件等，狭义的环境是旅游组织及旅游企业外部条件和与其密切相关的特定条件。旅游公共关系的监测环境职能主要包括以下几点。

1）环境描述。旅游公共关系部门通过科学的调查方法，逐步地积累资料，掌握组织所处的自然、社会条件的各种数据，从而整体上勾画出组织的生存环境。一方面能及时提供给领导做决策参考，另一方面能全面地摸清环境发展的基本走势。

2）环境评价。旅游组织及旅游企业所处环境的总体性评价工作，一般都由旅游公共关系部门来承担，这对旅游事业的发展，特别是旅游组织及旅游企业度过危机尤为重要。

3）环境预测。旅游公共关系对组织环境的长期监测可以帮助旅游组织及旅游企业把握组织环境的变化趋势，从而提出对策性意见。

（3）协调关系

旅游组织及旅游企业被一张巨大而又复杂的关系网所笼罩，职工关系、股东关系、支撑系统关系、竞争对手关系、顾客关系、新闻媒介关系、社区关系、政府关系和国际公共关系等都与旅游组织及旅游企业的运行和发展相关。协调各种关系日益成为一项繁复的工作。旅游公共关系以研究各种社会关系的专门学科为后盾，系统地总结出一套协调组织关系和人际关系的理论和方法，对于处理各种复杂的社会关系积累了相当丰富的经验。旅游公共关系在组织中的协调关系功能，已衍化成旅游公共关系组织的基本职能。

（4）决策咨询

所谓决策，指的是组织对将要从事的重要工作或将要决定的重大问题进行审慎的选择和决定。在信息膨胀、管理手段现代化的今天，组织的决策是否正确、是否可行，关系到组织的生死存亡。公共关系部门虽然不是决策机构，但公共关系具有管理职能，自然应在参与决策方面积极发挥作用，向领导者提供经营决策的信息。在决策过程中提出各项咨询建议，对组织的决策进行分析和评议，提供决策方案等方式，以供领导或组织决策时参考。

（5）教育培训

提高组织在社会交往中的知名度和美誉度，不仅是公共关系传播、协调的结果，也是公共关系教育培训的结果。在一定意义上讲，教育培训、提高素质比传播协调的作用和影响更加深远。

公共关系的教育培训职能，具体表现在素质和业务方面。教育培训的根本目的，就是培养组织的全体成员具有很强的主人翁精神，使每位员工真正从内心感受到自己是组织的主人。经常教育引导本组织的广大员工正确认识公共关系的重要意义，突出培养公共关系意识，使组织的每位成员十分重视本组织的声誉和形象，树立顾客第一的信念，尊重和维护公众的利益，保证产品质量，提供优质服务。

为提高优质服务的水平，还需要对广大职工开展扎扎实实的公共关系的业务教育和业务培训，进行各种公共关系技术、公共关系实务、公共关系专题活动的训练，使职工掌握从事公共关系工作的各种实际本领和技能。公共关系教育比较强调技巧，潜移默化的教育收效比较明显。还可以利用随时发生的事件，开展公共关系活动进行教育引导。公共关系教育一般不带有强迫性，对于外部公众只能施加舆论影响，诱导其接受；对内部公众则是启发自觉，提高素质。

2. *旅游管理组织和团体的公共关系职能*

（1）旅游行政管理机构的公共关系职能

旅游行政管理机构（各级旅游局）是国家和地方政府具体进行旅游事业和行业管理

的职能部门，对旅游有指导、管理、计划、监督、协调和服务等职能。具体的公共关系职能有以下几点。

1）沟通政府部门与旅游组织、旅游者等旅游公众的关系。旅游行政管理机构面对国内外的旅游经营者和旅游者，需要通过双向信息交流建立并维护相互了解和信任的关系，了解人们的意愿和要求，不断改进和完善政策，以取得公众的理解和支持。

2）开展市场调研，对外宣传促销。旅游行政部门的宣传不同于旅游企业的产品宣传，它是对国家或地区旅游整体形象的宣传，通过传播目的地的旅游方针、政策、旅游资源、旅游产品等，提高目的地在客源市场的知名度，塑造旅游整体形象。特别是在世界旅游组织中开展国际性的旅游公共关系活动，争取国际性旅游权威组织的支持。

3）协调各方面的关系。旅游业是综合性的产业，它的经济活动涉及许多部门，旅游机构要运用公共关系手段，与各部门协商对话，以取得支持和理解，密切协作，共同发展旅游事业。

（2）旅游社会团体的公共关系职能

旅游社会团体是指各种民间的或半官方的旅游行业组织，如旅游协会、旅游联谊会等。由于其本身是政府与旅游组织及旅游企业间的桥梁或者是部门的联合体，公共关系即成为活动的重要的、经常的手段。旅游社会团体的公共关系开展，主要环节有以下五个方面。

1）要使政府、主管部门和企业、社会各团体了解本团体，并通过本团体达到相互沟通。其工作主要是通过年会、理事会、联谊会、报告会或文字报告、简报、信函转达等方式进行。尤其注重新闻媒介的宣传，以达到让各方面了解自己，互通信息。

2）组织旅游系统内或专业范围内的机构、企业、教育单位等进行相互联系活动，如举办研讨会、座谈会，对共同关心的问题共同进行研究，克服事业发展中的共同障碍。

3）组织或参与旅游部门及民航、铁道、园林、商业等方面的联系活动，发挥民间组织的作用。

4）积极开展国内各地间各行业之间，以及与国外、海外旅游民间组织的交往活动，互通信息，相互协调，配合旅游业开拓市场，起到官方组织所难以起到的作用。

5）组织或协助旅游员工的培训，在思想作风上积极倡导廉洁热诚服务，克服不正之风；帮助员工在业务上提高；做好广泛的群众工作，如对旅游部门的投诉，以及各方人士对旅游工作的批评、建议，均应认真研究、转达、处理。

3. 旅游企业公共关系的职能

（1）旅行社公共关系的职能

旅行社公共关系活动的核心是建立旅行社的良好形象和声誉，围绕这一核心开展各种相关的活动。旅行社的公共关系具有如下一些职能。

1）采集信息。信息是指具有新内容新知识的消息，是公共关系活动的基础。当今社会是信息社会，每时每刻都存在着信息。有真信息、假信息，这就需要公共关系部门

去收集、整理、分析，以便企业的领导者进行科学决策。因此，收集信息就成了公共关系的重要职能。

2）参与决策的职能。公共关系人员是旅行社的参谋。因为公共关系人员在掌握大量信息和对这些信息整理、分析的基础上，经常向旅行社总经理和有关方面提供咨询、建议及可行性方案。这些方案、建议是旅行社总经理进行科学决策的重要依据之一。

3）传播沟通的职能。美国学者格鲁尼格认为，公共关系是组织者与公众之间的双向沟通。既把组织者的信息向公众输出，又把公众的信息向组织者输入，使组织者与公众达到互相知晓、理解、支持和合作。而要做到这一点就必须借助传播手段。

进行传播沟通的主要途径是各种新闻媒体，如报纸、杂志、电视、电影等。除此之外，还可采用展览会、信息交流会，以及同新闻单位联合举办与旅游有关的知识竞赛等。

4）协调关系的职能。要协调好旅行社内部的干群关系，做到相互沟通感情，达成谅解，消除误会，建立和谐的内部工作环境，这是旅行社存在发展的基础。公共关系人员应加强管理部门之间的沟通，同时要配合社领导协调好社内各管理部门之间的关系，使它们之间既分工又合作，形成一种相互支持、相互信任、相互谅解的团结合作的气氛。

5）加强凝聚力的职能。一个旅行社的生存和发展，首先依赖于内部关系的协调和谐。公共关系人员应协助旅行社领导，一要对员工进行思想教育；二要对员工进行感情投资。自己则要严于律己，以身作则，使广大职工对社领导有一种发自内心的信赖，使员工在组织里有一种归属感、安全感，并体会到我是这个集体中的一员并感到光荣和自豪。

（2）饭店公共关系的职能

简单地说，饭店公共关系的职能集中表现在以下四个方面：塑造形象、沟通信息、协调关系、处理投诉和突发事件。

1）塑造形象。饭店的公共关系目标，就是建立饭店企业的良好形象，赢得公众的支持与信任。这是公共关系在饭店中发挥的最重要的职能。所谓饭店企业形象，主要是由饭店管理形象、员工形象、饭店产品和服务形象、饭店实力形象所构成的，它是公众对饭店企业在经营活动中的行为特征和精神面貌的整体印象，以及由此所产生的总体评价。此外，还有饭店的名称、店徽、工装、广告语等，也是构成饭店形象的要素。所有这些要素都是构成饭店形象的因子，它们是相互影响、相互作用的。而饭店公共关系人员所负担的职责就是做好这方面的工作，塑造一个良好的饭店形象。

2）沟通信息。通常地讲，信息是指消息、新闻、数据、资讯等。在饭店公共关系中，公共关系活动的本质就是通过双向沟通，有效地达成组织与公众之间的信息交流，通过对各类信息特别是饭店产品形象信息、饭店企业形象信息的分析处理，调整企业决策和企业行为，确保饭店经营的正确性和科学性，保证饭店在竞争中立于不败之地。

3）协调关系。在饭店公共关系中，公众就是饭店公共关系的客体，是公共关系工作的主要对象。饭店公共关系中的公众，是指与饭店发生联系并相互作用的组织和个人的总和。因此，协调组织与相关公众之间的关系，为组织发展创造和谐、良好的环境，就成为公共关系的一项最基本的职能。

饭店公众大致可分为两类，即内部公众和外部公众。

饭店的内部公众一般包括员工与合作（合资）饭店的股东。他们与饭店有着最直接最密切的利益关系，与饭店同呼吸、共命运，这是饭店公共关系的重要目标公众。

饭店的外部公众指的是与饭店有着较为密切联系和较重要利益关系的社会群体。他们应该是主要顾客群、客源机构、社区、新闻媒介机构、政府机关、旅游教育界、饭店物资设备供应商、金融界和同行等。他们也是饭店公共关系的重要目标公众。

在现代社会里，能否处理好与这些外部公众的关系，是饭店能否取得成功的重要条件，因而也是饭店公共关系的一项重要职能。

4）处理投诉和突发事件。投诉和突发事件是在饭店的经营发展过程中不可避免的问题，无论是饭店的管理者还是服务人员都要掌握这方面的相关知识，提高处理能力，强化危机意识。作为饭店的公共关系人员，这更是重要的专业技能和知识。因此，处理投诉和突发事件是饭店公共关系工作的一项最突出的内容，是公共关系艺术化的集中体现。

（3）旅游交通企业公共关系的职能

旅游交通企业主要是旅游汽车公司。旅游汽车公司的公共关系职能表现为全员性，因为每一名员工、每一辆运营车，都可成为公共关系主体或广告载体。具体来讲，包括全局性、利益性和协作性。全局性是指代表一个企业或一个旅游组织。利益性是因为一方面要维护企业合法的经济权益，另一方面也要维护消费者的权益。协作性是旅游汽车公司与其他企事业单位有着广泛的协作关系。旅游汽车公司拥有最广泛的社会公众，具有复杂而庞大的关系网络，这是旅游汽车公司公共关系的显著特点。

游船业务是旅游业中一个较为独特的旅游品种，其公共关系工作职能主要为：做好海内外的宣传工作，介绍江、河、湖泊的旅游线路，所经各点的景观和历史风情及其在国际、国内的地位。同时还要介绍本船的设备概况，要突出特色，增强吸引力。

（4）旅游商品销售企业公共关系的职能

旅游商品的销售，是旅游创汇的重要部分。购物活动是旅游活动中不可缺少的环节，旅游商店的公共关系要围绕这一目标开展活动。具体职能包括：做好商品的宣传、介绍；要通过新闻广告媒介发布信息，突出商品和经营的特色，吸引顾客上门；通过门面和柜台的引人入胜的商品说明、销售人员的当面解说和一流的服务，宣传旅游商品的艺术价值、使用价值，以打动顾客。注意售出商品的信息反馈，做好售后服务，不断提高商品质量，保持信任感，成为有较好口碑的旅游商店。

（5）旅游风景区（点）公共关系的职能

旅游风景区（点）公共关系是风景区和景点管理工作不可缺少的重要环节，风景区（点）有无开展公共关系工作或设置公共关系机构、公共关系人员，是检验风景区（点）管理水平的重要标志。景观意识、景点知识、景点活动是风景区和景点公共关系工作的基础。风景区（点）的生命力在于该景点的景观效应和丰富内涵，这是其公共关系工作

的基础和前提。要利用本景区（点）的优势积极开展适合于本景区、景点特点和规律的各种公共关系工作，开展各种适合本景区（点）历史和发展规律的民俗节日活动、热情周到的宣传讲解活动和请游客和观众参与的旅游参观活动，从而提高本景区（点）的知名度和美誉度。

一、塑造旅游组织的良好形象

1. 塑造旅游组织形象的意义

旅游组织形象是指公众对旅游组织的全部看法和总体评价。树立良好的旅游组织形象是公共关系工作的主要目的，良好的旅游组织形象是组织的一笔无形财富，将使组织受益无穷。

（1）良好的旅游组织形象有利于增强职工的向心力和归属感

首先，良好的旅游组织形象意味着良好的经济效益，能够充分满足人们的物质需求；其次，良好的旅游组织形象意味着内部充满着友爱与和谐，有利于组织员工之间相互交往并形成强大的凝聚力和向心力，满足组织员工爱与归属的需要；再次，良好的旅游组织形象，使组织员工容易获得社会的尊重，能够满足他们受尊重的需要；最后，良好的旅游组织形象能够给组织员工提供施展才华的良好环境，因而能够满足他们自我实现的需要。

（2）良好的旅游组织形象有利于获得公众的肯定和支持

旅游组织的存在与发展和公众的肯定和支持分不开，良好的旅游组织形象有利于组织获得公众的信任和好感，有利于获得公众的肯定和支持。这种支持表现在以下几个方面：一是公众喜欢购买形象好的旅游组织的产品或接受该组织的服务；二是公众乐于向形象好的旅游组织提供贷款或资金支助；三是公众易于谅解形象好的旅游组织出现的失误；四是公众乐于向形象好的旅游组织提供原材料。

（3）良好的旅游组织形象有助于组织获得社区的好感和政府的支持

在现代社会里，任何旅游组织都是一个小社会，但又是大社会中的一个子系统，它与客观外界有着广泛联系，尤其是与社区的关系极为密切。良好的旅游组织形象有利于减少组织与社区的摩擦和纠葛，获得社区的积极配合。同时，良好的旅游组织形象有助于净化社会风气，促进社会进步，因而能够获得政府各部门的广泛支持。

2. 旅游组织形象的内容

塑造良好的旅游组织形象对组织的生存和发展具有极为重要的意义。要塑造旅游组织的良好形象，就必须全面了解构成旅游组织形象的具体内容。旅游组织形象由以下几方面组成。

（1）旅游产品形象和风貌

旅游产品形象主要包括产品的质量、外观设计、名称、商标和包装。它往往是公众认识旅游组织的起点。从外在表现来看，主要包括旅游组织的名称、徽标、代表色、建筑式样、门面装潢、名片、信笺等。从内在表现来看，主要包括旅游组织的行为特色、精神特质、价值追求、机构设置和管理模式等。旅游产品形象是旅游组织形象的最基本也是最核心的内容，旅游组织风貌是旅游组织形象的灵魂。

（2）员工形象和服务质量

员工形象主要包括职工的衣着仪表、言谈举止、精神状态、道德状况、文化素质、工作态度和工作能力。服务质量包括服务方式、服务水平、服务技能、服务态度以及工作人员的责任感等。员工形象是旅游组织形象的活标本，服务质量是旅游组织形象的根本，这是旅游组织获得社会认可的关键。

3. 塑造旅游组织形象的原则

（1）整体性原则

每个旅游组织都由不同的部门构成，各部门的工作则由各个职员来完成。因此，他们往往站在本部门或个人的角度看问题和从事工作，容易出现各自为政的现象，而这种现象不利于旅游组织良好形象的树立。为了树立旅游组织的良好形象，势必要借助公共关系工作来把它统一化、整体化和科学化，使旅游组织各个部门的工作和各个职员的工作相互协调、相互促进。为此，公共关系部门必须制定统一的公共关系政策，规定旅游组织在增进奖金福利、促进社会经济文化繁荣、争取公众理解支持方面所遵守的基本原则。同时还要制定旅游组织对员工、股东、顾客、供销单位、社区及政府有关部门的具体政策，这样公共关系的整体性原则才能落到实处。

（2）长期性原则

树立旅游组织的良好形象是一项长期而艰巨的任务，不要指望通过一段时间的工作或通过一两次活动就能完成，它是一个连续不断的过程。一个旅游组织的良好形象往往需要经过数年甚至数十年的努力才能形成，而形成以后尚需继续维护，否则将前功尽弃、毁于一旦。

（3）策略性原则

树立良好的旅游组织形象要讲究方法和策略，这样可以收到事半功倍的效果。这些策略包括形象宣传策略和形象设计策略。形象宣传策略主要是指形象宣传要讲究时机、讲究方式方法以及选择适合自身的新闻媒介。比如在旅游组织的初创时期和旅游组织新产品问世或旅游组织获奖的时候，都是有利的宣传时机；当旅游组织处于平淡的时期，则要制造新闻来吸引公众，从而更好地维护旅游组织形象。形象设计策略是指为树立旅游组织的良好形象，必须善于设计出易于传播、便于记忆的形象，具体包括公司名片、公司徽标、商标、公司服装等。扩大组织知名度和扩大领导者知名度等方面。

4. 塑造旅游组织形象的方法

旅游组织形象的好坏主要由旅游组织的知名度和美誉度体现出来，一个良好的旅游

组织形象必须是高知名度和高美誉度的统一。那么，如何提高旅游组织的知名度和美誉度便成为树立旅游组织形象的核心工作。

（1）提高旅游组织知名度的方法

旅游组织的知名度是指旅游组织被公众知晓、了解的程度，它侧重于公众舆论评价量的大小。要提高一个旅游组织的知名度，首先，可以从扩大旅游组织产品或服务知名度入手。扩大旅游组织产品知名度的关键是，利用各种媒体通过各种方式来宣传旅游产品的质量、功能、形象方面的特点；扩大旅游组织服务知名度的关键是，宣传旅游服务方式的新颖周到和高水平、高质量等特点，使这些特点家喻户晓，有口皆碑。其次，从扩大领导者知名度入手。旅游组织的领导者是旅游组织形象的代表，是旅游组织的关键。扩大旅游组织领导者的知名度要在宣传领导者的功绩、能力、特长、独特的个性和人格魅力上面下工夫。要通过广泛的宣传，使公众通过旅游组织领导者的良好形象而了解到旅游组织的良好形象。再次，从扩大旅游组织的整体知名度入手。扩大旅游组织的整体知名度比扩大旅游组织的产品、服务以及组织的领导者知名度要高一个层次，可以说旅游组织整体的知名度是旅游组织产品、服务知名度的升华，而旅游组织的产品、服务知名度则是构筑旅游组织整体知名度的基础。要扩大旅游组织的整体知名度，可通过各种媒介、各种方式宣传旅游组织的存在宗旨、性质、功用等，并尽量做到家喻户晓。

（2）提高旅游组织美誉度的方法

旅游组织的美誉度是指旅游组织获得公众赞美、信任的程度，它是评价旅游组织社会影响的质的尺度。扩大旅游组织的美誉度的关键是提高旅游产品质量和旅游服务质量。

提高旅游组织的美誉度还要注意纠正错误印象，消除形象危机。由于我国正处于由计划经济走向市场经济的转轨阶段，市场行为尚未规范，经济法规尚未健全，执法不严的现象也时时存在，因而，假冒伪劣的旅游产品不断出现，宰客骗客的行为时有发生。为此，旅游公共关系部门必须不断收集信息，采取一切措施，防止假冒伪劣产品的生产和销售，杜绝宰客骗客的行为发生，以确保旅游组织形象不受损害。

二、促进旅游业整体效益的提高

旅游吸引是一种意境吸引，旅游消费的核心在于感受美妙的场景、享受情感服务。旅游公共关系最直接的目的，就是树立良好的旅游地形象和旅游组织及旅游企业形象，同时不仅要提高旅游业自身的经济效益，更要注重社会效益，把自身的利益与全社会的利益紧密联系在一起，提高旅游组织的整体社会效益。

1. 注重经济效益

在市场经济环境里，旅游组织及旅游企业除了增强自身的实力以外，还要花大力气去研究客源市场和产品市场，了解市场和开发市场，把市场的潜力充分地发挥出来。同时，要十分注意塑造自身的形象，让公众了解企业的意图和行为，争取公众的信任和支持，使企业和它的产品在公众心目中站住脚。只有这样，企业才能立于不败之地。

一个完整的市场经济体系需要政治、法律、文化和观念形态等诸方面的配合，当然也离不开公共关系的协调。旅游公共关系在促进旅游组织及旅游企业的经济效益上主要表现在以下几个方面。

1）旅游公共关系能够增进旅游市场经济体系的秩序性。旅游公共关系要求旅游组织及旅游企业的市场行为规范化，把各种利益主体的行为都统一到社会利益、组织利益和个人利益的协调中。各种利益主体的交往是有序的，人们在各种规范的基础上实行变换，大大减少各利益主体之间的非规则化的摩擦，优化了各利益主体之间竞争的环境。

2）旅游公共关系有助于规范旅游市场主体的行为方式。在市场经济体系的框架中，市场主体拥有极大的自主权。规范市场主体的行为，使其符合市场经济的基本秩序具有重要的意义。近年来在全世界越来越流行一种被称为“寻求伙伴关系”的企业战略。这种企业行为要求同客户建立更为密切的关系。旅游公共关系应在规范市场主体的行为方面起到其独特的作用。

3）旅游公共关系能够协调旅游市场主体之间的各种关系。旅游市场主体时刻处在各种复杂的关系之中，处理好各种关系，有益于市场主体自身的发展。以旅游企业为例，它需要协调的各种关系包括与政府的关系、与社区的关系、与传播媒介的关系、与其他相关企业的关系等。旅游组织及旅游企业设立公共关系部门，其相当大一部分精力用于协调本组织与社会各层面的关系。这种协调工作包括沟通企业与其他市场主体的信息、协调它们之间的关系、让社会各方面理解企业的行为、树立企业良好的社会形象。

4）旅游公共关系有助于市场主体获取和传播各种信息。现代社会正在逐步进入信息时代，在市场经济体系里运行的各种旅游组织及旅游企业，必须主动地刻不容缓地去收集、整理和分析各种对自己有用的信息，积极开拓国际旅游市场。

此外，旅游公共关系还通过合理的销售竞争促进组织的效益。旅游业作为一项经济事业，其生存和发展也要通过竞争才能实现。一个旅游企业要不断发展，必须积极参与竞争，广泛地开展公共关系活动，才能有利于企业树立自身良好的信誉和形象，有利于企业与外界的交流，获得大量信息，从而使企业在全面分析市场状况的基础上制定出正确的销售方针和措施，进一步增强企业的竞争能力。

旅游企业开展公共关系活动，还可以不断提高经营管理水平和素质，通过提供决策信息，明确强化决策目标，丰富决策类型，有助于相互之间的合作，使旅游经济得以持续、稳定、协调地发展。

2. 增进旅游的社会效益

旅游业的公共关系活动不仅是为自身创造更多的价值，而且要注重整个社会经济效益的提高。如果旅游企业只顾自身利益，不顾甚至损害国家的利益，就会破坏自身生存发展的国内环境，使旅游企业的经济效益增长处于困难状态。

旅游公共关系在涉及旅游发展决策时还要考虑资源条件，注重生态环境的保护，不能盲目发展，搞破坏性建设，毁坏旅游资源，加剧环境污染。要保护生态平衡，注重旅游业的可持续发展。

旅游产品从某种意义上讲是一种文化产品，旅游活动实质上是文化的交流。因此，旅游和旅游业的发展不仅涉及经济效益，而且影响社会的人际关系、思想情绪、道德准则和价值观念。旅游公共关系活动是实现旅游文化生活国际化、异地化的有效手段。

旅游发展与区域社会发展紧密联系在一起，旅游业与区域社会的经济和产业结构合理化配置密切相关，旅游接待和相应出游对文化交流和发展具有重要意义，旅游环境的优化与社会环境的优化在一定意义上说是同一个概念。旅游公共关系在沟通信息、监测环境、协调关系、决策咨询、教育培训和增进和谐的同时，也在积极地发挥着增进社会经济、文化和环境效益的职能。

小　　结

本章比较详细地介绍了现代公共关系在西方国家的兴起、发展和在我国的传播与发展情况，阐述了旅游公共关系的概念和内容，旅游公共关系的三大要素主体（旅游组织）、客体（公众）、手段（传播）的含义，以及旅游公共关系的职能，加强公众与旅游组织的了解和沟通，塑造旅游组织的良好形象，促进旅游业整体效益的提高。

本章重点：旅游公共关系的概念，旅游公共关系的三大要素，旅游企业公共关系的职能。

典型案例

腾讯 QQ VS 奇虎 360 大战事件

事件主角：腾讯公司、奇虎公司

发生时间：2010 年 10 月开始引爆

危机根源：行业竞争

危机类型：企业形象危机

事件过程：2010 年的企业危机事件，一定不能不提到腾讯和 360 为了各自的利益，展开的前所未有的互联网之战。9 月 27 日，360 安全卫士推出个人隐私保护工具 360 隐私保护器，目标直接瞄准 QQ 软件，360 与腾讯在客户端领域再起冲突。10 月 14 日，腾讯正式起诉360不正当竞争，360提起反诉。10月27日晚间，腾讯通过弹窗的方式，联合百度等网站发表声明，指责360不正当竞争，并号召同业不与360发生任何形式的商业往来，360随之通过弹窗形式反击，掀起两家弹窗大战。11月3日，腾讯与360之战爆发最新冲突，腾讯称装有360的电脑将停止运行QQ公开信后，360表示将保证和QQ同时正常使用，腾讯方暂停WEBQQ使用，360下线了扣扣保镖。这是中国互联网史上影响人数最多的一次热点事件。直到11月7日，腾讯与360同时发表声明：在工信部的调解下，双方决定休战，握手言和——至此，一场惊动中国、震动4亿网民的“鹅虎”之战终于告一段落。

分析提示：

尽管各方采取了诸多的措施来解决冲突，但显然没有令事态停止或达到各自的目标。从整个事件的过程来看，原本还处于公众事件的纷争，却由于措施的不当而上升为企业危机。腾讯的美誉度和企业形象受到严重损害，而360将有可能面临实际的市场损失。在这场“3Q”大战中，毫无疑问的是最后两败俱伤的下场，用户普遍感到这是企业的恶性竞争下对用户感情的赤裸裸伤害。

但是通过对两家企业的危机公关手段分析，谈及其应对危机公关的策略，我们可以看到的是360在本次事件中略胜一筹。在战略应对上，腾讯表现出来的更多是被动的应战。危机公关，最核心的能力是掌握危机发展的主动性。腾讯作为当事方，没有掌控危机的发展方向，从而引导事件朝有利于自己的方向发展。在危机状态下，企业处理危机的首要原则就是立即控制事态发展，显然腾讯忽视了这一点并因“公开信及相关措施”而加大了舆论的火候。网络舆论此后一发不可收拾，并迅速扩大传播范围，网民一时间一边倒的批判舆论让腾讯失去了很多用户，同时对品牌和企业的形象造成极大的打击。

危机事件的处理需要真诚坦白的沟通，企业在发生危机事件后更应该考虑到用户的情感和利益，而不是为了一时的竞争而损害用户的感情。在沟通方面，企业应该极力发展为用户的正面形象，努力展示企业的社会责任，将舆论焦点转向积极的一面，并配合法律和技术部门的行动，使得由于危机事件造成的损失降到最低。

在整个事件当中，360的表态就似乎更加迎合大众的诉求和需要，而腾讯只是通过两次“公开信”来和公众沟通，显然无法满足公众对组织信息的需求。另外，腾讯的高管表态也一直表现得非常强势和极端，没有考虑到用户的情感和诉求。

当前，中国网民规模达到4.4亿，互联网普及率攀升到33%。这一巨大的数字背后是中国互联网产业快速发展的真实反映。然而，中国互联网产业表面的光鲜并没有掩盖到背后隐藏着的诸多挑战和问题。就此次腾讯和360的纷争而言，这是中国目前互联网竞争的一个缩影，网络世界日新月异的技术变革，需要与之相适应的市场良性竞争环境、监管生态和机制，还有与之匹配的法律法规。显然，在这些方面我们管理部门和企业自身都迫切地需要解决互联网发展存在的问题。没有一个良好的行业体制保障，我们就不能构建出一个健康、良好运行的互联网公共空间。

随着互联网的日渐渗透和发展，互联网正以其自由、互动的独特性成为各阶层利益表达、情感宣泄、思想碰撞的舆论渠道——这对于政府或者企业管理者来说，都面临着一项新的管理挑战。在赤裸的网络时代里，企业被各种舆论包围，危机四伏。在网络环境中，企业危机表现出和传统危机不同的显著变化，传统的危机应付方法已不能完全有效，因此必须根据网络的特点采取新的应对措施。做好网络传播环境下的企业危机管理和控制，是现代企业在危机公关方面能力的体现。从大众传媒的社会传播功能来看，任何企业爆发的危机事件都具有强大的舆论关注性，能作为重大新闻题材成为众人关注的焦点，而事后企业如何应对，同样也需要借助大众传媒的舆论报道。不可否认的是，企业进行危机公关的关键之一是要进行正确的舆论引导，从而帮助企业化解危机，体现出企业的应变能力。在互联网时代，企业在处理危机事件的过程中，掌控网络舆论的方向至关重要，没有人喜欢危机，但危机的到来从不以人的意志为转移。

（资料来源：http://wenku.baidu.com/view/cde8074efe4733687e21aafc.html）

实务训练

迈出公共关系第一步——自我推销训练。

思考题

1. 简述公共关系的概念。
2. 旅游组织公共关系的基本职能是什么？
3. 旅游公共关系主体由哪些部分构成？
4. 旅游公共关系主体间为何要加强协作？
5. 旅游公众具有什么样的特点？
6. 旅游公共关系的媒介传播方式有哪些？
7. 如何利用公共关系的手段提高旅游组织知名度？

第二章

旅游公共关系的原则与程序

学习目标

旅游公共关系学由于其独具的谋略性、前瞻性与实用性，深受旅游业的重视，并已被广泛运用于公共关系协调、旅游形象传播和旅游管理等诸方面。在信息社会，科技的日益发展为旅游公共关系作用的充分发挥提供了更好的契机。旅游经济越发展，旅游组织的联系越紧密，交往越频繁，公共关系对旅游组织或个人显现的作用就越来越大。

本章重点掌握旅游公共关系的原则和旅游公共关系的基本程序。

第一节 旅游公共关系的原则

1. 真实性原则

真实性原则是指组织在开展公共关系活动时，必须建立在组织良好行为和掌握事实的基础之上，向公众如实传递有关组织的信息，同时向组织决策者如实传递有关公众的信息。

公共关系是建立信誉、塑造形象的艺术，但它又不是一种纯粹的艺术或宣传的技术，而是以事实为依据的科学。公共关系不能“制造”，只能“塑造”良好的形象，这种塑造所用的材料就是事实。所以说，真实是公共关系的基本原则，也是对公共关系人员的根本的道德要求，是公共关系的生命。隐瞒、歪曲、推诿是公共关系的大敌，坦诚、亲切、负责的态度是公共关系成功的要诀。

真实的宣传，这是公共关系的生命。在公共关系发展史上，巴纳姆愚弄公众的报刊活动是一种很不光彩的活动。巴纳姆是作为反面典型而载入公共关系史册的。艾维·李是第一个提出说真话的人，他认为一个组织要获得好的声誉，必须把真实情况告诉公众，即使真情暴露，对组织不利，也不能掩饰，而应调整组织的行为，公共关系是同说真话联系在一起的。从艾维·李提出说真话起，公共关系才真正成为一种科学和艺术。

2. 目标性原则

旅游公共关系的目的是要塑造旅游组织的良好形象，而不是为公共关系而公共关系。在制定旅游公共关系目标和策略时，应当及时了解党和政府的有关方针政策，掌握各种相关市场信息，通晓竞争对手特征，熟悉公众消费心理及消费趋向，根据本旅游组织的内外部条件，充分考虑到影响实现目标的各种因素，对总体目标、各项具体目标要进行认真调查研究、综合分析、全盘考虑，以确定切实可行的旅游公共关系目标。同时应根据各项目标的重要性、时间性，确定其定量、定性指标，制定出完成目标的方案措施。

例如某新建高星级饭店的经营管理总目标是提高管理水平，增强市场竞争能力，扩大饭店的知名度，争创一流饭店品牌。因此，公共关系部门就必须围绕这个总目标，分别拟定出各阶段的公共关系目标。例如，围绕提高管理水平这一目标，就要开展加强员工责任心和工作积极性的公共关系活动；要增强市场竞争能力，公共关系人员必须设法收集各种市场信息，提高服务质量；要扩大饭店知名度，公共关系人员就要利用各种媒介、各种活动对外宣传本饭店情况及其产品，让公众了解、信任该饭店。显然，公共关系人员在制定设计方案时要全盘考虑，使计划方案目标与组织总体目标相一致，并有助于树立组织形象，同时也要注意考虑到公众的利益。

3. 真诚互惠性原则

公共关系的本质是组织与公众之间的一种利益关系。公共关系活动的一项重要原则就是“双向对称”，即组织与公众之间的关系要对称。因此，互利互惠是搞好公共关系工作的根本原则之一。其具体内容包括以下两个方面。

1）真诚地对待公众。这是公共关系工作重要的职业道德。现代西方公关协会的章程、宣言中，都强调公众利益至上，对公众负责的原则。这一原则与我国企业为人民服务的宗旨也是一致的。真诚地对待公众具体包括诚实无欺、对外开放和对社会负责。组织对公众要以诚相待，不能靠“耍嘴皮子”、“耍笔杆子”欺骗公众，更不能“做套”愚弄公众。

2）给公众以实际的利益。公共关系从某种角度看，也被称为组织的信誉投资，即花钱买名誉。组织必须给公众实实在在的利益，这样才能使他们对组织产生信赖感，乐于与组织合作。

4. 经济性原则

一个旅游企业要生存和发展，为了确保其获得合理的利润就必须为社会提供产品与服务。没有为社会提供产品和服务，企业就不应该也不可能取得利润。没有取得利润，企业就不能继续为社会提供产品和服务，甚至连自身的生存也受到威胁。所以，任何一个企业都需要追求利润，讲求经济效益。但在讲求自身经济效益的同时，还要讲究社会经济效益，更要充分考虑社会生态效益。

另外，我国的旅游企业不仅是一个经济实体，还是一个社会成员。它不仅为社会提供物质产品和服务等，还应对社会精神文明建设起到促进作用。所以企业的整体效益还要包括促进精神文明建设的内容。

5. 整体性原则

旅游公共关系活动主要是配合旅游组织的经营管理工作进行的，因此要充分了解本组织各方面的新情况、新动向。例如，新产品、新技术、推出新的服务项目等，要抓住这些有利时机，制订行之有效的公共关系计划，开展公共关系活动。再者，社会环境、社会发展情况对旅游组织的公共关系活动影响也很大。若能很好地将社会某个方面新的流行趋势、重大活动等利用起来，则会产生出人意料的效果。

因此，在制订和执行旅游公共关系计划时，要注意旅游公共关系的目的必须符合旅游组织整体发展目标的要求，确保具体目标与旅游组织的基本目标相结合，建立一个协调的旅游公共关系目标体系。

6. 创新性原则

公共关系工作必须研究公众心理，满足公众求新、求异、求变的心理特征，这样才能取得预期的宣传效果。一味重复教科书上的经典战略，或者长期运用一种公关方法，必然会引起公众的感觉疲劳，事倍功半，甚至会引起公众的反感，产生负效果。

特别是进入市场经济时代，竞争越来越激烈，要树立旅游组织的良好形象，公共关系活动方案就必须不断推出新的形式、新的方法、新的手段，出奇制胜，独领风骚，立于不败之地。

7. 全员公共关系原则

全员公关原则是指一个组织公关工作的开展，不仅要依靠专职公关机构和公关人员的不懈努力，而且有赖于组织各部门和全体员工的配合，每一个成员与外界发生联系时，其个人形象直接体现组织的整体形象和风貌。全体成员都注意树立公共关系观念，都关注并参与公共关系工作，使旅游组织的每一个成员都成为组织形象的塑造者、传播者和维护者，为建立和维护组织良好的公关状态做出贡献。

同时，全员公关既是员工的责任和义务，也是员工应有的权力。公共关系作为一种管理职能，其责任是管理组织的无形资产——知名度和美誉度。要使组织的全体成员懂得组织形象是组织的无形资产，良好的组织形象能使一个组织的资产增值，恶劣的组织形象会导致一个组织有形资产的贬值。全员公关是我国社会主义组织民主管理方式在公关这一特殊管理领域的体现。

第二节　旅游公共关系的程序

良好的旅游公共关系能够使旅游组织树立良好的信誉，增加旅游组织发展的机遇。任何一个旅游组织在生存和发展的过程中，都必须具备正确的公共关系理念，以良好的公共关系意识指导旅游组织的各项行为，并辅之以灵活新颖的公共关系技巧，才能保持组织的长期繁荣与稳定。旅游公共关系作为一种管理职能，作为一种系统的组织活动，不仅表现在进行公共关系活动需要同各种公众打交道，需要运用丰富多彩的组织手段和传播技巧，需要运用高度的语言文字艺术，而且还表现在公共关系工作本身是一个连续的动态过程，具有高度的计划性、连贯性和节奏性，其开展活动始终有着科学的工作程序。

旅游公共关系工作的基本程序包括调查旅游公共关系状态、制订旅游公共关系活动计划、实施旅游公共关系活动计划、评价旅游公共关系活动效果。这四个步骤环环紧扣、密不可分。调查是公共关系活动的基础；制订计划是公共关系活动的行动指南；实施方案是公共关系活动的中心环节；效果评价是公共关系活动的总结。

1. 调查旅游公共关系状态

调查是旅游公共关系工作的基础，是一种较为系统、讲究技巧的工作。调查研究的目的，就是要了解那些受到旅游组织政策和行为影响的公众的观点、态度和反应，把握旅游组织的社会环境状况，揭示旅游组织存在的公共关系问题，为确定旅游组织的公共关系目标提供客观依据。调查研究的常用方法有新闻舆论研究、文献研究、观察法、访谈法、问卷调查法、重点调查法等。

旅游公共关系调查可以分为一般性旅游公共关系调查和特殊性旅游公共关系调查。一般性旅游公共关系调查的内容主要是掌握旅游组织的基本情况和公众的态度与意见；特殊性旅游公共关系调查内容有具体问题调查、活动效果调查和传播效果调查等。

2. 制订旅游公共关系活动计划

计划是对旅游组织公共关系的形象目标和活动方案作出整体的构思和设计，它包含了一系列的公共关系目标和实现这些目标的具体措施。

旅游公共关系活动的计划有长期计划、年度计划以及专项计划三种。一般来说，旅游公共关系计划应当包括以下几方面内容。

1）旅游公共关系目标定位，即确定旅游公共关系的总目标和各项具体目标，就是要弄清自己“想干什么”、“想达到和实现什么目的”。

2）选择旅游公共关系对象，即选择与旅游公共关系目标相关联的公众对象，在鉴别公众的权利要求的基础上，找出各类公众权利要求的共性问题，把满足各类公众的共同权利要求作为设计组织总体形象、策划总体公共活动的基础。

3）设计旅游公共关系的主题。主题是对公共关系活动内容的高度概括和旅游形象的标定，是公共关系活动的主线和灵魂，对整个公共关系活动起着指导作用，其表现形式多种多样，如西安针对国内旅游者提出“西安：周秦汉唐为你收藏”的旅游口号等。

4）设计具体行动方案。这里涉及旅游公共关系工作的策略、时机和时间安排问题。

5）选择媒体，制造新闻，吸引社会公众的关注。

6）编制经费预算，即开列出完成公共关系目标所需要的费用以及所需要的时间。

在编制具体的旅游公共关系活动计划方案时，首先要明确以下六点：确定目的、目标和计划内容；确定实施者；确定热门及完成时间；确定行动方案的理由；确定实施行动方案的区域、地点；确定采用的做法。在此基础上，公共关系人员就可以制订长期公共关系活动计划、年度公共关系活动计划和专项公共关系活动计划。一旦确定了公共关系的目标和分阶段主题后，旅游公共关系人员就要按不同的目标、不同的对象、不同的内容，选择相应的传播媒介。例如，人际传播型的书信往来、电话联系、演讲会、报告会；群体传播型的新闻发布会、记者招待会、研讨会、代表座谈会、竞赛会、颁奖仪式、交谊舞会、沙龙等；大众传播型的电视、广播、报刊、杂志。一项行之有效的公共关系计划方案，必须在项目、策略、传播媒介、时机上作出全面而系统的考虑。这就要求公共关系人员具备良好的创造性、适应性、灵活性、应变性、艺术性以及良好的组织能力。

3. 实施旅游公共关系活动计划

实施是整个旅游公共关系活动的中心内容，是把旅游公共关系策划方案具体落实、付诸实践的过程。在这个过程中，旅游组织及其公共关系人员以公共关系目标和公众需要为出发点，按照旅游公共关系传播的基本原则，选择最有效的传播途径或模式，通过自身的努力，在公众中树立旅游组织的美好形象。

在整个旅游公共关系工作过程中，编制计划是先导，实施计划是中心。计划是对未来行动的一种预见和设想，只有经过努力，将它转变为现实，才有实际意义。

旅游公共关系计划付诸实施，不是简简单单地按部就班去进行，而要经过一系列的准备和筹划工作，特别是一些关键性的问题，应加以注意和把握。其问题主要有以下四个方面。

（1）分析形势，注意时机的选择

由于客观环境的变化，特别是旅游组织面对的公众是处在不断的发展变化之中的。情况的发展变化与制订计划时对形势的预测是否一致，直接关系到计划能否落实。若实际的公共关系形势或旅游组织面临的整个形势与计划发生出入，就应根据实际情况对计划进行必要调整。同时，公共关系的实施时机选择也是公共关系工作的重要技巧问题。如促销性的公共关系活动安排在旺季到来之前比较妥当，否则得不偿失。又如利用新闻媒介传播组织的新闻时就要避免在发生重大的全国性或国际性事件的时期向报社发稿，因为发去的稿件很可能被重大的新闻挤掉。如果在此期间发稿，就要使内容紧扣当前公众关心的重大事件，如奥运会期间与运动相关，中秋期间与家庭亲情相关，等等。经验丰富的公共关系人员在实施计划时总是考虑一切影响行动时机的因素，设法将无法控制的因素转化为可控制的因素，抓住一切有利时机，主动开展公共关系活动，努力使公共关系实施目标得以实现。

（2）注意做好开展旅游公共关系活动的要素准备

实施旅游公共关系实际上是针对目标公众而进行信息传播的过程。要使传播过程达到预期效果，要做好四个方面的准备：一是旅游公共关系活动的主持者为开展公共关系准备的物质条件；二是目标公众与旅游组织相互沟通惯用的传播媒介；三是制作能够为旅游公共关系对象所接受的公共关系信息；四是对实施旅游公共关系情况的控制机构与措施。

（3）重视公共关系活动的开展与实现旅游组织目标的一致性

在实施旅游公共关系活动时要严格控制工作进度，保证计划按步骤进行，使公共关系活动的开展与实现旅游组织目标取得一致。若发现某一阶段或局部工作的进展忽略了整体目标，或出现脱节倾向，要及时调整，修订原公共关系计划，以保证每个局部工作都能紧扣整体目标。

（4）注意排除干扰

由于旅游组织公共关系的传播本身可能出现障碍，加上社会公众的复杂性、多变性，某项计划、某个行动在实施中常常会受到谣言或其他信息的威胁和干扰，有的竞争对手采取非法竞争手段，甚至故意制造谣言引起混乱，混淆公众视听。对此，要非常敏锐地察觉到，迅速将真相向公众传播，及时澄清谣言，取得公众和社会舆论的理解，以实现公共关系的计划和目标。

4. 评价旅游公共关系活动效果

评价是旅游公共关系工作程序的最后环节，它是指旅游组织对其公共关系活动本身以及活动所产生的实际效果的分析、评价和总结，实质上是旅游公共关系活动情况的信息反馈过程。通过评估，可以找出旅游公共关系活动成功与失误的原因，以便及时调整公共关系活动方案，为下次公共关系活动提供参考依据。

旅游公共关系效果评价是指根据特定的标准，对公共关系计划、实施及效果进行衡量、检查、评价，以判断其优劣。公共关系效果评价，在整个公共关系活动程序中，控制着公共关系实践活动的每个环节。其重要意义表现在以下三个方面。

首先，旅游公共关系效果评价是改进公共关系工作的重要环节。一项公共关系的实施，其最终效果通过评价可能出现三种情况：一是效果较好。在对比评价后，找出成功的原因，明确哪些值得发扬效法，然后直接依照计划，安排下一项公共关系活动。二是没有作用，甚至出现偏差。对此评价，要研究为什么没有取得效果，原因是情况变了，目标定得不准，还是方法措施不当等。依据分析的原因，改进公共关系工作计划。三是有点成绩。对此评价，要在总结经验教训的基础上着重解决如何完善目标、技术和方法，提出适当的补救措施，以提高旅游公共关系工作的质量。由此可见，旅游公共关系评价对一个旅游组织的公共关系工作具有“效果导向”的作用。

其次，旅游公共关系效果评价是开展后续公共关系工作的必要前提。从旅游公共关系工作的连续性来看，任何一项新的公共关系工作计划的制订与实施都不是孤立存在和产生的，它总是以原来的公共关系工作及其效果为背景的。编制新的公共关系计划，要对前一项公共关系工作从计划的编制到实施，从效果到环境变化进行系统分析、评价。即使是前后两项公共关系工作所要解决的问题各不相同，如前一项公共关系工作是以开发新客源为目标；后一项公共关系工作的目标是缓解不利舆论对旅游组织的冲击，挽回旅游组织的声誉，但是这两项公共关系工作仍然不会截然分开。因为要缓解不利舆论对旅游组织的冲击，挽回旅游组织的声誉，则必须了解这种不利舆论产生的原因、辐射的范围及产生影响的程度，这时不可避免地要涉及旅游组织的客源市场、消费公众、旅游形象等问题。那么，对前一项为开发客源市场的公共关系工作的评价将为后一项公共关系工作提供决策的依据。这是公共关系工作连续性的一种表现。

最后，旅游公共关系效果评价是鼓舞士气、激励内部公众的重要形式。公共关系工作实施的效果本身往往表现为一个复杂的局面，既涉及公众利益的满足，也涉及公众利益的调整。一般来说，内部员工很难对它有全面、深刻的了解和认识。所以，当一项公共关系计划实施之后，由有关人员将该项公共关系计划的目标、措施、实施的过程和效果向内部员工解释和说明，可以使他们认清本组织的利益和实现的途径，自觉地将实现本组织的整体目标与自己的本职工作紧密地联系在一起，变为一种行为动力。

旅游公共关系效果评价实际上是对整个公共关系工作过程的评价，具有一定的系统性和科学性，因而要按照特定标准、程序和方法来评价。一般情况下，评价工作可分四个阶段进行。

（1）重温旅游公共关系目标

评价某项旅游公共关系工作是不是有效，标准是看既定的旅游公共关系目标是不是实现了，这样就要先重温一下旅游公共关系目标。如果原定的旅游公共关系目标是向公众传达关于某一问题的信息，那么“是否传达了这一信息”便是评价公共关系效果的尺子，要根据这把尺子实事求是地进行衡量，既不要提高标准，也不要降低标准。

（2）收集和分析资料

旅游公共关系人员可以运用前面已经介绍的调查研究方法，收集公众的各项资料，然后进行比较、分析，哪些达到了原来的目标，哪些还没有达到，哪些甚至还超过了预期的效果，都要一一确定下来。

（3）向决策部门报告分析结果

负责评价工作的旅游公共关系人员，必须如实地将分析结果，以正式报告的形式报送组织的决策部门或最高决策层。在报告中应将旅游公共关系工作的评价与组织的总目标、总任务联系起来。

（4）把分析结果用于决策

这是旅游公共关系评价工作的最后一个阶段，也是它的最终目的。分析结果可以用于两个方面的决策：一方面是用于旅游组织的总目标、总任务的决策；另一方面用于其他旅游公共关系项目的决策。

上述旅游公共关系评价工作的程序是一环扣一环并不断循环的，每次循环都是一个进步，不断累进直至完成公共关系的最高目标。

评价旅游公共关系效果的方法有公众意见评定法、专家评价法、实施人员评价法等。公众意见评定法是由公共关系活动的对象通过参与某项活动以亲身感受对活动给予评定。专家评价法是指由公共关系方面及有关方面的专家来审定公共关系计划，观察计划的实施，对计划实施的对象进行调查，与实施人员交换意见，最后撰写出评价报告，鉴定公共关系活动的成效。实施人员评价法是指公共关系实施人员自行对公共关系工作情况进行评价。这种评价能够及时、充分地利用实施过程中的实际情况，对该项活动的影响效果进行判断，从而产生与众不同的评价结果，而且有助于公共关系工作人员本身业务素质的提高。

评价旅游公共关系效果的标准可以有：测验了解信息内容的公众数量、测验改变观点和态度的公众数量、检验达到的目标与解决的问题、评价对社会经济与文化发展产生的影响，等等。

旅游公共关系程序的四个环节是一个有机的整体，不能加以割裂。当一个程序完成以后，接着就要进行下一轮公共关系程序，这是在新的过程中回复第一步的工作，从而构成公共关系程序的连续性，不断把公共关系工作推向前进。

小　结

本章学习旅游公共关系的原则和基本程序，以便使学生了解旅游公共关系的基本脉络，对旅游从业者和旅游者是非常必要的。

本章重点：旅游公共关系的原则、旅游公共关系的基本程序。

典型案例

云南马帮入京“进贡”普洱茶

马帮是云南一种古老的运输方式。云南马帮在1839年驮茶进京后中止，至今已有175

年。在交通运输工具高度发达的今天，一队古老原始的马帮浩浩荡荡走进城市，进入现代人的视野。马铃叮当，马蹄声声，独特的少数民族服饰，其吸引力之大是可想而知的。

历史上，云南大叶种茶在马帮外运途中，栉风沐雨，自然发酵成了功效独特的普洱茶。普洱茶成为皇室贡茶后，也是通过马帮运送中自然发酵而最后成形。“我们组织这次马帮驮茶进京活动，就是想再现当年的一段历史，让世人认识到真正的、原生态的、自然发酵的普洱茶。”云南省茶叶协会会长邹家驹这样说。2005 年 5 月 1 日，40 多位赶马人、100 多匹骡马组成的马帮从云南的普洱县启程赴京，至 10 月抵京。赶马人年长者 53 岁，年少者 19 岁，来自云南省的 11 个民族。马帮驮着 5 吨多普洱茶，穿越 6 个省市，行程 4000 多公里，成为一种独特的文化形态，冲击着人们的视线。马帮的成功进京，拉近了普洱茶与主流消费市场的距离。邹家驹甚至乐观地预测，北方历来是绿茶和花茶的天下，由于云南马帮千里进京，云南普洱茶在北方市场进行了一次成功的渗透，北京将掀起一股云南普洱茶的热潮。

分析提示:

一种古老的运输方式，一次市场化的运作，马帮就能转化为云南民族文化新“名片”，打造成云南茶产业发展的新载体。由云南茶叶协会主办、云南六大茶山茶业有限公司赞助的“云南马帮驮茶进京”活动掀起的热潮给人们以许多启示。

1. 这是一次典型的通过策划媒介事件的形式，达到促销目的的公关活动。普洱茶在云南非常有名，但是全国其他地区的公众并不了解它。通过这次公关活动，引起了沿途公众的极大兴趣，引发了全国媒介的广泛报道，在全国范围内出现了马帮热、普洱茶热。

2. 这次活动的形式新颖，因而引起媒体的广泛报道和各地公众的积极参与。在现代交通十分发达的今天，仍然用马帮来运输云南茶叶，有很强的戏剧性，容易吸引公众的眼球。

3. 普洱茶进京活动，以企业赞助的形式出现，运到北京的茶叶，全部“义卖”，且所得的款项全部用于援建“希望小学”。这次活动不仅引来很多社会名人的参与、关注，而且也淡化了活动的商业色彩，具有了浓郁的公关意义。

4. 本次活动提高了活动组织者——云南茶叶协会，活动赞助者——云南六大茶山茶业有限公司的知名度和美誉度，更为重要的是提高了普洱茶的知名度，使全国人民认识了普洱茶，对于今后扩大普洱茶的销售具有不可低估的意义。

实务训练

观察能力训练——查找旅游公共关系的案例两个，并加以对比分析，结合案例谈谈你对旅游公共关系原则的理解。

思 考 题

1．如何理解旅游公共关系的真实性原则？
2．如何理解旅游公共关系的全员公共关系原则？
3．旅游公共关系的基本程序是怎样的？
4．如何制订旅游公共关系活动计划？
5．如何评价旅游公共关系活动效果？

第三章

旅游公共关系调查

学习目标

旅游公共关系调查是通过运用定性和定量的研究方法，准确地了解公众对旅游组织的意见、态度和反应，发现影响公众舆论的因素，并从中分析和确定旅游组织的公共关系状态及其存在的问题，为旅游组织制定切实可行的公共关系筹划方案提供客观的依据。

通过本章的学习，了解旅游公共关系调查的目的和意义；理解旅游公共关系调查的概念；掌握旅游公共关系调查的主要程序、调查方法及操作要点等。

第一节　旅游公共关系调查的目的与意义

旅游公共关系调查是旅游公共关系的基础工作，它发挥着情报功能，是为了科学、系统、客观地收集、整理和分析与旅游公共关系形象和公共关系活动决策有关的信息，帮助公共关系活动策划者制定有效的公共关系活动方案。旅游形象定位准确，旅游公共关系活动效果好，公众认可度高，说明它找准了公众的喜好和需求，而要使旅游产品和服务满足公众的需求，必须通过旅游公共关系调查，确定公众的需求，才能制定有针对性的策略，保证旅游组织获得满意的旅游形象提升效果。旅游公共关系调查是旅游组织取得良好公共关系效果的重要保证，是旅游公共关系决策的重要依据。

旅游市场是不断变化的，公众的需求也各不相同。通过旅游公共关系调查，可以发现一些新的需求和机会，并策划新的活动去吸引公众的眼球，开发新的产品和服务去满足这些需求。通过旅游公共关系调查可以发现旅游组织现有服务和产品的不足以及管理和经营中的缺点，并及时加以纠正。

通过旅游公共关系调查还可以及时掌握竞争对手的动态，掌握旅游组织产品和服务在旅游市场上所占份额大小，以针对竞争对手的策略，对自己的工作进行调整和改进。

通过旅游公共关系调查研究，可以了解整个经济环境对旅游组织发展的影响，了解国家的政策法规变化，预测未来旅游市场可能发生的变化，抓住一些新的发展机会，并对可能发生的不利情况及时地采取应变措施，减少损失。

第二节　旅游公共关系调查的内容

一、旅游组织的公共关系状态

1. 公共关系状态

公共关系状态是指一种客观存在的状态，即一个组织所处的社会关系状态和社会舆论状态。对旅游组织来说，公共关系状态是无形的，却是客观存在的。任何旅游组织都处在一定的公共关系状态之中，无论公共关系状态好坏的程度如何，它都时时刻刻在发挥着积极的或消极的作用，对组织的生存和发展产生着重大影响。

旅游企业或旅游组织的公共关系状态，是由旅游组织内、外公众对该组织的态度构成的。从不同的角度分析，可分为静态旅游公共关系状态和动态旅游公共关系状态两类。静态旅游公共关系状态指尚未被旅游企业或旅游组织自觉意识到的旅游公共关系状态，即无论是否从事旅游公共关系活动，某一个旅游组织在某一个时刻必然处在某种公共关系状态之中。动态旅游公共关系状态指旅游公共关系追求的目标，即希望达到的那种良好的旅游公共关系状态。无论分析哪一类旅游公共关系状态，都应从分析公众的态度入手。

公众态度的好坏取决于公众对旅游组织的知晓程度。社会心理学认为：人的态度是由三大要素构成的，即认知、情感和行为。认知是对事物的认识和判断，它是形成态度的基础；情感是对事物好恶的反映，它是态度稳定程度的因素；行为是公众对事物采取的意图、倾向和行为。因此，看一个旅游组织的公共关系状态，首先要看公众对该组织知晓与否，知晓的程度如何。公众对旅游组织的态度大致有三种：支持、反对和中立。通过对旅游组织公共关系状态的调查、分析和了解，掌握有多少公众对组织是支持态度，有多少公众对组织是中立态度，有多少公众对组织是反对态度。在调查了解的基础上开展旅游公共关系活动的过程，就是针对不同状态，提高公众对组织的知晓程度，改善公众的态度。在实际工作中，我们还可以发现在三种基本态度之间还存在程度的差别，如中立到反对之间还可细分为敌意、偏见、无知和冷漠四种态度。敌意是一种坚决反对的态度，产生于旧怨或同组织有着直接的利益矛盾，往往难以靠一般的公共关系实务工作改变其态度，只好在等待时机的同时，尽量注意化敌意为和平相处；偏见、无知和冷漠大多来自对事物缺乏全面、真实的了解，应持续不断地进行多方位的宣传介绍，为这部分公众提供充分了解旅游组织的机会，使其在沟通和事实的双重作用下，逐步转变态度。总之，面对态度不同的公众，旅游公共关系工作必须努力做到化反对为中立，化坚决反对为一般反对，化中立为支持，化一般支持为坚决支持。应该明确，旅游组织的公共关系工作的开展，就是一个影响改变公众态度，引发公众对旅游组织有利的行为过程。

2. 旅游公共关系的状态指标

旅游公共关系状态指标是为了调查公众对某一事物的态度、意见和行动而设立的。掌握了这些指标的具体内容，就可以大致评价该组织的旅游公共关系状态。

在设立指标时，针对需要调查的内容，可以从以下几个方面选择考虑。

1）各类新闻报道、评论的内容和观点。借此可以了解新闻媒介的态度和意见，并从中了解其他类型公众的态度、意见和正在关心的事物。

2）旅游产品和服务的销售情况分析。公众对旅游产品的喜爱程度和对旅游服务的满意程度，直接影响着公众对旅游组织的态度。

3）内部公共关系状况。旅游组织内部公众对旅游组织的态度和意见，如对工资、奖金的发放，各种福利的提供情况，生产和生活的环境条件，对上级领导的尊重程度，对本单位的自豪感等可以反映旅游组织的内部公共关系状态。

4）旅游组织周围自然环境的情况。自然环境优美，可以增加旅游组织的吸引力，提高公众对旅游组织的好感；旅游组织所处的地理位置、交通情况，也对公众的了解程度、态度和意见等有一定的影响力。

5）竞争对手旅游公共关系状态的分析。评价本组织的旅游公共关系状态的一个好的方法，是分析本组织竞争对手的旅游公共关系状态。因为公众一定会在竞争对手中做出选择，支持其中一方就意味着不支持另一方，从而反映出本组织的旅游公共关系状态。

6）一线的销售和服务人员的感受。比如一线销售和服务人员在与外界交往时受欢迎的程度，产品销售的难易程度以及亲耳听到的各类意见等，都对评价一个旅游组织的公共关系状态有参考价值。

7）“意见领袖”的态度和意见。“意见领袖”的态度和意见不但具有一定的代表性，而且对其他公众的态度和意见也具有很大的影响力。

8）上级领导的态度和意见。可以通过分析上级领导来本旅游组织的次数、对本旅游组织情况的了解程度、在决策工作中提到本旅游组织的次数、同本旅游组织成员的个人关系以及对本旅游组织工作的支持等来判断。

9）社会整体的经济、政治发展趋势。这方面的情况变化，会影响到任何旅游组织的运行情况，也会影响到其旅游公共关系状态，所以应该当作一种基本的背景资料收集分析，以便了解客观的变化趋势。

二、旅游公共关系状态的调查分析

旅游公共关系状态的调查分析主要分为三个方面：一是旅游组织所处的外部环境；二是旅游组织内部的基本情况；三是公众对旅游组织的评价。

1. 调查旅游组织所处的外部环境

（1）社会政治环境

旅游组织的发展状况很大程度上受社会各种经济、政治、思想因素的影响。这就需要旅游公共关系人员认真研究国家有关政策法规，了解社会变化对人们生活旅游习惯、消费心理的影响。一旦在工作过程中出现问题，就能及时加以解决，确保旅游组织的正常发展。

（2）旅游市场环境

旅游企业要参与市场竞争，因此在进行旅游市场环境调查时，要侧重调查本旅游企业目标市场的变化情况和竞争能力，以及产品和服务的供应销售情况，包括种类、售价、质量、销售对象、消费心理等。

（3）社会文化环境

传统文化心理、区域性文化、社会风尚时刻影响着旅游组织人员变革思想、行为规范、创业精神、旅游公共关系方式等。在制定旅游公共关系措施时一定要考虑社会文化的现状，使旅游公共关系活动更有针对性。

2. 调查旅游组织内部的基本情况

旅游组织内部的基本情况就是旅游组织自我期望形象，这是旅游公共关系工作的内在动力和基本方向。要通过旅游组织内部基本情况调查，正确设计自我期望形象。并通过社会调查了解组织的实际社会形象，将自我期望形象与实际形象相比较，找出差距，发现问题和解决问题。

（1）旅游组织领导层公共关系的认识和要求

领导人对旅游组织形象的设计起着决定作用。旅游企业的产品和服务的种类、企业规模大小、服务宗旨、营销策略等主要决定于领导层。因此，旅游公共关系人员必须对本企业各层领导进行认真的调查研究。掌握领导人的个性心理特点、指挥艺术、思想修养，分析他们的营销管理手段，了解他们对旅游公共关系工作的认识程度及具体意见，明确树立本组织形象的具体目标。

（2）旅游组织职工的期望和意见

旅游组织的目标和政策须得到广大干部和职工的认可和支持，才能落实到实际行动中去。因此，必须了解旅游组织职工的各种需要，如生理、安全、社交、心理等需要；听取各种意见，如对单位领导、经营方针、计划、后勤及各项规章制度的意见；了解单位职工的劳动态度、价值观念、文化程度以及他们希望单位如何发展等，发动全体员工积极参与单位公共关系目标和计划的拟定。

（3）旅游组织现实的经营管理状况

旅游公共关系部门对本组织的形象设计绝不能脱离现实。这就需要旅游公共关系部门准确地掌握内部的基本情况，包括经营方针、营销策略、管理方法、产品开发、服务水平、生产状况、员工素质等状况。这是旅游公共关系部门设计形象的重要依据。

3. 调查公众对旅游组织的评价

调查公众对旅游组织的评价，其核心就是测定旅游组织形象。旅游组织形象具有客观性、多面性、相对性的特点，主要包括旅游组织提供给市场的旅游产品的形象、旅游服务的形象、旅游组织的文化形象、旅游组织标识的形象，如果细分下去，旅游组织形象还应该包括组织的方针政策、办事程序和效率、财政资信、市场开发能力、信守合同的信誉、科技实力、参与社区活动的影响等。

1）旅游产品的形象。如旅行社的旅游线路消费者是否喜爱，旅游饭店的住宿餐饮等产品是否适销对路，以及旅游目的地的观光、度假、探险、休闲等旅游产品是否受欢迎，等等。近几年公众比较关注的如旅游地形象、旅游景区景点形象塑造等。

2）旅游服务的形象。对于一个地区来说，旅游服务包括提供给旅游者的旅行社服务、饭店服务、交通服务、游览服务、购物服务、餐饮服务等，对于某一个旅游企业如旅行社、饭店、旅游车船公司、景区景点来说，旅游服务指该旅游企业提供给旅游者的接待服务、导游服务、住店服务、司乘服务、讲解游览服务等的服务态度、服务意识、服务水平等。

3）旅游组织的文化形象。它是旅游组织的管理思想、群体意识和行为规范，包括组织和企业追求的宗旨和目标，长期生产经营过程中形成的强烈的团体意识，正确的激励原则，鲜明的社会责任和科学的哲学理念。

4）旅游组织标识的形象。如组织的名称，产品的名称、造型、包装装饰、商标、代表色，以及组织和企业的歌曲、格言、标志等。

旅游形象有时又称为旅游品牌，如旅游资源品牌、旅游目的地品牌、旅游饭店品牌、旅游线路品牌、旅游交通品牌、旅游购物品牌、旅游纪念品品牌等。旅游形象或旅游品牌的功能，一是能对人才、技术、资源、资金形成向心力和凝聚力；二是强化旅游组织和旅游产品的竞争力，使自己立于市场的不败之地；三是赢得旅游者认同，树立良好的信用和信誉；四是稳定合作关系，不断增强合作伙伴对旅游组织和旅游产品的信心；五是推进组织内部有序有效运作，把无形资产变成经济效益。

衡量旅游组织形象的主要指标是知名度、信誉度和美誉度。

1）旅游组织的知名度。旅游组织的知名度是评价旅游组织名气大小的客观标准，包括旅游组织的名称公众是否知道，了解的程度如何；旅游组织社会影响的广度和深度；旅游组织的产品和服务在公众中的知名度，商标的知名度；旅游组织法人代表的知名度、感染力、号召力达到什么程度。

2）旅游组织的信誉度。旅游组织的信誉度是旅游组织获得公众信任的程度，包括旅游组织的产品和服务公众是否喜爱；当旅游组织发生意外事故时，公众能否自觉为企业解释，使公众对旅游组织表示同情、接受、感兴趣和理解；公众是否愿意参加旅游组织举行的有关公共关系活动等。

3）旅游组织的美誉度。旅游组织的美誉度指旅游组织获得公众赞美的程度，它是评价旅游组织好坏程度的指标。包括公众对旅游组织向社会所提供的商品或服务给予的评价；公众对旅游组织为社会福利事业所做的努力给予的评价；旅游组织员工及管理人员在公众心目中的印象；旅游组织获得了哪些荣誉，获奖级别、项目、次数情况；新闻媒介、用户对旅游组织表扬、批评的情况等。

为了直观地表示公共关系调查所显示的旅游组织的形象状态，我们用横坐标表示知名度，纵坐标表示美誉度，则旅游组织就必然处于由横坐标和纵坐标围起来的空间之中，如图 3-1 所示。

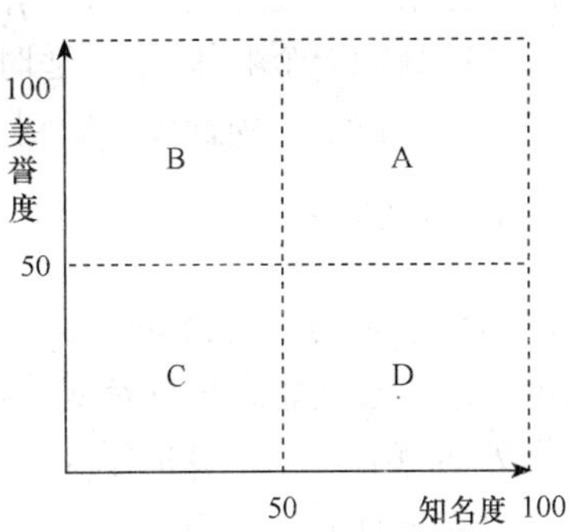

图 3-1　旅游组织形象地位坐标示意

图中 A、B、C、D 四个旅游组织由于在形象地位图中处于不同的位置，其旅游公共关系的任务也不同。A 组织的知名度和美誉度都较好，因此公共关系的任务是继续维持和巩固组织在公众中的良好形象；B 组织的美誉度高而知名度低，因此公共关系的任务要围绕提高组织的知名度来展开；C 组织的知名度和美誉度都较低，新成立的企业和组织往往就处于这样的态势中，公共关系的任务是将本组织的良好信息及时地传递出去，形成公众对本组织的认可；D 组织的知名度高而美誉度低，可以说是处于臭名远扬的状态，公共关系工作要尽快改变公众对自己的不良印象，形成对本组织有利的局面。

第三节　旅游公共关系调查的方法与技巧

旅游公共关系状态的调查有多种方法，主要有新闻舆论调查、问卷调查、重点调查、观察调查、访问调查、实验调查、文献检索分析等。调查一般需要收集四类资料，即被调查者的背景资料、知晓资料、态度资料、行为资料。背景资料包括被调查者的姓名、年龄、性别、籍贯、住址、文化程度、职业、收入情况、家庭情况等；知晓资料指的是被调查者对某一个问题、某一个事件、某一种形势、某一项计划、某一段时期的知晓程度；态度资料指的是被调查者对各种对象的态度；行为资料指的是被调查者就某个问题正在或已经采取的行动。从上述四类资料中调查人员可以确定公众的构成、大小、类型和活跃程度，并且确定该公众是潜在公众、知晓公众还是行动公众。

1. 新闻舆论调查

新闻舆论调查是指旅游公共关系人员通过调查新闻媒介上出现的报道，了解公众的意见和态度。因为公众感兴趣的问题一定是公众对其有所了解的东西，所以新闻媒介经常报道的内容，往往也就是公众议论的热门话题。而公众对这些事情的看法和态度，又会通过记者的采访、读者的来信披露于报端。因此新闻媒介可在一定程度上反映公众的态度和意见。旅游组织对新闻媒介上出现的有关内容进行追踪调查，积累归纳，做系统地分析，就可以发现公众感兴趣的话题，公众的态度和意见，为评价旅游公共关系状态和策划公共关系活动提供重要的资料。

例如某旅行社通过研究日本的新闻动态，发现日本女青年已经形成拥有较高收入且出游频率较高的一个群体，于是适时地推出几条针对日本女青年的旅游消费特征的旅游线路并在日本媒体上广为宣传，受到了这部分客源群体的热烈响应，取得了较好的经济效益。

2. 问卷调查

问卷调查是旅游公共关系调查中最常用的方法。它采用一定的手段及技巧，了解公众的需求、态度、意见以及对旅游组织某些问题的看法。问卷调查在收集重要的信息和数据方面有着十分重要的意义。问卷调查需要注意以下问题。

（1）抽样要科学

问卷调查要给涉及的每一个公众都发一份问卷是很困难的，因此只能采取抽样调查的方法，即在这些公众中选取一定数量的代表进行调查了解。抽样的关键是要注意使抽样具有代表性，抽样的结果具有规律性。因此，进行抽样调查选取的代表不能是公众中一小部分特殊人物，而必须抽取公众中各种层次、各种背景的人的意见，才能够反映出全体公众的普遍情况。具体方法有随机抽样法和配额抽样法等。

（2）问卷设计要合理

一次问卷调查能否反映真实情况，同问卷设计有很大的关系。问卷问题的设计有三种方式，即封闭式提问、标定式提问和开放式提问。封闭式提问是设计者在每个问题下列出一些备选答案，让被调查者在所列的备选答案范围内选择自己认为合适的答案。标定式提问中提出的是封闭性问题，但列出了各种答案，需要被调查者按等级标定。开放式提问是设计者在每个问题下并不给出备选答案，让被调查者自由回答。为使问卷设计科学，在提问题时要先易后难，把同类问题归纳后按逻辑关系提出，提问要简洁、准确，避免一个句子蕴含两个问题或使用带倾向性、暗示性的词语。

（3）统计分析要科学

调查结果通常要做两方面的分析推测：一是由此结果推测所有有关公众的意见和态度；二是由此结果推测有关公众的意见和态度、未来变化的趋势。要完成这两项内容，就不能仅仅依靠理论上的定性分析和经验归纳，必须使用科学的统计分析手段——数理统计。使用数理统计模型，把大量的、繁杂的统计分析工作交给计算机去完成。

下面是问卷的内容安排与设计技巧：

问卷一般由题目、导语、问卷内容等组成。

1）题目的设计。一是题目本身要与调查目的相符；二是题目不应使被调查者产生不良心理刺激；三是题目的设计不仅要反映调查目的和内容，而且要能调动调查对象回答问题的积极情绪。

2）导语。导语一般处于题目之后，正式提问之前，主要用于说明调查的意见、目的、发起者、委托者、保密情况、填写注意事项等。

3）问卷内容设计。问卷的内容是问卷的主体部分，一般包括事实性问题、动机性问题和态度性问题。事实性问题是关于应答者的基本情况和现存事件或行为的提问。动机性问题是关于应答者行为产生原因的提问，可采用开放式提问。态度性问题是关于应答者对某件事件、某个组织或某项产品的态度和意见的提问。

问题设计时要注意以下几个方面。

① 提问用语要明白易懂，既便于阅读，又不产生歧义。

② 提问要全面、客观，避免倾向性。

③ 不要在一个问题里面问两种不同的事情。

④ 不要在前提有争议的基础上提问。

⑤ 不要问双重否定问题，否则容易引起歧义，使调查结果产生误差。

⑥ 问卷问题不宜过多，回答问卷时间最多半小时。

【小资料】

制止公款出国（境）旅游专项工作调查问卷

因公出国（境）是我国对外开放的重要组成部分，在促进经济社会发展等方面发挥了重要作用。但是，也有一些党政干部以公务活动为名，行公款出国（境）旅游之实。为此，2008 年 4 月以来，中央纪委、外交部等 10 个部门，在全国开展了制止公款出国（境）旅游专项工作。为深入了解我国因公出国（境）现状，进一步做好制止公款出国（境）旅游专项工作，我们设计制作了本问卷。

注意：请在所选项前的“□”内画“√”，或者在空白处填写适当内容。本问卷调查采取不记名方式，请根据实际情况作答。

1. 你认为制止公款出国（境）旅游专项工作是否会影响对外开放？

□A. 会影响　　□B. 不会影响

2. 你所知道的因公出国（境）考察团组是否取得实效？

□A. 基本都有实效　　□B. 大部分取得实效

□C. 大部分没有取得实效　　□D. 基本都没有实效

3. 你所知道的因公出国（境）培训团组效果如何？

□A. 效果很好　　□B. 有一定的效果　　□C. 收益甚微或没有效果

4. 你认为造成公款出国（境）旅游最主要的根源是什么？（可选多项）

□A. 审批管理不力　　□B. 经费管理不严

□C. 没有群众监督　　□D. 其他（请写明）

5. 你认为防止公款出国（境）旅游最重要的治本措施是什么？（可选多项）

□A. 加强经费预算管理，严格经费审批、核销

□B. 建立公开公示制度，接受群众监管

□C. 健全外事监管机制，充分发挥监管部门的作用

□D. 提高制度执行力，有效执行各项制度

□E. 其他（请写明）

6. 你如何评价当前制止公款出国（境）旅游专项工作？

□A. 取得了很大成效　□B. 取得了一定成效　□C. 未见成效

7. 你对制止公款出国（境）旅游有哪些建议？

您在百忙之中抽出时间参与我们的问卷调查，是对制止公款出国（境）旅游专项工作的有力支持，在此表示我们最诚挚的感谢！

制止公款出国（境）旅游专项工作部际联席会议办公室

2010 年 6 月

（资料来源：http://www.nbcp.gov.cn/active/dcwj/）

3. 重点调查

重点调查又称为“意见领袖”调查。任何群体中总是有少数人消息灵通，比较了解群体中他人的意见和态度，这些人的意见又常常得到这个群体中他人自觉或不自觉地效法，这些人被称作“意见领袖”。对“意见领袖”做重点调查，可以间接了解到各类公众的意见和态度，并通过分析研究他们的意见和态度改变的可能性，确定开展公众关系活动的方法。

例如某地区在开发自己的旅游资源时，旅游部门领导和旅游开发人员专程到主要客源地召开恳谈会，邀请有代表性的旅行社经理和著名旅游网站负责人与旅游地共同研究旅游项目的组织、旅游线路的规划、旅游营销策略的选择等，了解他们的需求和意见，并通过他们向公众宣传本地的旅游资源，促使旅游者对该地区产生浓厚的兴趣。

4. 观察调查

观察调查是指调查人员带着明确的目的，通过直接的、有针对性的观察来搜集信息资料的方法。

观察调查中，调查人员到事物现场观察、倾听所发生的情况，观察过程中不让被调查者意识到是在被调查，这样的调查具有客观性和自然性。调查时需做到明确目的，拟定计划，确定观察要点，详细记录，最后进行总结分析。由于观察调查的结果比较客观、真实，因此是旅游组织公共关系调查时常用的方法。

例如，某旅游纪念品厂在策划树立企业形象、扩大产品知名度、开发新产品过程中，侧重到一些大型旅游购物场所作观察调查，首先派员以顾客的身份旁听、询问用户及营业员的意见，尤其是与同类产品的差别，以及顾客的一些要求、消费心理。另外通过观察发现，大量顾客购买旅游纪念品时，除注重特色、材质、造型、价格外，还注重包装装潢、文字说明、携带方便等，因此获得了大量珍贵而客观的第一手资料。旅游公共关系人员掌握这些情况后，进行了一系列的促销公共关系活动，扩大了产品的知名度和可信度，显著地促进了产品销售。

5. 访问调查

访问调查是旅游公共关系人员将所有调查的事项，以访问交谈的方式向被调查者提出询问，以获得所需资料信息的调查方法。访问调查分为面谈调查、电话调查等。面谈调查一般用于探测人们的需求动机或心理，或用于比较复杂、用其他方法不易调查清楚的问题的调查。电话调查一般只用于一些简单的、需及时搜集资料的问题的调查。调查时，旅游公共关系人员按照预先拟定的方案提出问题，对问题作出深入的研究。这种方法直观真实、灵活性强，可了解一些具体问题，回答率比较高。公共关系人员与被调查者一般是问答式对话，交谈时要注意谈话艺术，努力创造融洽、亲切的气氛，消除对方的不良情绪和戒备心理。访问调查按规模又分为个别访问、小型座谈和大型座谈。大型座谈会如旅游组织常举办的旅游推介会、旅游交易会等。

例如，某大型饭店集团准备在国外设立连锁饭店，但是，以什么样的产品来开拓广阔的国外市场呢？筹建连锁饭店的初期，该饭店集团做了大量调查工作，多次召开“客户座谈会”，充分听取公众的意见，广泛了解消费者的需求，征求客户对饭店产品的建议，摸清各类产品的利弊。之后进行综合比较，分析研究，相应地调整产品结构和价格，使产品具有极大的针对性，迅速打开了国外市场。

6. 实验调查

实验调查指调查者在一定范围内有目的地控制一个或几个组织形象因素的变化来研究组织形象在这些因素的影响下所发生的变化的调查方法。有实验室实验法和自然实验法两种。实验室实验法是借助一定的设备和仪器对调查对象进行研究的方法，一般用于收集消费者的某些感受信息。它的特点是对所研究的情境给予很高程度的控制，能最大限度地突出重要因素，防止无关因素的干扰。自然实验法是通过创设一定的条件，引起被调查者的某些行为变化，然后对其行为进行研究的方法。

例如，门票价格是景区控制旅游者数量、获得景区收入、进行环境保护和文物保护的有效手段之一，门票价格变动对旅游者数量有明显的影响。门票价格过低，进入的旅游者过多，环境生态保护和文物保护的压力增大，成本提高；门票价格过高，旅游者望而止步，又会影响景区收入的提高。因此，制定合理的门票价格是每个景区都要慎重考虑的问题。九寨沟景区在淡季时实行比旺季时低很多的门票价格，使淡季时游九寨沟的人数迅速增加，在旺季时则实行高票价，通过这种调节票价的手段了解了旅游市场对九寨沟的需求情况。

7. 文献检索分析调查

文献检索分析是对能查阅检索的文献资料进行收集整理、归类存储、调用分析。文献主要包括各种统计资料、报纸杂志、图书、企业年度报表、会议记录、业务往来、企业大事记等。文献资料分析是公共关系调查的重要手段之一，采用此法调查可降低调查费用，节约时间，提高工效，能尽快了解掌握旅游组织的历史、经营方针、办事效率、经济效益、管理水平、产品质量、知名度、美誉度等，客观地了解本旅游组织在不同时期、不同环境下，各阶段发展的情况，确定旅游组织的旅游公共关系目标。这种调查方法获取资料比较方便，既省时省力，又节省开支，是比较经济的调查方法，可以作为实地调查的重要辅助方法。它的局限性主要是各类文献资料不可能都十分齐全，有些资料也会因为当时撰稿人或记录者的倾向性使文字材料不够客观。

文献检索分析法的具体做法包括以下几点。

1）大量搜集与调查课题有关的各类文献资料。

2）对获取的各类资料进行鉴定和筛选。

3）在阅读的基础上，将重要的内容摘录和制作卡片，注明标题和出处。

4）考证、分析资料。在此阶段完成判别资料可靠性和使用价值的任务，并复印资料。

5）归纳、总结。将分析研究的问题概括为简明的结论，形成较系统的观点，用文字报告的形式总结其成果和理论。

例如，某旅游投资商计划修建一个专门面对自驾车旅游者的自驾车旅馆，但是该项目的规模、装饰风格、产品和服务的形式、价格、营销方式、促销渠道等都尚不清楚，需要对该地自驾车旅游的市场容量、旅游消费特征、同类产品供给情况等作详细的调研，以作出决策建议。因此，我们第一步可以用文献检索调查法来进行调查。首先大量搜集与自驾车旅游有关的各类文献资料，如报纸、杂志、车友会会刊、汽车资料等，并收集国内外其他地区自驾车旅馆的发展模式，同时还要收集国家经济发展运行的相关政策信息、该地区域经济发展情况等。然后对获取的各类资料进行研究和筛选，找出规律性的东西。最后根据收集的资料作出自己的分析，写成报告。

第四节　旅游公共关系调查的一般程序

1. 调查的准备

这一阶段首先是要确定调查课题的内容，确定调查的对象，其次是物资和人员的计划与准备。

（1）确定调查课题

对现有资料进行初步分析，请教有识之士，参考类似实例，确定调查课题。要找出问题存在的征兆，明确调查课题的关键和范围，选择最主要也是最需要的调查目标，制定出市场调查方案。主要包括市场调查的内容、方法和步骤，调查计划的可行性、经费预算、调查时间等。例如，我国传统名山中最有名的五岳，曾经在改革开放初期的旅游业中扮演了重要的角色，但是随着区域旅游竞争日渐白热化，五岳这一金字招牌的老牌旅游景区，同样也面临着越来越大的竞争压力，遭遇越来越多、越来越强的竞争对手。老景区如何焕发新活力，五岳何去何从？这引起了五座名山的管理者和所有关心五岳的人士的思索。老的旅游形象需要注入现代和时尚的元素，需要关注和体现现代人的喜好。那么，应该传递给公众一个什么样的新五岳形象呢？怎么才能引起公众最高的关注度呢？这就需要对与五岳有关的各种信息进行调查、筛选。鉴于此，我们可以确定调查的任务是收集五岳的旅游形象信息，包括五岳当前面临的经济、社会、文化、政治、市场环境，景区内部的各种信息，公众对五岳旅游形象的评价和期望等，通过调查找到五岳面临的问题和解决的思路。

（2）确定调查对象

确定调查对象即确定公众。要确定需要调查哪些公众群体，这些公众群体能否使调查获得有用的信息，他们的意见是否有代表性，等等。在上述例子中，需要调查的公众有景区员工、旅行社、旅游者、政府、媒体、旅游专家等，对他们的调查要采取不同的调查方法，如发放问卷、座谈会、重点调查等。

（3）物资和人员的计划与准备

调研所需的足够的经费、设备、场地，调查人员的召集、培训等。

2. 开展调查

开展调查包括制订调查计划、设计调查问卷、搜集调查资料。调查的内容和方法很多，因需要和情况而异。

（1）制订调查计划

落实市场调查的起始与完成时间，落实调查工作的负责人与实施人员，落实调查的样本数量等。只有计划周密，落实到人，才能责任分明，工作有条不紊。

（2）设计调查问卷

根据不同的公众群体设计不同的调查项目和问题，即使是电话访问和随机访谈，也要事先拟订好要问的问题，做到心中有数，临场不乱。

（3）搜集调查资料

调查人员对调查的目的和手段了然于胸，充分调动被调查人的情绪，获取需要的数据和资料。

在调查中，要注意全面原则、客观原则和时效原则。全面原则指选择的调查对象应具有代表性、普遍性，调查资料应做到翔实可靠；客观原则指旅游公共关系调查人员要注意信息的来源渠道，收集的资料应是“第一手信息”，同时要把握调查对象的客观态度；时效原则指旅游公共关系调查人员要把握信息的时效性，注意信息的新闻价值，做到及时调查收集、及时加工处理，迅速提供有价值的线索。

3. 整理分析调查资料和二次调研

当现场直接调查和统计分析研究完成后，旅游公共关系调查人员就拥有了大量的资料。对这些资料首先要编辑，选取一切有关的、重要的资料，剔除没有参考价值的资料。然后对这些资料进行编组或分类，使之成为某种可供备用的形式。最后把有关资料用适当的表格形式展示出来，以便说明问题或从中发现某种典型的模式。

往往在统计分析第一次调查收集的资料时，人们会发现起初设计调查时没有考虑到的一些问题，或者因为对某些问题估计不足而需要二次调研，即补充调研，以使调查数据更完整。

4. 撰写调查报告

调查报告分为简单的调查报告和完整的调查报告。简单的调查报告是指旅游公共关系人员就某一次小型的公共关系活动所进行的小范围调查后写出的调查报告，仅就调查的时间、人员、任务、对象、经过、数据、结论等作出交代即可。完整的调查报告是为了给某大型旅游公共关系活动提供依据，或为了制定本组织长期的公共关系计划以指导旅游形象塑造活动而进行的旅游公共关系调查所写作的，应该有调查背景、目的、详细过程、完整的数据分析、决策建议等内容。

旅游公共关系调查报告是整体调查的总结。调查报告的撰写，一个重要的原则就是围绕主题，多层次、多侧面地展开，散而不乱，有理有据。

旅游公共关系调查报告的规范文本，包括以下几个方面。

1）题页。点明报告的主题。包括调查的单位名称、调查者、报告日期。题目应尽可能地表明调查项目的性质及结论。

2）目录表。

3）调查结果和有关建议的概要。这是整个报告的核心，应简短、切中要害，直接揭示主题。使阅读者既可以从中大致了解调查的结果，又可从后面的文本中有目的地读

取相关信息。有关建议的概要部分则包括必要的背景、信息、重要发现和结论，有时可根据阅读者之需要，提出一些合理化建议。

4）文本（主体部分）。包括整个旅游公共关系调查的详细内容。含调查方法、调查程序和调查结果。对调查方法的描述应尽量讲清是使用何种方法，并简述选择此种方法的原因。在文本中，相当一部分内容应是数字、表格，以及对此的解释、分析，要用最准确、恰当的语句对分析作出描述。结构要严谨，推理要有逻辑性。在文本部分，还要对自己在调查中出现的不足之处说明清楚，不能含糊其词。必要的情况下，还要将不足之处对调查报告的准确性有多大影响分析清楚，以确保整个市场调查报告的可信度。

5）结论和建议。应根据调查结果得出结论，并结合旅游组织的情况提出其所面临的优势与困难，提出解决问题的方法和建议。对建议要作一简要说明，使读者可以参考文本中的相关信息，并独立地对建议进行判断、评价。

6）附件。附件包括一些复杂的、专业性的内容。通常将调查问卷、抽样名单、地址表、地图、统计检验计算结果、表格、制图等作为附件内容，每一个内容均需编号，以便查寻。

值得注意的是，调查报告不是调查的结束，而应继续注意情况的变化，以检验调查结果的准确程度，并发现旅游市场新的趋势，为改进以后的调查打好基础。

小　结

通过本章的学习，了解旅游公共关系调查的目的和意义，理解旅游公共关系调查的概念；掌握旅游公共关系调查的主要程序、调查方法及操作要点等。

本章重点：旅游公共关系调查的概念和作用、旅游公共关系调查的内容、旅游公共关系调查的基本方法及操作要点、旅游公共关系调查的主要程序、旅游公共关系调查报告的写作要求与技巧。

典型案例

“先搞清这些问题”

有一家宾馆新设了一个公共关系部，开办伊始，该部就配备了豪华的办公室，漂亮的公关小姐，现代化的通信设备……但该部部长却发现无事可做。后来，这个部长请来了一位公共关系顾问，向他请教“怎么办”，于是这位顾问一连问了以下几个问题：

“本地共有多少宾馆？总铺位有多少？”

“旅游旺季时，本地的外国游客每月有多少，港澳游客有多少？国内的外地游客有多少？”

“贵宾馆的‘知名度’如何？在过去三年中，花在宣传上的经费共多少？”

“贵宾馆最大的竞争对手是谁？贵宾馆潜在的竞争对手将是谁？”

“去年一年中因服务不周引起房客不满的事件有多少起，服务不周的症结何在？”

对这样一些极其普通而又极为重要的问题，这位公共关系部部长竟张口结舌，无以对答。于是，那位被请来的公共关系顾问这样说道：“先搞清这些问题，然后开始你们的公共关系工作。”

分析提示：

公共关系不是一种盲目的、随意性的活动，而是有意识、有计划的行为，公关部的设置是搞好公关工作的组织保证。

公共关系工作不仅具有较高的艺术性，而且还有较强的科学性。俗话说，“没有规矩不成方圆”，公关顾问的话“先搞清这些问题”，是要求我们按照公共关系原理，逐步开展公共关系工作。公共关系工作程序分为四个步骤，即调查、策划、实施、评估，亦称“四步工作法”。调查研究是公共关系工作的第一步，是做好公共关系工作的基础和前提。公关部的经常性任务就是利用自身与各类社会公众之间的广泛联系，开展调查，获取信息，为组织的最高决策层提供信息保障。显然，本案例中该宾馆公关人员对公共关系的内涵缺乏了解，甚至存在误区。公关部部长被公关顾问的一系列问题问得张口结舌，自然在所难免。

要搞清楚公关顾问所提的五个问题，需要采用公共关系调查时常用的多种方法，如新闻舆论调查、问卷调查、重点调查、观察调查、访问调查、实验调查、文献检索分析等。

（资料来源：张岩松，王艳洁，郭兆平. 2003. 公共关系案例精选精析. 北京：经济管理出版社）

实务训练

1. 某景区欲制订年度公共关系计划，请你为景区管理人员拟订一份旅游公共关系调查问卷表。

2. 为学校附近的某旅游景区做一次景区旅游形象调查，并撰写调查报告。

思　考　题

1．旅游公共关系调查有什么意义？

2．旅游公共关系状态指什么？

3．衡量旅游组织公共关系状态的指标有哪些？

4．什么是知名度、信誉度、美誉度？它们有什么意义？

5．旅游组织形象的具体内涵是什么？

第四章

旅游公共关系的策划与传播

学习目标

通过本章的学习，主要了解旅游公共关系策划的概念和原则，掌握公共关系策划的基本程序，理解传播的基本原理，掌握旅游公共关系常用的传播媒介知识。

第一节　旅游公共关系策划概述

“策划”一词，意为“筹划”、“谋划”，在英语中是“contrive”，意为“发明”、“设计”、“动脑筋”、“想办法”等。中国人习惯说“出谋划策”，日本人叫“企划”，在美国多称为“咨询”。日、美、德等发达国家的策划业已经相当成熟，居世界领先地位，我们应该奋起直追。

策划是指人们为了达成某种特定的目标，借助一定的科学方法和艺术，为决策、计划而构思、设计、制作策划方案的过程。充分挖掘、利用现有资源，采用系列最佳组合方式，科学地制定能达到最好效果、实现最高奋斗目标的系统方式方法，这就叫策划。策划不仅仅是出点子，也不仅仅是建议和决策，它更加强调有创新、具体化、周密性和可操作。

那么，什么是公共关系策划呢？公共关系策划是为达成组织目标，公共关系人员在充分进行环境分析的调查基础上，对总体公共关系战略及具体公共关系活动所进行的谋略、计划和设计过程。

熊源伟、余明阳等编的《公共关系策划》中对于“公共关系策划”的定义是：“公共关系人员为了达到组织目标，在充分进行公共关系调查的基础上，对总体公共关系战

略、专门公共关系活动和具体公共关系操作进行谋略、计划和设计的过程。”分析这一定义，可以使我们从以下五个方面来理解什么是“公共关系策划”。

1）公共关系策划是公共关系人员的工作，是由公共关系人员来完成的。

2）公共关系策划是为组织目标服务的。

3）公共关系策划是建立在公共关系调查基础上的。

4）公共关系策划可以分为三个层次，即总体公共关系战略的策划、专门公共关系活动的策划和具体公共关系操作的策划。

5）公共关系策划包括谋略、计划和设计三个方面的工作。由此可见，公共关系策划从性质上讲，应该是纯智力的活动。同时，策划总是对方案而言的，方案一经确立，则策划过程也就自然结束了。

公共关系策划的过程是制订公共关系计划的过程，属于公共关系“四步工作法”的第二步。公共关系策划是公共关系活动的重要环节，策划水平直接影响着活动效果。公共关系策划可以保证公共关系战略和实务运作的目的性、计划性和有效性。

公共关系策划的要素包括策划者、策划目标、策划对象、策划内容、策划结果。

1）策划者——公共关系策划人员。公共关系策划者的能力、水平、责任心和奉献精神对公共关系策划的成败起着决定性的作用。面对同样的策划对象，处在相同的策划环境中，由于策划者的不同，效果可能大相径庭。公共关系策划者是一个集团，应由各具特点、各具专长的公共关系从业人员、公共关系专家来组成，这些各具特点、各有专长的公共关系专家、从业人员不仅要有个人的能力、水平和心理素质，而且还要分工得当，配合默契，使之发挥 1+1>2 的公共关系人才聚合效果。

2）策划目标——是公共关系策划人员通过策划活动最终解决的问题和达到的目的。

3）策划对象——目标公众。

4）策划内容——总体宏观的战略规划的设计构思、公共关系实务专题活动策划、具体的操作性的公共关系活动。

5）策划结果——公共关系策划方案，是策划者在充分调查、了解策划对象的现状和需求的基础上，为了实现策划目标而精心设计制定的公共关系实施细则和设计方案。公共关系策划具有鲜明的整体性、目的性、主动性、谋略性特征。

公共关系策划是公共关系工作的中心环节，组织形象管理工作是否有效，在很大程度上取决于策划的成败。因此，公共关系人员在进行公共关系策划时，不可随心所欲，应该遵循以下六项原则。

1）公众利益优先的原则是公共关系策划的首要原则。公众利益优先，不仅是公共关系工作的指导思想，同时也是公共关系工作人员应该遵循的职业道德标准。所谓公众利益优先，并不是要组织完全牺牲自身利益，而是要求组织在考虑自身利益与公众利益的关系时，始终坚持把公众利益放在首位。这一原则要求组织不仅要圆满完成自身的任务，为社会做出贡献，同时还要重视其行为所引起的公众反应，并关心整个社会的进步和发展，以此获得自身利益的满足。组织只有时时处处为公众利益着想，坚持公众利益至上，才能得到公众的好评，才能获得自身更大的、长远的利益。

2）尊重客观事实的原则。公共关系人员在策划过程中，要始终坚持以客观事实为依据，尊重客观事实。没有事实，便无所谓公共关系策划。也就是说，在现实生活中不存在的事物，就不能作为公共关系传播的内容。言出无据，只会失信于公众。另外，要据实公开。组织运作过程中发生的事实，如有必要公开的话，必须依据事实，做到客观、真实、全面和公正。客观，就是要还事物本来的面貌，不以猜测和想象代替事实；真实，则要求面对事实，不夸大也不缩小；全面，要求充分掌握事实，公开事实的全景材料，而不是只取某一部分；公正，即对事实持公正的立场，不袒护和推托。尊重客观事实的原则，对于处于不利情况下的组织来说尤为重要。敢于承认不利的事实，才可能理智地进行策划；企图掩盖事实真相的策划，只能使组织走向自己愿望的反面。

3）独创性与连续性相统一的原则。公共关系策划必须有一定的独创性。公共关系人员要根据社会条件的变化、公众心理状况的变化、组织内部的变化进行新的策划，使之不仅与自己组织过去的活动有所不同，更要与自己的竞争对手有所不同，使组织策划的活动能够标新立异，先声夺人，取得更好的效果。组织的形象并不是靠一两次成功的公关活动就能得到迅速改善并保持不变的，组织形象的改善需要不断的公共关系活动进行积累。因此，公共关系人员在进行公共关系策划时，不仅要考虑一次活动的独创性，还要考虑本次活动与前后活动的连续性，使独创性和连续性统一起来。只有坚持公共关系策划的独创性和连续性相统一的原则，才能更科学地进行公共关系策划。

4）计划性与灵活性相统一的原则。经公共关系策划所形成的行动方案，将列入组织的整体计划之中，构成组织整体运行计划的一个部分。由于行动方案涉及组织各个方面工作的协调，涉及人、财、物的配备，具有较强的计划性，因此，行动方案一旦确定，通常是不能轻易改变的。只有这样，才能保证整个行动方案得以贯彻执行。但是，由于组织的主观条件和外部环境随时都在发生变化，公共关系人员在策划时，应使所选定的行动方案中有充分的回旋余地，针对可能发生的变化，考虑灵活的补救措施，使所策划出的行动方案具有一定的灵活性。只有使所策划的行动方案既具有较强的计划性，又具有一定的灵活性，坚持公共关系策划的计划性和灵活性相统一的原则，才能保证策划目标的顺利实现。

5）公共关系策划与组织整体计划相一致的原则。公共关系人员应该清楚地认识到，策划是在组织整体计划的约束下进行的。所策划出的行动方案应该纳入组织的整体计划，并与组织的整体计划相一致。如果与组织的整体计划相悖，再好的行动方案也只能是一种空想，再好的策划也会劳而无功。所以，公共关系人员在进行策划时，应该遵循所策划的行动方案与组织的整体计划相一致的原则。

6）创新性与可行性相统一的原则。创新指公共关系策划活动应该力求新奇、独特、精致、不落俗套。策划的核心在于方案的可行性和实施的效果，没有可行性的方案，即使是再漂亮的创意和文字，也不会有丝毫的意义。“老鼠和猫”的故事可以给这类策划

人以很好的启示。传说有一群老鼠，他们为了降低被猫捕杀的机会，开了一个家族会议，会上，一个“聪明”的幼鼠提议在猫的脖子上挂一个铃铛，这样的话，一旦猫有动静，他们就会听到铃铛的响声，大家就可以“闻铃而逃”。不少老鼠对此建议表示赞同，认为这是一个再好不过的办法。但是，一只年长的老鼠打断了他们的欢呼，“这个办法很好，但是由谁去挂这个铃铛呢？”众鼠哑然。是呀，谁去挂呢？

公共关系策划一般可以从整体上分为两个阶段，即策划前的准备阶段和实际展开策划阶段。准备阶段主要是对于组织形象的现状、影响因素、策划的内外环境等进行分析，继而确定策划目标、要求。实际策划阶段则包括设计主题、分析公众、选择媒介、预算经费、商定方案等。对于公共关系策划中的一些重要环节，应该有更加深入的学习和掌握。

一、确定目标

1. 确定公共关系目标的意义

确定目标是公共关系策划中重要的一步，目标一错，便一错百错。

公共关系目标是组织通过公共关系活动所要追求和希望达到的形象状态和标准。也就是准备“做什么”和“要取得什么成果”。对于公共关系活动来说，确定公共关系目标具有十分重要的意义。

公共关系目标是公共关系全部活动的核心，它是公共关系策划的依据，是公共关系工作的指南，是评价公共关系效果的标准，是提高公共关系工作效率的保障，也是公共关系人员努力的方向。

2. 公共关系目标体系

公共关系目标不是一个单项的指标，而应有一个目标体系。总目标下有很多分目标、项目目标和操作目标。长期目标要分成短期目标；总目标要分成项目目标、操作目标；宏观目标要分解成微观目标；整体形象目标要分解成产品形象目标、职工形象目标、环境形象目标。

3. 确定公共关系目标的注意事项

公共关系策划目标应该力求明确、具体，具有可操作性，避免泛泛而谈。同时，公共关系策划目标要具有可行性和可控性，即所确定的目标经过现实努力一定能够实现，目标具有一定的弹性和余地，可以根据条件变化灵活应变。

二、分析公众

公共关系目标确定之后，公共关系策划工作就进入公众对象选择环节。

任何一个组织都有其特定的公众对象，确定与组织有关的公众对象是公共关系策划的首要任务之一。只有确立了公众，才能选定需要的公众人才、公共关系媒介及公共关系模式，才能将有限的资金和资源科学地分配使用，减少不必要的浪费，取得最大的效益。

一个组织的公众往往是多方面的，但一次公共关系活动则要有所侧重，面面俱到是不现实的。组织需要根据宣传的主题选择公众。这样，公共关系活动才能重点突出，顺利达到预期的目的。由于不同的公众有不同的经济条件、文化修养、生活习惯、价值观念、利益要求，对组织所持的态度也不尽相同，因此组织在选择公众以后还要根据公众的特点选择传播渠道和公共关系模式。总之，对公众的了解越彻底，公共关系目标就越有针对性，实行效果也就越好。

公众的类型很多，按其与组织的关系密切程度不同，有首要公众、次要公众和边缘公众之分；按其发展演变的阶段不同，有潜在公众、知晓公众和行动公众之分；按其对组织的态度不同，有顺意公众、独立公众和逆意公众之分；按其所处的地位、环境不同，又有内部公众、外部公众之分。

公共关系人员的全部工作对象，归根到底就是这些各种各样的公众。而公共关系工作归根到底就是改变公众，如将逆意公众转变为顺意公众，将潜在的顺意公众转变为现实的行动公众，将逆意的行动公众转变为潜在公众或非公众，等等。总之，是将公众对组织的消极、敌视、漠然态度转变成为积极、同情或赞赏的态度。

三、选择公共关系活动模式、确定公共关系工作策略

1. 选择公共关系活动的模式

所谓公共关系模式，是指由一定的公共关系目标和任务，以及为实现这种目标和任务所应用的一整套工作方法构成的一个有机系统。公共关系模式不同，其功能也就不同。没有哪一种公共关系活动模式可以解决所有问题。在制订公共关系计划时，要根据事先确定的主题选择公众、选择公共关系模式。

常见的公共关系模式包括以下几种。

1）宣传型公共关系。主要利用各种传播媒介直接向公众表白自己，以求最迅速地将组织信息传输出去，形成有利于己的社会舆论。

2）交际型公共关系。以人际交往为主，目的是通过人与人的直接接触，为组织广结良缘，建立起社会关系网络，创造良好的发展环境。

3）服务型公共关系。以提供各种实惠的服务工作为主，目的是以实际行动获得社会公众的好评，树立组织的良好形象。

4）社会型公共关系。以各种社会性、赞助性、公益性的活动为主，组织通过对社会困难的行业的实际支持，为自己的信誉进行投资。

5）征询型公共关系。以采集信息、调查舆论、收集民意为主，目的是通过掌握信息和舆论，为组织的管理和决策提供参谋。

2. 确定公共关系的工作策略

公共关系策略是指组织根据环境的状况及组织自身的变化所采取的公共关系行为方式。公共关系工作策略没有固定的模式，公共关系专家将公共关系策划活动从目的类型上概括为以下几种。

1）建设型公共关系，指在组织的初创时期，或某一产品、服务刚刚问世的时候，以提高知名度为主要目标的公共关系活动。这时组织的形象尚不确定，产品的形象也没有在公众的头脑中留下什么印象。此时公共关系策略应当以正面传播为主，争取以较大的气势，形成良好的"第一印象"。从公众心理学的角度讲，就是争取一个好的"首因效应"。

2）维系型公共关系，指社会组织在稳定、顺利发展的时期，维系组织已享有的声誉，稳定已建立的关系的一种策略。其特点是采取较低姿态，持续不断地向公众传递信息，在潜移默化中维持与公众的良好关系，使组织的良好形象长期保存在公众的记忆中。

3）防御型公共关系，指社会组织公共关系可能出现不协调，或者已经出现了不协调，为了防患于未然，组织提前采取或及时采取的以防为主的措施。

4）进攻型公共关系，指社会组织与环境发生某种冲突、摩擦的时候，为了摆脱被动局面，开创新的局面，采取的出奇制胜、以攻为守的策略。组织要抓住有利时机和有利条件，迅速调整组织自身的政策和行为，改变对原环境的过分依赖，以便争取主动，力争创造一种新的环境，使组织不致受到损害。

5）矫正型公共关系，指社会组织公共关系状态严重失调，组织形象受到严重损害时所进行的一系列活动。社会组织要及时进行调查研究，查明原因，采取措施，做好善后工作，平息风波，以求逐步稳定舆论，挽回影响，重塑组织形象。矫正型公共关系属于危机公共关系的组成部分，如组织发生各种危机后采用的各种赔偿、致歉、改组等活动。

各种公共关系策略及其具体实施方式方面的内容，我们将在第五章进行深入学习。

四、预算经费

1. 进行经费预算的意义

预算是指从事公共关系活动所花费用的计划与匡算。其作用有三：一是让组织决策层了解活动所需耗费的资金，以便于决定是否投入实施这一活动。二是活动一旦批准，则作为财务部门拨款和控制经费使用的重要依据。三是便于活动之后考察绩效。为了少花钱多办事，在有限的投入内获取最大的社会效益和经济效益，就要进行科学的公共关系预算。编制公共关系预算，首先要清楚地知道组织的承受能力，做到量体裁衣，还可以监督经费的开支情况，评价公共关系活动的成效。

2. 编制公共关系活动工作预算的主要依据

编制公共关系活动工作预算的主要依据有四个方面：一是公共关系工作所要达到的目标；二是公共关系工作的范围和任务；三是依据组织的经济实力；四是要与公共关系活动的效果相一致。

3. 公共关系预算的编制方法

编制公共关系预算的方法主要有两种：按销售量抽成法和目标作业法。

按销售量抽成法，即按企业的总产值或销售量，抽取一定的百分比作为公共关系预算。这种方法的优点在于能够很快决定预算。其主要缺点在于预算缺乏弹性和计划性，不一定适合实际需要。

目标作业法，即先制订出公共关系期望达成的目标和工作计划，然后将完成任务所需的各项费用项目详细列举出来，核定各单项活动和全年活动的预算。这种方法的优点在于计划性强，弹性较好。但需要事先的审慎计划和预测，如预测不准确，就可能超支、短缺或浪费，而且主观性较强，容易影响预算的控制。

4. 公共关系工作预算的内容构成

公共关系活动工作预算的经费构成主要包括以下几个方面。

1）重大项目经费，其中包括广告费、咨询费、招待费、办刊费、赞助费、调研费等。

2）日常开支经费，其中包括行政办公费、实际活动经费、活动场地费、活动材料费、交通费、差旅费、交际费等。

3）器材购置经费，包括办公设备费、通信设备费、设备安装费等。

4）人员工资费，包括组织工作人员工资、临时工作人员劳务费、奖金和福利等。

5）其他各种意想不到的可能支出，如突发性事件需用经费。公共关系是一种预测性、灵活性较强的工作，因此公共关系预算应该保持一定的弹性。有必要在预算中划出临时应变费用，从财力上保证公共关系的应变能力。

五、编制公共关系活动方案

1. 企业公共关系策划的类型

由于企业状况、环境不同，所面临的企业公共关系问题不同，对企业公共关系问题的认识和采取策略的不同，企业的公共关系策划自然也呈现出各种不同的面貌。加以归纳，可分为以下四大类型。

（1）某一发展时期的企业公共关系战略策划

如 5 年或 10 年的发展规划。这类策划活动最终形成的是一种企业公共关系战略性指导文件，主要内容包括企业公共关系战略总目标、实现战略总目标的条件和主要措施、阶段性目标及实现阶段性目标的构想等。这类策划不对具体企业公共关系活动作明确规定。

（2）专题性企业公共关系活动策划

这类策划活动是围绕着某企业公共关系问题展开的，时间上可以是跨年度的或几个月的。如20世纪60年代初，日本精工为改善产品形象而策划的为期4年、以东京奥运会为高潮的公共关系活动计划。这类策划如果时间较长，一般采用在总目标下分阶段的形式来编制计划；时间较短的则以在总目标下分项目的形式制订计划。这类策划活动的主要内容有：制定总目标、各阶段或各项目目标，实现目标应采取的措施，施行各项活动的工作程序和时间表，效果评估方法和预算等。这类策划方案要求具体、明确和具有可操作性。

（3）年度企业公共关系策划

这是一种以年度为周期，制定年度企业公共关系目标及如何达成目标的策划活动。它是企业年度工作计划的一部分。其主要内容有：年度企业公共关系总目标、年度企业公共关系主题、企业公共关系活动的主要项目、企业公共关系活动实施时间表、效果评估方法和年度企业公共关系预算等。

（4）企业公共关系活动项目的策划

如对某次记者招待会、某项新闻指导计划、某次开放日或展览活动等的策划。这类策划方案常附于专题或年度公共关系策划书的后面，作为策划书中各专项活动实施的依据；有时也作为独立的企业公共关系活动计划加以推行。这类策划的内容包括项目的目标，项目负责人和实施者，项目涉及的对象，项目所需的传播媒体、器材设备，外部环境，项目的筹办、实施的工作程序及时间表，项目考核标准和方法、预算等。

2. 撰写公共关系策划文案

公共关系策划文案又称“公共关系活动策划书”，是开展公共关系实务活动前必须做的一项工作。一个策划文案，表明为了取得预期结果而必须采取什么行动的工作理论。理论决定着战术的选择，指导着具体的工作实践过程，是进行公共关系实务活动的指南。公共关系策划文案是公共关系实务操作中最常用的文案之一，也是公共关系人员国家职业资格统一鉴定“中级技能”部分重点考核的内容。学会撰写公共关系策划文案，是一名合格的公共关系人员必须具备的基本功。

公共关系策划文案的内容主要包括以下十个方面。

1）标题。一份完整的公共关系策划文案，必须有一个标题，使人一读就明白这是一份活动策划书而不是一份工作小结或评估报告。标题可以直接写成“××公司××活动策划书”，也可以采用点明某一活动主题的词语作为主标题，而将“××公司××活动策划书”作为副标题列在其下。标题撰写要明白易懂。

2）前言，也称背景介绍。即简略地介绍组织策划这份文案的背景情况。因为社会组织的任何一项公共关系专题活动的策划、组织和实施，都不是无缘无故的，均有其特定的背景和需要。只有阐明了这一背景和需要，才能引出后面的具体策划内容（方案），也才能说明举办这一活动的迫切性和意义所在。脱离了一定的活动背景，会使策划内容（方案）使人看了不得要领。前言撰写要简明扼要。

3）调查分析。公共关系策划是建立在调查分析的基础上的，调查分析是公共关系活动策划的先期工作。调查分析主要是对组织形象做出具体分析，可以从当前组织形象存在的优势点、问题点和机会点三个方面进行分析，从而明确下一步公共关系工作的重点和方向。调查分析要注重调查对象的代表性、调查手段的适用性、调查方法的科学性、资料收集的真实性和全面性以及分析结论的可靠性。

4）目标战略。为了提高公共关系活动的效果，必须确立公共关系目标。应根据组织的具体情况选择目标分类，如将目标分成总目标与分目标、长远目标、阶段目标、具体目标等。目标战略主要考虑所设目标是否符合社会组织的发展战略，是否符合组织形象的定位要求，是否符合公众需要，是否符合社会文化及其发展需要，是否针对组织存在的问题等。

5）创意说明。创意是公共关系活动成败的关键。它是公共关系人员根据调查结论、社会组织形象特性和公众需求所进行的一种创造性思维活动，它是整个公共关系活动策划中的点睛之笔。一个富有创意性的公共关系策划，能吸引和感染公众，使公共关系传播收到良好的效果。创意的内容包括：活动主题、活动名称和项目、标语、宣传作品。活动主题要新颖，富有独特性和个性，有意境感和吸引力。

6）媒介策略。公共关系活动过程也就是组织向公众的信息传播和双向沟通过程，因此，正确选择传播媒介是使活动取得成功的重要一环。媒介的选择要有针对性、可行性和有效性。

7）活动计划。活动计划是对具体活动的指导。应根据各个活动项目分别制订各项活动计划，活动计划要有周密性、可操作性和具体性。

8）经费预算。正确的经费预算是实施活动的保证，经费预算要合理、全面、留有余地。

9）效果评估。正确地评估本次活动的效果，有助于组织了解公共关系方案的实现程度，衡量公共关系活动的实际效果，调动公共关系人员的积极性，并为下一轮公共关系工作提供新的信息。效果评估要依据目标，实事求是，并给出评估的效果方法。

10）署名。文案最后须写明策划者名称和策划书写作时间。

① 策划者名称。公共关系公司、公共关系部名称或策划人员集体的名称或策划者姓名。

② 策划书写作时间。×××年××月××日。

值得注意的是，公共关系活动策划书封面不能太随意，装帧设计要大方、典雅，在条件允许的情况下尽量精美。

【案例】

公共关系策划案

某地一家乡镇企业的化工厂由于废水没有经过处理而流入附近水域，致使鱼类大量

死亡。于是，以捕鱼为生的渔民愤怒地涌入化工厂，上演了一幕幕触目惊心的社区公共关系纠纷。请问，如果你是该厂公共关系部经理，应当如何为平息这起社区关系纠纷、维护企业形象，制订一份切实可行的公共关系计划？下面就是这个案例的策划书。

关于协调社区关系的公共关系策划案（要点）

一、调查公众

1. 调查外部公众——渔民中“意见领袖”。
2. 调查内部公众——员工中“意见领袖”。
3. 检验水和死亡的鱼类。

二、策划

（一）确立问题

1. 领导不重视环保，无环保机构。
2. 员工环境意识淡漠，环保知识贫乏。
3. 技术设备陈旧。
4. 长期忽视厂与社区的关系。

（二）目标

1. 在全厂普及环保法规。
2. 成立环保机构。
3. 进行环保技术培训。
4. 改造旧设备，使“三废”排放量达到国家标准。
5. 建立厂与社区环保相互监督机制。
6. 建立新型社区关系。

（三）选择传播方式

1. 人际传播：走访渔民家庭。
2. 设立渔民环保监督员。
3. 组织传播：开办环保知识系列讲座。
4. 组织渔民进厂参观。
5. 举办厂与社区文化联谊活动。
6. 大众传播：用闭路电视进行环保教育。
7. 广播站开辟环保专题节目。
8. 厂报开辟环保专栏、专刊。

（四）选择公共关系模式

1. 宣传型公共关系模式：在厂区车间与社区路旁设立环保标语和板报。
2. 征询型公共关系模式：在厂区和社区设立环保意见箱。
3. 交际型公共关系模式：厂与社区进行文体联谊活动。
4. 服务型公共关系模式：义务培训社区民办教师和科技人员，扶植社办企业。

5. 社会型公共关系模式：义务修理乡村干道和乡村学校，为社区孤寡老人服务。

（五）公共关系预算

1. 人员预算：公共关系经理 1 名，公共关系策划 2 名，新闻采编 2 名，环保专家 2 名，摄影摄像 2 名，美工 2 名，其他 3 名，共计 14 名。

2. 经费预算：三次讲座 100 元；一次参观 50 元；录像制作 200 元；联谊活动 100 元；标语板报 50 元；意见箱 2 个 10 元；改造设备 10000 元；捐助小学 1000 元；修路 200 元；共计 11710 元。

（六）时间安排

4 月 1 日～4 月 3 日：走访渔民中“意见领袖”。

4 月 4 日～4 月 7 日：三次环保讲座。

4 月 8 日～4 月 15 日：一周闭路电视环保法教育。

4 月 16 日～4 月 23 日：一周广播环保专题节目。

4 月 24 日～4 月 30 日：制作环保标语、宣传栏和板报，并安置完毕。

5 月 1 日～5 月 4 日：厂与社区文体联谊。

5 月 5 日～5 月 6 日：将意见箱安置厂区和社区。

5 月 7 日～5 月 8 日：组织渔民分批参观厂区。

5 月 9 日～5 月 11 日：整修乡村干道，维修校舍，义务为孤寡老人劳动。

5 月 12 日～5 月 13 日：举办两期渔民科普讲座。

5 月 14 日～5 月 15 日：评估总结。

第二节　传播的基本原理

传播是人与人之间的信息交流和信息共享现象。人类通过某种有意义的符号，将自己感受到的信息传送出去，沟通彼此的思想和感情，协调彼此相互联系的行为，这就是传播。

传播沟通是公共关系活动的过程和方式。公共关系活动的实质就是运用现代信息社会的各种传播媒介和沟通手段，在社会组织与公众之间建立起有效的双向联系，促成相互之间的交流与合作，从而塑造组织自身的良好形象。因此，公共关系学的一个重要内容就是研究传播沟通的内涵、功能、媒介和方法，探讨它们在公共关系活动中的实际应用。

公共关系本质上是一种传播活动。公共关系的过程是组织主体与公众客体之间的一种信息传播活动和信息交流过程。“传播”一词译自英文 communication，泛指人类信息交流的关系和活动。在现代信息社会，人们面对着大量的信息，同时人们传播信息的对象也是大量的。信息必须进入交流过程才有价值，信息的交流过程就是传播。所以，交

流的信息和信息的交流是密不可分的，重视信息必须重视传播。

组织、公众、传播沟通是公共关系的最基本概念。传播是公共关系三大要素之一。组织要达到自己的公共关系目的，必须把自己的组织观念、经营宗旨、产品性能、服务范围等信息，向他的目标公众传播，以求实现组织与公众的双向沟通。

公共关系的传播是通过一定的媒介或载体将传播的信息准确地传递给受传者，同时获得信息反馈的过程。公共关系传播，是信息交流的过程，也是社会组织开展公共关系工作的重要手段。离开了传播，公众无从了解组织，组织也无从了解公众。如果我们把社会组织看作公共关系工作的主体，把公众看作公共关系工作的客体，传播就是二者之间相互联系的纽带和桥梁。组织与公众的沟通，在很大程度上依靠信息传播，组织与公众之间的误解，也往往是由于信息不畅造成的。因此，一个社会组织不但要有明确的目标、符合公众利益的政策和措施，还要充分利用传播手段开展公共关系活动，赢得公众的好感和舆论的支持，获得良好的经济效益和社会效益。

可以概括地说，公共关系的实务就是传播。没有实务就没有公共关系，所以，没有传播也没有公共关系。传播学作为公共关系学的基础学科，传播行为作为公共关系实务的主体行为，应该是每个公共关系人员必须掌握的知识和技能。对于传播的理解和了解程度，直接关系着公共关系实务开展的水平。

公共关系信息不同于具体的工商信息或产品服务信息，它的价值在于影响公众的态度，打动公众的心。透过公共关系信息使公众能够了解组织、理解组织的政策、目标，领会组织的善意和友好，进而形成对组织的良好印象。公共关系传播的基本任务就是正确使用各种传播媒介，及时地向公众传达有关组织的各种信息，及时收集公众的各种意见和态度，为组织公共关系决策提供准确的事实根据，以促进组织顺利发展。

旅游企业公共关系工作的根本目的在于建立良好的组织形象，影响和改变公众的态度则是公共关系传播的目的。

影响和改变公众的态度包括提供和分享组织的信息、改变公众对某一问题的态度和指望引起公共关系的预期行为等三个方面。

1）提供和分享组织的信息，即向公众提供及时、准确和有说服力的组织最新信息、情况，以使社会公众对组织行为（实现政策、目标的行动）予以理解和支持。美国三位太空人将进行人类首次登月探险，美国有关当局决定用电视转播实况。消息传出后，美国、日本以及我国台湾和香港地区的企业立即行动，利用这一事件大做公共关系广告。如美国欧米茄手表厂家在太空人完成登月任务的当天，在报上刊出“世界第一只登月手表欧米茄，谨向美国太阳神登月英雄致敬”——整页巨幅广告，并说明太空环境迥异地球，严寒酷热，真空失真，气压转变，剧烈震动及各种莫名因素，均不足以影响欧米茄表计时之准确性能。这幅广告刊出后，消费者对这种美国太空研究总署为进行所有侦测太空工作时指定的唯一合格的计时仪器及其厂家有了更好的印象与信任。台湾地区某大饭店也借太空人登月之机大做广告，说是太空时代到了，供应登月大餐和登月鸡尾酒，果然吸引了不少消费者前往试味。我国台湾某保险公司也刊登了一则庆祝登月成功的广告，内容以“揭开云路仙宫去，探得嫦娥神秘来”为主题展开诉求。该主题虽然与其经营业务关系较疏，但也在很大程度上加深了公众对公司的印象。

2）改变公众对某一问题的态度，努力使用各种传播媒介和技术，消除不利舆论影响，引导公众态度由负面向正面转变。1985 年 9 月，墨西哥发生了一次罕见的强烈地震。虽然受灾面积不大，但几分钟后人们从传媒上看到和听到的却是房屋倒塌和抢救伤者的消息。在一些过分渲染的报道影响下，人们对灾情的恐怖和误解加深了。仅一夜之间，旅游者数量下降了 50%。这使得以旅游业为重要收入的墨西哥不仅遭受了巨大的经济损失，而且出现了严重的形象危机。国际著名的公共关系公司——伟达公司为墨西哥旅游局制定了一个行动方案。该方案包括：用卫星向全球传送关于灾区的新闻，举行新闻发布会，定时向旅游者发布消息，组织一个由新闻界和旅游界人士参加的调查团，深入灾区现场，了解真实情况，为旅游局组织一系列灾情介绍会等。通过这些活动让人们认识到，此次地震范围很小，对广大旅游区没有什么影响，扭转了公众舆论，重新赢得了众多的游人。

3）指望引起公共关系的期望行为，即促使公众对组织采取理解支持的行为。美国一出版商有一批滞销书久久不能脱手，他忽然想出了一个主意，给总统送去一本书，并三番五次地去征求意见。忙于政务的总统不愿与他多纠缠，便回了一句：“这本书不错。”出版商便大做广告——“现有总统喜爱的书出售”，于是这些书被一抢而空。不久，这个出版商又有书卖不出去，又送一本给总统，总统上过一回当，想奚落他，就说：“这书糟透了。”出版商闻之脑子一转，又做广告——“现有总统讨厌的书出售”。不少人出于好奇争相抢购，书又售尽。第三次，出版商将书送给总统，总统接受了前两次的教训，便不作任何答复。出版商仍然大做广告说：“现有总统难以下结论的书，欲购从速。”居然又被一抢而空，该出版商人也因此而大发其财。

一、传播的基本模式

1. 传播的要素

一个完整的传播过程包含六个构成要素：传送者、接受者、信息、通道、环境和反馈等。这些要素对于任何一个完整的公共关系传播活动来说，都是不可或缺的。

1）传送者。传送者是传播的主体，是信息的发布者，也可以称为信源。它有三种类型：个人、群体和组织。

2）接受者。接受者是传播的对象，是接受并利用信息的人，也可以称为信宿。它包括个人、群体、组织、群众、公众和大众。在公共关系中，接受者一般是指公众。

3）信息。信息是传播的客体。从公共关系传播这一角度来看，信息是用一定的符号表达出来的具有新内容、新知识的消息，其中包括对于人和事的判断、观念、态度和情感，等等。

4）通道。通道就是信息传递的工具、途径和渠道。其中包括感觉器官、口与体态、媒介。比如，人际传播中听觉和视觉都十分重要。口既可以发送口头语言，又可以传递语言。体态是指人的表情、姿势和神态，它们都能够参与沟通。媒介是用以记录和保存信息，并可以重现信息的载体，如报纸、杂志、录音、录像等。

5）环境。环境可以从不同的角度作出不同的解释和分类。从公共关系的角度来看，时空环境和文化背景这两大因素对于传播的影响尤为明显。时空环境对于公共关系传播的制约是不言而喻的。就时间方面而言，传播时机的选择会对传播效果产生间接甚至直接的影响。我们可以设想，在公共关系谈判中，任何一方的无故失约或姗姗来迟，都会使对方产生“不满意”的情绪体验，从而影响谈判的实际效果。同样，一场相当热烈的聚谈，可能因为来了某位不速之客而变得冷场；在脏乱、昏暗、嘈杂的环境中很难取得理想的传播交流效果；座位的安排也有讲究，举行新年茶话会采用围桌而坐的方式更好，总经理作年度工作报告，则采用并排同向的教室型座位更利于强化传播效果。公共关系传播总是在特定的社会文化背景下进行的，联系社会文化背景来选择传播手段和传播媒介是公共关系传播中不容忽视的要点。在传播过程中，传受双方的思维方式、价值观念、风俗习惯等都会对传播效果产生影响。在跨文化传播活动中，尤其要尊重对方的文化习俗，避免沟通障碍。

6）反馈。反馈是接受者对于传送者所发出的信息的反应，是一种信息的回流。肯定性反馈会使传送者继续传播；否定性反馈则会使传送者改变或纠正传播的内容或方式。在公共关系传播中，传送者可以根据信息的反馈来检验传播的效果，并据此对传播的内容和方式作出必要的调整、充实和完善，以达到满意的传播效果。

2. 传播模式

传播模式是传播要素的组合形式，是现代传播实现、展示传播过程和结构、揭示各要素之间相互关系的理论形式。

传播模式的研究主要经历了三个阶段，线性模式、控制论模式和社会系统模式，下面具体介绍一下其中较为重要的模式。

（1）拉斯韦尔传播过程“5W”模式

直线模式的出现，是人类传播研究史上的一大创举，它使得人们能够以一种简明的图形结构来对传播过程的结构和特点进行直观的、具体的描述。而大众传播学的五个主要研究领域——控制研究、内容分析、受众研究、媒介研究和效果分析，就是由早期的直线模式——“5W”模式发展而来。

美国传播学家哈罗德·拉斯韦尔在其1948年发表的《传播在社会中的结构与功能》一文中，根据他对大量实例的研究，最早以建立模式的方法对人类社会的传播活动进行了分析，这便是著名的“5W”模式。“5W”模式界定了传播学的研究范围和基本内容，影响极为深远。“5W”模式是：

谁（who）→说什么（says what）→通过什么渠道（in which channel）→对谁（to whom）→取得什么效果（with what effects）

其称谓来自模式中五个要素同样的首字母“W”。这五个要素各有其自身的特点。

1）“谁”就是传播者，在传播过程中担负着信息的收集、加工和传递的任务。传播者既可以是单个的人，也可以是集体或专门的机构。

2）“说什么”是指传播的信息内容，它是由一组有意义的符号组成的信息组合。符号包括语言符号和非语言符号。

3）“渠道”是信息传递所必须经过的中介或借助的物质载体。它可以是诸如信件、电话等人际媒介，也可以是报纸、广播、电视等大众传播媒介。

4）“对谁”就是受传者或受众。受众是所有受传者如读者、听众、观众等的总称，它是传播的最终对象和目的地。

5）“效果”是信息到达受众后在其认知、情感、行为各层面所引起的反应。它是检验传播活动是否成功的重要尺度。

拉斯韦尔传播过程“5W”模式示意如图 4-1 所示。

图 4-1　拉斯韦尔传播过程“5W”模式示意

拉斯韦尔传播过程模式从一个角度切入来分析复杂的传播现象，第一次比较详细、科学地分解了传播的过程，以期能对人们有所启发。从这方面来说，拉斯韦尔的“5W”模式是极为成功的。

从拉斯韦尔传播模式的五个传播要素，我们得到传播研究的五大内容。

1）控制分析。研究“谁”，也就是传播者，进而探讨传播行为的原动力。

2）内容分析。研究“说什么”（或称信息内容）以及怎样说的问题。

3）媒介分析。研究传播通道，除了研究媒体的性能外，还要探讨媒体与传播对象的关系。

4）受众（对象）分析。研究庞大而复杂的受传者，了解其一般的和个别的兴趣与需要。

5）效果分析。研究受传者对接收信息所产生的意见、态度与行为的改变等。

拉斯韦尔的模式在大众传播中获得了广泛的应用。它率先开创了传播学模式研究方法之先河。但这一模式过于简单，具有以下明显的缺陷：首先，它忽略了“反馈”的要素。它是一种单向的传播模式。由于受他的模式的影响，过去的传播研究忽略了反馈过程的研究。其次，这个模式没有重视“为什么”或动机的研究问题。在动机方面，有两种值得重视的动机：一是受众为何使用传播媒体，二是传播者和传播组织为了什么去传播。三是重视传播者的地位，忽视、甚至剥夺了受传者的“主体参与”地位。

（2）香农-韦弗线性传播模式

香农-韦弗模式是线性模式的典型代表之一。这是由信息论创始人、数学家香农与韦弗一起提出的传播模式，为后来的许多传播模式研究奠定了基础，并且引起人们对从技术角度进行传播研究的重视。在香农-韦弗模式中，传播被描述为一种直线性的单向过程，包括了信息源、发射器、信道、接受器、接受者以及噪声六个因素，其中发射器起编码功能，接受器起译码功能。噪声是指任何干扰信息传递或使之失真的因素。香农-韦弗线性传播模式示意如图 4-2 所示。

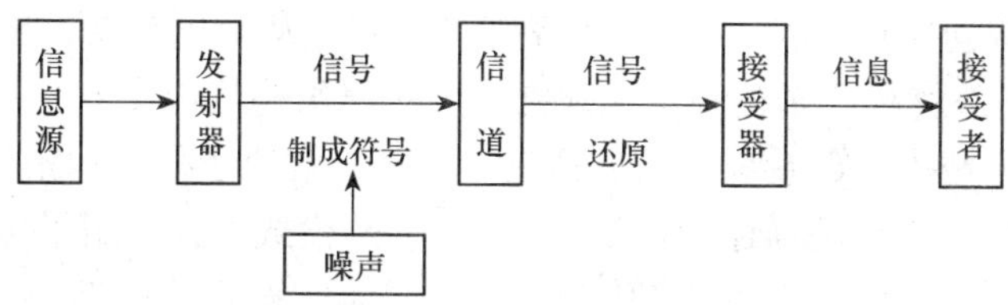

图 4-2 香农-韦弗线性传播模式示意

与拉斯韦尔模式相比，香农-韦弗模式多了“干扰”因素。这也是香农-韦弗模式的一大优点。这样，传播的信息中就不仅仅包括“有效信息”，还包括重复的那部分信息即“冗余”。传播过程中出现噪声时，要力争处理好有效信息和冗余信息之间的平衡。冗余信息的出现会使一定时间内所能传递的有效信息有所减少。香农-韦弗模式也有自身的缺陷。他们未能在模式中更多地顾及人的因素、社会因素、忽视了信息的内容等。后来，这一模式又加入了反馈系统，在一定程度上体现了信息的双向性，使之更接近人类传播的一般过程。

（3）施拉姆循环传播模式

循环模式则突出了信息传播过程的循环性。它强调传受双方的相互转化，认识到信息会产生反馈，并为传播双方所共享。其代表是奥斯古德-施拉姆的循环模式。

施拉姆认为每一种合适的模式至少包括两个以上的传播单位。在传播活动中，每个人既是发送者，又是接受者，既编码又译码，都具有双重行为。施拉姆循环传播模式示意如图 4-3 所示。

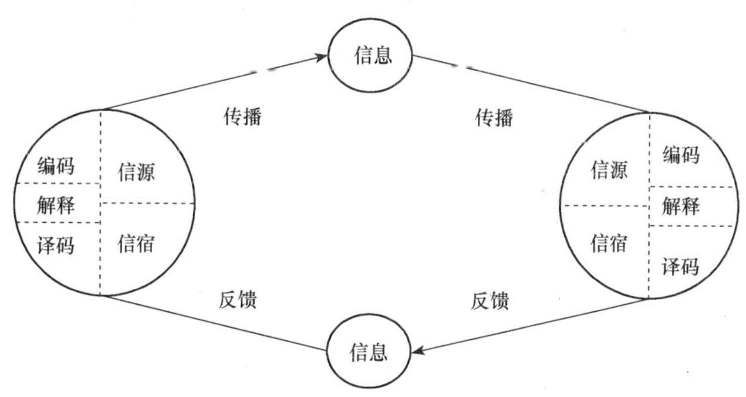

图 4-3 施拉姆循环传播模式示意

首先，循环模式已与单向传播划清了界限；其次，它强调在信源与信宿之间，即传者与受者之间，只有在共同的经验范围内才能真正进行传播；再次，传受双方在编码、解释、译码、传递和接收信息时，是互相作用、互相影响的；最后，传播信息、分享信息和反馈信息的过程是循环反复、持续不断的。

从20世纪50年代初起，出现了一批以控制论为指导思想的传播过程模式。变“单向直线性”为“双向循环性”，引入了“反馈”机制，从而更客观、更准确地反映了现实的传播过程。从线性模式到控制论模式完成了传播结构认识史上的两次飞跃，基本解决了传播的要素问题。社会系统模式是第三次飞跃，解决了传播的条件问题。J.赖利和M.赖利最早把传播过程明确描述为社会过程，他们的模式大致克服了传播现象的片面思考。马莱茨克的大众传播过程模式，传播结构的四大要素并没有变，但各个要素之间的复杂互动关系被勾画出来了。社会系统模式的科学性和详尽程度，与最初的“5W”模式相比，有了云泥之别。这反映了人类对传播现象的认识越来越全面、深刻。

（4）公共关系传播模式

该模式是根据新型控制论模式的理论提出来的，同时包含了“5W”模式中的基本要素。从图中可以看出公共关系的核心工作是采集和传播公共关系信息。组织机构发出信息，传播有利于在社会中建立良好的组织形象和声誉的公共关系信息内容，通过各种传播媒介向社会公众传播，以获得最佳传播效果。同时，根据反馈信息调整、修改原定公共关系目标，为下一个公共关系目标提供可靠依据。公共关系传播模式示意如图4-4所示。

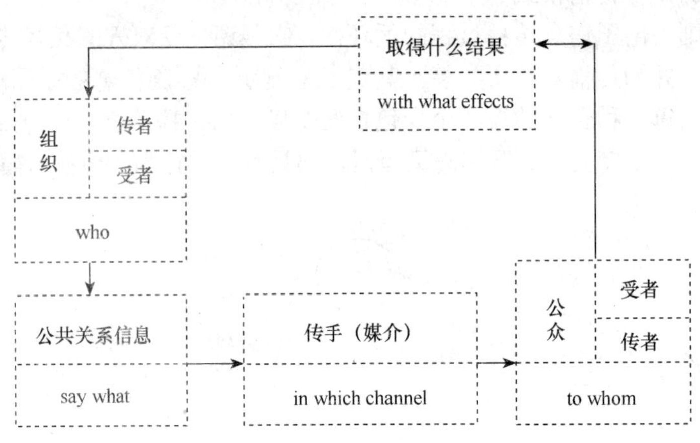

图4-4 公共关系传播模式示意

3. 传播的基本类型

根据人类传播的发展过程，一般可将传播分为四种类型：自身传播、人际传播、组织传播和大众传播。

（1）自身传播

自身传播也叫人的内向交流，即传播的“双方”集于一身，本身内部进行的交流。

这种传播的特点是主我（I）与宾我（me）之间的内向沟通。

（2）人际传播

人际传播指的是个体与个体之间的沟通交流。它是一种最常见、最广泛的传播方式。其表现形式分为面对面传播和非面对面传播两种。前者一般通过语言、动作和表情等媒介进行交流；后者主要通过电话、电报和书信等媒介进行交流。人际传播的特点是个性性、私人性和信息反馈的及时性。

（3）组织传播

组织传播是指组织和其成员之间、组织和其所处的环境之间进行的沟通交流。组织与其成员之间的传播分两种形式：一种是职能传播，其沟通方式是垂直沟通；一种是非职能传播，其沟通方式是平行的横向沟通。组织传播的特点是具有目的性和可控性。

（4）大众传播

大众传播指的是职业传播者通过大众传播媒介将大量复制的信息传递给分散公众的一种传播活动。

传播的四种类型，既自成体系，具有独特的结构、要素、形式和功能，同时又相互联系、逐次涵盖、互为补充。

4. 公共关系传播的基本内容

组织应该向社会公众传递信息的内容很多，公共关系人员应将这些信息内容进行归类、整理，并根据组织不同时期的特点和目标来确定公共关系传播的内容。

1）初创时期信息传播的内容：主要介绍企业的投资建设状况，企业的性质、规模、设想及风格等。

2）发展时期信息传播的内容：应该是维护企业已经形成的良好信誉和形象，介绍企业的生产经营方针、政策、特色等，将企业新产品研制与开发、产品价格波动情况、商标及企业的更改情况，及时告知社会公众。

3）风险时期信息传播的内容：应该是企业生产与经营产品的特色；出现问题时，应该实事求是地披露问题的根源，向公众致歉，并把问题的解决过程告诉公众。

4）低谷时期信息传播的内容：向社会公众说明企业步入低谷的原因，澄清事实，诚心诚意地求得公众的帮助，让更多的社会公众了解企业。

公共关系人员在传播信息时要注意内容的趣味性、与受者的相关性、信息来源的可靠性、内容的真实性、观点的客观性和科学性。

二、传播对旅游信息传递和旅游品牌形成具有特殊重要的意义

信息的传播是公共关系传播中最主要、最基本的内容。一方面，公共关系组织和从业人员要广泛收集公众的信息、社会环境的信息，在对信息进行加工整理后，及时向组织的决策层汇报，为组织做出决定、制订计划提供信息来源，这样才能保证做出的决策能投公众之所好，应公众之所需。另一方面，组织要在公众心中树立良好的印象，获得

广泛的合作与支持，又必须积极宣传自己，传递有关本组织的新情况、新政策、新产品、新行动，多从正面传播有利于组织的信息。这是公共关系工作的主要内容。

传播对旅游信息传递和旅游品牌形成具有特殊重要的意义，这是由旅游业的特点和旅游信息的重要性决定的。

旅游业是典型的信息密集型和信息依托型产业。旅游业的信息密集型产业特性是指，旅游业的信息节点众多，信息处理量十分巨大，且旅游信息的形式也是多元复杂的。旅游业的信息依托型产业特性是指，信息媒介在旅游业中的作用至关重要。

我们知道，旅游业具有一些鲜明的特点，比如异地性、产品的无形性、体验性，不可事先试用和检验；依靠形象促销、动态性（产品和价格经常变化）、强调多个子行业紧密协作配合的特性，等等。这使得信息在旅游业中至关重要。旅游者出游行为以旅游信息的收集和比较为前提；旅游目的地及旅游产品被旅游者所认知取决于信息的有效传达。旅游产品的预订、各类旅游机构之间的协作、旅游服务过程的实施都伴随有信息传递的过程。信息还是旅游企业决策和产品开发的重要依据，是旅游市场机制发挥作用的必要前提。

旅游目的地管理机构的重要职能之一就是信息职能。旅游目的地管理机构应收集当地的、区域的或国内的旅游产品信息并在全世界范围内传播。在宣传推广时，应塑造鲜明、清晰、美丽的旅游目的地形象，注重形象传播，并在目的地形象的大伞下，逐层展示旅游城市、旅游景区景点、旅游企业、旅游产品，内容丰富，清晰有序。同时，目的地管理机构还有提供信息咨询的职责——旅游者希望有一个公正可信的机构为他们提供客观的旅游产品信息以及一些有用的建议。

在旅游业中，旅游信息的传递首先依赖于信息传播媒介——比如报纸、杂志、户外媒体、电视、互联网络、旅游信息中心，以及新兴的手机、掌上电脑等移动终端。其次，旅游中介也是信息传递的重要渠道，这包括传统旅游中介——如旅行社（批发商、零售商）、定房中心；传统电子中介——中央预订系统（CRS）和全球分销系统（GDS）；以及新兴电子中介——电子商务网和国外已较普及的互动数字电视（IDTV）等。从媒介比较的眼光来看，互联网是一个信息容量大、信息类型多、不受时空限制、传播成本低、效率高的公众型、交互式的媒体。这些特性使互联网在短短的十几年内成了旅游业中最重要的信息媒介。

三、传播是旅游公共关系的手段和目的

旅游是一种预消费产品，消费者不能像传统型的消费活动一样可以直观地挑选商品并在付款后形成快速消费。因此购买过程中旅游产品的品牌形象对消费者购买决策的影响显得尤为重要。在当今激烈的旅游市场竞争中，形象塑造已成为旅游地占领市场的关键。旅游产品的不可移动性，决定了旅游产品要靠形象的传播，使其为潜在旅游者所认知，从而产生旅游动机，并最终实践出游计划。国外旅游研究表明，形象是吸引旅游者最关键的因素之一，形象使旅游者产生一种追求感，进而驱动旅游者前往。因此旅游企

业公共关系工作应该着力于塑造旅游品牌形象，并向消费者进行充分有效的传播。

公共关系本质上是一种传播活动。公共关系的过程是组织主体与公众客体之间的一种信息传播活动和信息交流过程。公共关系信息不同于具体的工商信息或产品服务信息，它的价值在于影响公众的态度，打动公众的心。透过公共关系信息使公众能够了解组织，理解组织的政策、目标，领会组织的善意和友好，进而形成对组织的良好印象。旅游企业应该通过开展有效的公共关系传播，及时向公众传达有关企业的各种信息，及时收集公众的各种意见和态度，为企业公共关系决策提供准确的事实根据，以促进企业顺利发展。

第三节 旅游公共关系传播的媒介和方式

公共关系传播可以利用的媒介很多。从广义上讲，公共关系传播媒介包含于多种传播方式之中，而每一种传播方式里又有不同的传播媒介。每一种传播方式有不同的作用，每一种传播媒介也具有不同的功能，它们所产生的传播效果也各不相同。旅游公共关系工作人员应该充分了解各种传播方式和媒介的特点，正确选用传播方式和传播媒介。

常见的公共关系传播媒介主要有以下几类：语言传播媒介、文字传播媒介、电子传播媒介、图像与照片、非语言传播媒介。

在公共关系传播的媒介选择上，应遵循以下基本原则。第一，联系目标原则。根据公共关系工作的目标、要求去选择传播沟通媒介。特定的媒介有其特定的功能和特定的覆盖面，要借助各种媒介为公共关系目标服务，就要根据工作目标的具体要求进行媒介选择。第二，适应对象原则。不同的公众对象借助接触的信息媒介不同，根据公共关系工作对象的特征选择传播沟通媒介。在进行媒介选择时，应对传播对象的职业特点、文化程度、分布地区的生活习惯等有所了解。第三，区别内容原则。根据传播内容的特点来选择传播沟通媒介。旅游企业公共关系因目标和工作要求的不同，需要传递的信息内容也不同。各传播媒介在传递不同的信息内容时，各自有着特定的优势和劣势。第四，合乎经济原则。根据组织的具体经济条件，来选择传播沟通媒介。根据组织经济实力和状况的不同，公共关系目标的不同，传播区域的不同，在众多的媒介中选择既经济又有效的传播媒介，这是公共关系人员应掌握的基本知识。

一、语言传播媒介

语言传播媒介指传播中面对面地语言交谈，口头沟通，是公共关系传播和一般人际交往中应用最为广泛的一种媒介。口头沟通，面对面地交换意见，不仅可以传递信息，而且可以进行思想、情感、态度、观点方面的交流。在美国一次问卷调查中，参加测试的86%以上的企业经理一致认为，传达重要政策首选的方式就应该是口头方式。语言沟通能力也因此成为旅游公共关系企业的公共关系部对于公共关系人员的第一要求。

口头语言交流的一般特点主要是：直接性、随时性、双向性、反馈性、情感性、主观性。直接性指传播者与受传者可以直接对话。随时性指言语沟通经常发生在无准备状态下，灵活机动，不拘一格，随意性突出。双向性指言语沟通中的参与者既是“发话人”又是“听话人”，双方不断更换传播角色，双向交流，相互影响。反馈性是指言语沟通中双方信息的传递和反馈几乎同时进行，并能根据对方反应及时调整自己语言的内容和方式。情感性指言语沟通中个人情感的流露比较直接、丰富，是人情味最浓的沟通方式。主观性是指口语不像文字那么严谨，并明显受到个人态度、情绪、素质、能力的影响，比较容易出现失真和错误等问题。正因为如此，为了超越时间和空间的限制，解决传播失真、错误等问题，就需要依赖越来越多的现代传播工具，如电话、传呼、录音、广播、电缆、光纤等工具、设备的介入沟通，提高传播的质量和效率。公共关系人员在公共关系工作中也应该借助各种现代化传播工具、方式，不断强化言语沟通能力。

语言传播的运用具有一定的技巧性，能否熟练地掌握并运用这些技巧，在很大程度上决定了传播的成功与否。

语言传播的技巧可以概括为“说”的技巧和“听”的技巧。“说”的技巧，其中心内容是：使自己的言辞富有说服力和感染力。“听”的技巧，其关键是表现出诚恳、友好和耐心，从而使自己为对方所认同。

语言传播的运用场合非常多。旅游企业公共关系部门的日常接待，记者招待会，企业领导之间、员工之间、领导与员工之间、企业与顾客之间的沟通性会议，企业为了协调与公众之间的利益与关系需达成一致协议而进行交换意见相互磋商的公务谈判活动，企业公共关系人员进行的演讲或者是介绍，企业为了自身利益而对公众进行劝服、游说，等等，这些都需要灵活、有效地进行以语言为主要媒介的沟通传播。

二、文字传播媒介

1. 常用的文字传播媒介

常用的大众文字传播媒介主要有报纸、杂志。

（1）报纸

报纸作为一种大众传播媒介，出现于广播、电视、电影之前。它是以客观事实报道和评论为主要内容，利用印刷文字，以比较短的间隔定期发行的媒体。今天意义上的报纸是经过很长时间发展与完善才形成的。如果要回顾报纸的雏形及其发展过程，在我国可以上溯到汉代。汉代的报纸叫邸报，主要用来传递官方信息。西方的报纸则发源于古罗马。

报纸作为公共关系的传播媒介具有许多优点。其一，报纸造价低廉，而且制作简便，这是电影、电视、广播等无法比拟的，而且随着现代科技的发展，计算机排版技术的广泛应用，其在出版速度和质量上都有了飞速发展。其二，报纸能给予受传者更大的主动权，可以让读者自己控制阅读速度和选择阅读时间、地点，不像电子媒介把观众、听众置于被动地位。人们可以根据自身的习惯、兴趣、能力来选择报纸阅读，可以一目十行，也可以逐字推敲。其三，报纸的信息量大大超过广播电视。因为广播电视的“黄金时间”（即受传者收听、收看人数最多的最佳时间）总是有限的，但报纸可以根据需要增加版面，增加信息的总容量。而广播电视受时间限制，增加一个新节目就可能砍掉或挤掉原来的节目。其四，报纸便于保存信息。面对面的传播稍纵即逝，电视媒介传播如不专门录制，很快也会消失。而唯有报纸能把各种事实、数字信息有效保存起来。其五，报纸可以适应受传者的特殊需要。报纸可以变换自身的内容以适应不同受传者的特殊需要和兴趣，而且它可以办成各种特殊性质的专门报纸，而不像其他媒介那样要求标准化。如《计算机报》可以满足不同层次计算机爱好者的需要，《足球报》可以满足不同层次足球爱好者的兴趣。

报纸也有其不足之处。其一，即时性感染力差。文字比之于口语，因其诉诸视觉和思维，因而具有冷静的理性特征。这就使报纸虽然附有图片和表格，仍不及电影、电视那般形象、生动、直观，也不及广播那样有直接对话般的亲切感，因此导致其即时感染力相对差一些。其二，制约报纸发行的因素较多，如地域、交通、气候、灾难、战争等，它们均会影响报纸传递信息的速度，使其传播不如广播、电视及时。其三，读者层次的限制影响了它的传播范围。阅读比观看、收听更要求受传者具有一定的文化水平和理解能力，这就造成文化程度低的人和文盲无法充分使用和享有这种媒介。

（2）杂志

杂志是报纸向深度和广度发展的印刷品媒介。当人们对报纸所发布的信息力求作更深更广地了解，或者对某类信息有浓厚的兴趣时，杂志便应运而生。杂志按发行周期划分，可分为周刊、半月刊、月刊、双月刊、季刊；按性质划分，可分为专业性杂志（如《公共关系》）和非专业杂志（如《青年文摘》）。专业性杂志侧重于某个领域，并在其领域内可以形成权威。如很多杂志都可能刊载公共关系的文章，但《公共关系》杂志在这个领域是最具权威性的。

杂志具有以下优点。其一，突破报纸的地域性限制。杂志可以在全国公开发行，不受地域的限制，甚至还可冲破国界的限制。其二，传播信息比报纸更全面、准确。由于杂志发行周期较长，因此有充分的时间采集信息、收集资料，版面的制作也有更多的时间准备，因此能给读者留下完整、深刻的印象。其三，便于储存。其四，在特定范围内，传播效果明显。大部分专业性杂志读者群比较固定，而且对该专业很有兴趣，深有研究，因而阅读时精力集中，领悟力较强，较易对传播的信息留下深刻的印象。

杂志也具有一些本身无法克服的缺点。因出版周期太长，而导致传播速度慢；因专业性太强，无法照顾一般读者的阅读水平，而限制了读者群。这就使得公共关系人员在选择杂志作为传播媒介时不得不思虑再三，慎重决策。

2. 文字传播对于企业公共关系工作的重要意义

对于企业公共关系从业人员来说，文字传播具有特别重要的意义。

文字传播的技巧和汉字的特点密切相关。鉴于文字富有乐感，企业公共关系人员在广告制作、演讲游说中都可以精心地设计安排，突出汉字的音乐美感，达到预定的企业公共关系目的。如日本丰田汽车公司的著名广告："车到山前必有路，有路必有丰田车。"朗朗爽口，富有感染力。

文字传播在旅游企业公共关系活动中的运用相当广泛。

1）企业公共关系新闻。企业公共关系新闻是以简洁文字迅速反映新近发生或过去未被认识到的新鲜事物的报道。

2）企业公共关系广告。企业公共关系广告是信息传播的一种方式，目的在于传播企业品牌形象，推销产品、劳务，影响舆论，博得各方支持，推动事业发展或引起刊登广告者所希望的反应。如传播社会公众对企业的好评、赞誉，以及在国内外获奖情况的信誉广告；向社会公众显示企业在技术、装备、人才、工艺等方面具备雄厚实力的广告；借庆典、剪彩等大型活动创声势，或在重大节日用广告向公众贺喜，以及在兄弟单位开业、庆典之际表示祝贺的声势广告；依据能够动员社会公众的社会性主题所制造的广告；企业常常打出自己名义率先发起有重大社会影响的社会活动，以显示企业领导社会生活潮流的能力的创意广告；以公益性、慈善性、服务性的主题为内容制做广告以报答公众好评的公益广告等，都离不开文字传播。

3）企业内部报刊及宣传册。企业内部报刊的创办与发行，是企业组织传递信息、进行多方沟通的重要书面形式。它的主要内容包括：介绍新产品，消除消费者的购物障碍；传递行情，以供了解市场动态；宣布奖惩，调动员工的积极性与创造性；探讨企业管理经验，提高决策水平等。宣传册是企业编制的介绍本企业全面情况的印刷品。一本成功的宣传册会像一则精彩的流动广告，吸引无数读者公众。宣传册传播内容的主要载体就是文字。

4）企业公共关系常用文书。公共关系策划文案、公务文书、礼仪交际文书、合同协议等常用公共关系文书的写作，也需要公共关系人员具备良好的文字表达处理能力。

三、电子传播媒介

常用的电子传播媒介主要有广播、电视、电影、互联网。

1. 广播

广播技术最早出现在西方。它最先是作为娱乐工具来到世界上的，如今已遍及世界的每一个角落，成为一种多功能的大众传播媒介。广播分为有线广播和无线广播，它们在传播范围和传播设备上有较大差异。有线广播受线路导引的限制，一般只在某一公共场所或地域（如车厢、宾馆、村镇）等范围内传播；而无线广播则借助于电波信号，只要发射机功率足够，就可将信号传至"天涯海角"。收音机就是接收无线广播信号的设备。我们所讨论的主要是无线广播。

广播具有极快的传递信息速度，可以超越时间、地域上的局限，其传播之迅速，覆盖面之广是任何大众媒介所无法比拟的。广播以口语化的语言和音响作为传播的主要手段，且辅之以抑扬顿挫的音调来打动听众，表达亲切感人，较报纸、杂志具有更强的感染力。广播对于广大受传者来说有较强的接近性，因为传播者的传播与受传者的收听同步进行，使受传者获得了相当程度的参与感，双方就好像在进行面对面的交流，更接近面对面的人际传播。此外，广播不用文字作为传递信息的载体，也就比较适合不同文化程度的广大受众。而且，收听广播时，仍可以从事某些机械性的、无须多加思索的工作。最后，费用较低。广播节目制作方便，广播设备简单。在进行现场直播时，电视要携带各种录像、录音设备，还要考虑灯光、音响等条件，而广播直播却要简便得多。同一则广告在广播电台播出，所需费用相当于电视台的1/10。

广播存在的缺点主要有：第一，信息难以贮存。广播传播信息，稍纵即逝，如不及时录音，信息即无法留存。纵然已经录下，靠磁带储存信息，不太经济也不很方便。第二，形象感不强。广播通过语言、音响影响受传者，没有图像，也不能展现图片、图表。因此，在形象感方面比不上电视、电影，甚至比不上报纸。第三，受传者不能很主动地选择信息。电波频道有限，如频道过多相互之间又会发生干扰，影响传播效果；自由选择节目的范围有限，一次只能收听一个频道，收听某一节目又受节目播出时间的限制，一旦错过就再难收到；收听广播必须按播音顺序来听，不能加速、减速或更换。总之，听众完全受广播预先排定的节目顺序、时间、速度的支配，处于被动接受的地位。

2. 电视

电视是将音响、文字与活动画面结合起来，主要供家庭或小群体使用的大众媒介，产生于20世纪20年代。电视虽晚于广播产生，但其发展速度却相当迅速，到目前为止已遍及世界各地，连亚洲、非洲一些十分落后的国家都建立了电视台。现代生活离不开电视，电视节目是人们获取信息的主要渠道。公共关系人员要利用电视传播的种种优点来实现树立良好形象的目标。

电视作为一种最主要、最有效的传播媒介，其优点表现在以下几个方面。第一，受传者能获得较强的真实感。电视是文字、声音、图像三者的奇妙组合，观看电视，更接近面对面的人际传播，能给受传者以更真实的感受。电视经常采取现场直播的方式传播信息，时间与被播放事件有同时性，空间上有同位性，使人如临其境、如闻其声、如见其人，增加了信息的可靠性。第二，传播效果持久。电视节目的制作往往融多种艺术手法于一体，综合广播、报纸的长处，主题鲜明，重点突出，形象生动，能加深受传者的印象，给受传者更强烈的刺激，因而传播效果较为持久。第三，即时感染力很强。聚集在电视屏幕前的是千百万个家庭和各种小群体，他们在同一时间共享同一信息，彼此进行交流与互动，因此情绪容易相互感染，并可能对传播的信息产生共鸣。第四，适合多层次的受传者，对受传者的文化水平没有太高的要求。

电视的缺点主要有：第一，传播的声像信息瞬间即逝，保存性差。第二，受经济发展水平的制约，电视传播的范围具有局限性，如贫困地区的公众收看电视可能会限于条件。此外，有线电视未开通的地区，电视频道较少；而且收看时只能选择一个频道，受传者常常只能被动地选择节目，播什么看什么。

3. 电影

和电视一样，电影也是一种综合性的大众传播工具，也是文字、图像、声音三者的巧妙组合。组织可以以纪录片的形式展现自己的发展历程，介绍目前的状况，勾勒美好的前景；可以通过提供拍摄环境、提供道具赞助、让员工参与拍摄等方式来增加上镜率，吸引公众的注意，获得更多公众的认知和了解。电影超过电视的地方在于它的内容高度凝练集中，画面十分清晰，善于表现宏大场面和纵深场景，音质也比电视更好，并且大家聚集在一起观看电影，受众的情绪更易相互感染。

电影不及电视之处是生产成本高、生产周期长，观看时需专门场所。在偏僻的山区农村，播放电影是组织扩大影响的重要方式；在大型国际公共关系活动中，电影又是一种特殊的社交活动，它有助于人们之间联络感情，交流思想，因此，在帮助组织赢得公众好感的程度上往往超过电视。

4. 互联网

互联网出现于 20 世纪 60 年代，是伴随着计算机的出现而出现的。计算机可以单台使用，也可以连在一起使用。当连在一起使用时，就形成了局域网或全球网。网络的出现，极大地改变了人们的生活，具有划时代的意义。网络拥有丰富的信息资源，人们可以方便快捷地查询和使用，人们在网上可以寄送电子邮件、访问网上其他用户、点播电视节目等。一些国家的新闻媒介向网络用户发行电子报纸，开设网络广播；一些商家在网络中开设了虚拟超市，顾客不用出门，就能在网上商场中购买到自己所需要的商品；许多组织都建立了自己的网站或网页，将本组织的详细资料输入网络，向新闻机构和公众提供本企业相关信息，宣传本企业的良好形象，公众只需轻轻点击便可一览无余。旅游企业中不少饭店、旅行社都通过网上电子商务开展营销、传播活动。因此可以说，网络吸取了报纸、广播、电视、电影的诸多长处，越来越成为人们获取信息的重要渠道。

网络的缺点是容易遭受破坏性程序——“病毒”的侵袭，并且由于信息量太大，因而无法绝对确保信息的真实性，一些重要信息的保密工作也亟待加强。

四、图像与照片

视觉形象是最生动的语言，图像和照片作为视觉载体也是公共关系活动中常用的传播媒介。在企业公共关系实务操作中，运用图像和照片进行传播是基本方式之一。运用图片、录像、照片等资料进行传播，与语言传播和文字传播相比，更为宏观、直观、生动，直接可感，更能反映企业的真实面貌。企业标识，包括企业的商标、品牌名称、徽记、包装、门面、代表色等，也是具有特殊吸引力的图像。公共关系人员在公共关系活动中经常使用图画、照片、标识，强化公共关系传播效果。如在制作各类宣传册和举办

展览、展销会时，就要大量使用这类资料，并配以必要的文字说明，以生动、形象地介绍企业情况，使读者、观众一目了然，留下深刻的印象。总之，运用图像、照片进行传播，简明易懂，影响力大，效果突出。

五、非语言传播媒介

人类交流信息，相互沟通，除了使用语言、文字以及各种语言、文字媒介以外，还要使用非语言符号来进行交流，它们主要是身势语言和情态语言，在面对面的沟通以及电视演讲中是很重要的传播手段。身势语言指人们身体部位作出表现某种具体含义的动作符号。情态语言指人脸上各部位动作构成的语言。它们在具体场合能够表达内在、细微信息和种种情感的丰富含义。

图像、照片、非语言传播媒介以及实物，都可以作为公共关系传播的辅助手段，因此也要求公共关系人员能够熟练地使用这些传播媒介。

小　结

本章知识覆盖公共关系策划和传播两个方面的内容。公共关系策划是公共关系“四步工作法”中的第二步，对于这部分知识应该结合其他三步来学习。本章联系旅游公共关系工作实际，对于传播学知识作了较详细的介绍。同学们应该把握的是，公共关系策划思想的实现要通过公共关系实务，而公共关系传播就是公共关系实务的主要内容。

本章重点：公共关系策划的基本程序和旅游公共关系传播的媒介和方式。

典型案例

制造新闻

香港一家经营强力胶水的商店，坐落在一条鲜为人知的街道上，生意很不景气。一天，这家商店的店主在门口贴了一张布告：“明天上午九点，在此将用本店出售的强力胶水把一枚价值 4500 美元的金币贴在墙上，若有哪位先生、小姐用手把它揭下来，这枚金币就奉送给他（她），本店绝不食言！”这个消息不胫而走。第二天，人们将这家店铺围得水泄不通，电视台的录像车也开来了。店主拿出一瓶强力胶水，高声重复广告中的承诺，接着便在那块从金饰店定做的金币背面薄薄涂上一层胶水，将它贴到墙上。人们一个接着一个地上来试运气，结果金币纹丝不动。这一切都被录像机摄入镜头。这家商店的强力胶水从此销量大增。

分析提示：

“制造新闻”是指社会组织为吸引新闻媒介报道并扩散自身所想传播出去的信息而专门策划的活动。我们说“制造新闻”是一种积极主动的传播方式，是因为“制造新闻”是在社会组织充分认识新闻媒介的地位、作用和特点的情况下，为扩大知名度和美誉度，抓住一切可利用的契机“制造”新闻，以激起新闻媒介采访、报道的兴趣，从而达到使新闻媒介自觉不自觉地为组织作宣传的一种积极主动的、创造性的新闻媒介公关活动。

我们认为“制造新闻”是一种最为有效的传播方式，是因为新闻媒介所做的新闻报道、专题通讯等都具有客观性、公正性和可信性，它比直观的商业广告更容易被公众接受、相信和记忆，其效果要比王婆卖瓜式的商业宣传好得多。

我们说“制造新闻”是一种最经济的传播方式，是由于“制造”出来的新闻具有报道价值，所以能被各媒介主动报道，对组织或企业来说这种宣传是免费的。

这家胶水店的高明之处在于：通过“制造新闻”引起公众及媒体的注意，这种宣传与商业广告相比，新奇刺激，引人入胜，使公众在不知不觉中认同了强力胶水；而商店则借助事件的影响和新闻媒体的宣传名扬四方，扩大了强力胶水的销量。

实务训练

培养策划能力训练——根据我们在本章所学的知识，选取学校所在城市的某一处景点，以班级为单位，以学习小组为单位，策划一次外出旅游活动的方案，由师生（或邀请有关人员）进行评议，选出最佳方案实施。

思考题

1. 什么是公共关系策划？
2. 常用的公共关系活动模式有哪些？
3. 旅游企业应该如何确定公共关系工作策略？
4. 公共关系传播的内容主要有哪些？
5. 公共关系常用的传播媒介有哪些特点以及选用的原则？

第五章

旅游公共关系计划的实施与评估

学习目标

学习本章，需要了解旅游公共关系组织机构的基本职能，理解公共关系计划实施的原则性和灵活性，掌握旅游公共关系计划实施和旅游公共关系效果评估的内容、方法和步骤。

第一节　旅游公共关系计划的实施

经过公共关系调查、策划，旅游公共关系的实施计划已制订出来。下一步将是如何运用切实有效的方法付诸实施的问题。

旅游企业公共关系计划的实施，首先需要确定公共关系计划实施的主体——公共关系组织机构，并通过这些机构确定实施方式和策略。

一、确定旅游公共关系实施的组织机构

旅游公共关系的组织机构是实施公共关系计划、实现公共关系功能的行为主体，是开展公共关系工作的专业职能机构。旅游公共关系的组织机构包括三类：一是旅游企业内设公共关系职能部门；二是社会上专门提供公共关系专业服务并收取费用的公共关系公司；三是各类公共关系社团组织。一般情况下，企业日常公共关系活动的监控和指导、大型公共关系活动的执行、方针政策的贯彻落实等工作必须由公共关系部负责；大型公共关系活动的策划、关键时期的公共关系发展战略的确定、重大危机公共关系的开展，可以委托公共关系公司来做。

1. 公共关系部

公共关系部是指旅游企业内设的执行公共关系管理职能的专门机构。“公共关系部”这一名称在国际上较为普遍采用，但由于各企业在运用公共关系职能上各有侧重，也有叫“公共事务部”、“公共信息部”、“公共关系接待部”、“公共关系广告部”、“客户关系部”、“公共关系策划部”、“公共关系营销部”等。

公共关系的职能，客观上要求有与其相适应的组织机构来执行：采集信息、监测环境、咨询建议、决策参谋、社会交往、关系协调等，都需要由专门的公共关系机构来承担，企业的公共关系部应该义不容辞地承担起这一职能。

（1）旅游企业公共关系部的性质和地位

公共关系职能的形成是现代企业管理职能演化的结果。旅游企业公共关系部承担着传播沟通的职能，它是从事企业管理活动的职能部门。由于公共关系的职能性质是传播性、沟通性的，即统筹管理企业有关传播沟通的业务，因此其职能目标和业务内容完全不同于其他的职能部门。

公共关系部的地位，从管理角度看，它在组织总体中扮演一种“边缘”、“中介”的角色，即处于决策部门与其他专业职能部门之间、组织与外部环境之间，担负着建立联系、沟通信息、咨询建议、辅助服务、策划组织、协调行动等责任。

公共关系部是企业从自发利用公共关系为其发展服务到自觉开展公共关系活动的产物。公共关系部在旅游企业经营管理中处于十分重要的地位，可以概括为以下几个方面。

1）公共关系部是企业决策的参谋部。现代旅游企业处在一个复杂多变的市场营销环境之中，它们的一切活动既依赖于这个营销环境，又受制于这个营销环境。旅游经营管理和服务活动不能不顾及客观环境的变化而闭门运作。旅游企业必须具有对营销环境的适应能力和应变能力，必须理顺各种社会关系，使企业的内部决策行为与外部环境的变化保持动态平衡。因此，旅游企业经营管理决策除了必须考虑经济的、技术的因素外，还必须考虑社会环境的因素。而公共关系部正是企业高层决策的社会环境问题顾问。

由于旅游经营管理活动专业化程度的提高，食、住、行、游、购、娱等分工越来越细，各部门将企业整体的客观决策加以分解，使决策职能被分解成部门的决策职能。各个部门受工作职责的局限，往往只注重本部门的决策效果，将决策的重点局限于本部门的职能目标，在选取决策方案时，往往疏于从企业整体角度去考虑决策可能导致的社会后果。公共关系部则站在独立于企业目标和价值的立场上，综合评价各职能部门的决策可能引起的社会效果，并为有关部门的决策提出咨询意见，或敦促其依据社会价值及时纠正可能导致不良后果的决策，使企业决策能有效地适应外界环境的变化。

此外，由于现代决策十分复杂，仅靠企业高层领导个人决策，是很难保证决策的科学性、准确性和周全性的，因此需要公共关系部从宏观的、全局的角度为决策者提供参谋意见，起到智囊机构的作用。

2）公共关系部是企业的情报部。在市场竞争条件下，旅游企业要生存和发展，必须正确做出经营决策，对竞争对手要做到知己知彼，就必须掌握大量、及时、准确、有用的信息。掌握的信息越及时、越准确、越有用，就越有竞争力。公共关系部站在企业宏观和整体角度，监测社会环境的变化，调查民意舆情，预测公众态度变化，关注社会政治、经济、文化、各种时尚潮流和关系对象的变化，将企业整体形象信息，经过分析后提供给企业高层和各职能部门作为决策参考，担负着企业情报部的职能。

3）公共关系部是处理企业对外关系的外交部。旅游业是服务产业，需要不断拓展市场，这就必然要求企业扩大与外界的交往；企业需要有正式的对外发言人，阐释其经营方针和服务宗旨；需要有专门的机构负责与社会公众之间的交际应酬；企业与外界之间可能发生或大或小的摩擦和纠纷，也需要有专门机构代表企业处理和交涉。公共关系部作为企业对外关系的“外交部”，起着沟通企业与社会公众之间联系、创造“人和”环境的作用。

【案例】

1995 年，某市一家老牌五星级饭店接到一项重要接待任务：省领导要在饭店会见一位重量级外宾，洽谈投资合作事宜。省领导特地向饭店打招呼：接待过程决不可出现任何纰漏。当时这家饭店还没有设立公共关系部，接待工作由销售部和餐饮部负责。由于部门之间衔接出现问题，接待计划制订不周密，结果导致接待过程中出现场面混乱、客人被冷落的情况。最后宾主没有达成协议。省领导盛怒之下，决定“封杀”这家饭店，所有政府接待不再安排到这家饭店。面对危机，饭店高层领导决定立即成立公共关系部，统一负责对外接待工作，从人员配备、设备购置、职责分工、部门协调、计划拟定、礼宾仪式、VIP 接待标准、操作程序等都制定得详尽规范，并严格遵照执行。同时，公共关系部积极主动协调政府公共关系，通过多种途径化解省领导对饭店的成见，努力争取一些重点接待放在饭店，并逐步形成优质服务的口碑，最后终于感动了省领导，解除了“封杀令”。自此以后，这家五星级饭店一直是所在城市省、市政府重点接待的首选，被誉为该省的“国宾馆”。

以上这家五星级饭店实现的这一历史性转变，公共关系部功不可没。

（2）旅游企业内设公共关系机构的组织模式

旅游企业公共关系活动繁多、工作量大、质量要求高，因此，公共关系部应有适当的分工，并配备专职或兼职的公共关系顾问，以便策划和实施有效的公共关系活动。

旅游企业内设公共关系机构有以下四种模式可供选择。

1）部门所属型。这种类型的公共关系部附属于企业中某一个部门，如附属于行政部、营销部、广告宣传部、礼宾接待部等。这种公共关系部在企业地位作用不很突出，公共关系工作只是当作一种偶然性的，仅仅有助于销售、广告、接待等活动。这种模式常见于公共关系的发展还很不普及，企业缺乏公共关系意识，公共关系对象也较简单的时期。这种模式主要为一些小型的、机构简单的企业所采用。其机构模式如图 5-1 所示。

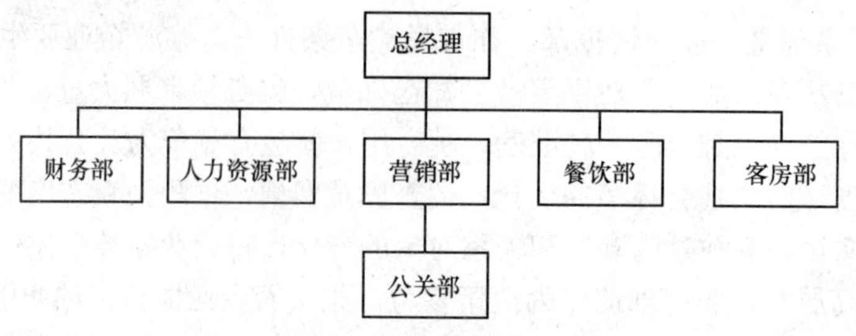

图 5-1　部门所属型机构模式

2）部门并列型。这种模式的公共关系部与其他职能部门（如销售部、财务部、人力资源部、餐饮部、客房部、前厅等）平行排列，处于同一层级。与部门所属型相反，部门并列型十分突出公共关系部的地位和作用，并被提到企业组织系统的二级部门的位置上，由一名副总经理领导。公共关系部可直接参与高层决策，并有足够的职权去调动资源，协调关系，其传播业务也比较完整。这种机构模式目前为许多企业所采用。其机构模式如图 5-2 所示。

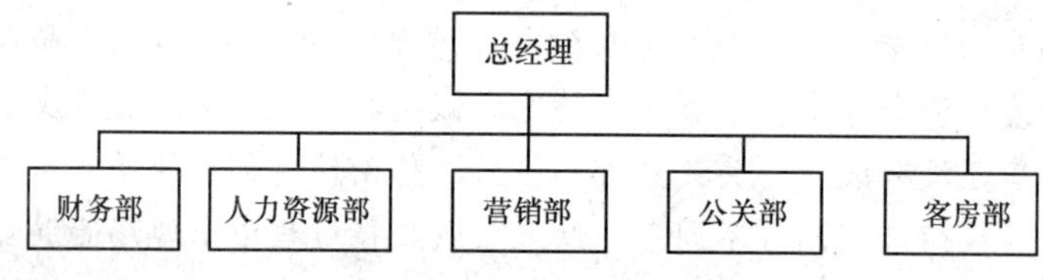

图 5-2　部门并列型机构模式

3）领导直属型。这种模式的公共关系部处于整个企业系统中的第三个层次，它虽属于第三级机构，但又不属于哪个二级部门领导，而是归属于总经理负责领导，它是一个有相当自主权的职能机构。它综合了前两种模式的优点，既能使公共关系部随时与各个二级部门沟通信息，体现公共关系部的具体职能，又能行使较大的自主权，有利于公共关系工作灵活、全面地开展。其机构模式如图 5-3 所示。

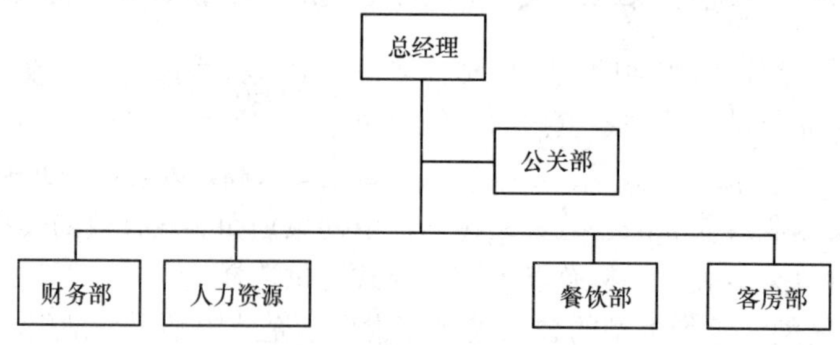

图 5-3　领导直属型机构模式

目前，国内外许多企业和组织都采用第三种模式设置公共关系部。据美国公共关系协会早在 1977 年的统计，当时美国设有公共关系部的企业就有 86%属于这种类型。在日本，20 世纪 60 年代第一种类型居多，70～80 年代，第三种类型开始居多。

4）公共关系委员会。一些旅游企业设立公共关系委员会，由主管领导牵头，各职能部门负责人共同组成公共关系工作协调委员会，统一指导和协调全局的公共关系活动，下设公共关系办公室，负责日常工作。

各类企业在具体设置公共关系工作机构的时候，必须根据自身的性质、特点、需要、规模等具体情况来考虑。

（3）旅游企业公共关系部的特点

旅游企业公共关系部具有专业性、整体性和服务性三大特点。

1）专业性。公共关系部是公共关系事务职能化、专业化的产物，绝不是“办公室”、“秘书处”、“总务处”性质的机构。它是由专人从事专门职能的专业机构。在组织上，必须是由具有很强公共关系意识、受过专业训练并具有开拓创新精神的公共关系专业人员为骨干组成的精干、高效的团队。在工作内容上，它必须将所有专业人员的工作重点和目标集中到企业公共关系目标上，一切工作都始终围绕这个中心来展开。公共关系部的这一特点，是企业公共关系目标顺利实现的有效保证。

2）整体性。公共关系部是一个有机的组织系统，具有明显的整体性、协调性，需要旅游企业各部门以及公共关系部内部相互配合、协调工作、共同努力。如果企业各级、各部门互不配合、各自为政，公共关系目标就很难实现。因此，在组建公共关系部时，必须选聘熟悉企业内外情况，精通旅游经营业务，善于管理，能够统筹全局的专业人才作为公共关系工作人员。同时，在企业内部、公共关系部内部，要形成一种互相沟通、互相促进、互相配合和协同努力的机制。

3）服务性。公共关系部既不是企业的领导决策部门，也不是直接的管理部门，更不是生产经营部门，而是一个服务性的管理部门。公共关系部承担着收集信息、监测环境、协助决策与管理、沟通协调关系、树立企业形象等重要职责。其作用的发挥表现为向企业决策部门和各职能机构提供有效的咨询服务和支持，以推进企业整体得到更好发展。因此，公共关系人员必须树立服务意识。

（4）设置公共关系部应遵循的原则

1）精简原则。这是组建一个机构的基本原则，在组建企业内部的公共关系部时首先要考虑的也是这一原则。这意味着公共关系部下属的二级机构要精简，不要臃肿；公共关系部的人员岗位和编制要精简，不要因人设岗而导致人浮于事。

企业公共关系部的规模可大可小，在确定公共关系部的规模时，一般要考虑企业本身规模、内部各职能部门的职能分配、企业对公共关系部的要求、企业的公众特点等情况。

一般说来，公共关系部的规模与企业规模呈现一种正相关态势。美国公共关系学者经过调查发现：年产值超过10亿美元的大型企业，公共关系部平均人数为44人；一般的大中型企业平均为10人；其他文教、医疗、基金会等组织为6～7人。

2）效能原则。公共关系部的每一项工作都可能涉及企业的声誉和形象，因此在设立公共关系部时，一定要考虑让公共关系部充分发挥其效能，行使其职能。这就要求：

一方面要界定公共关系部的职责和权利，要让公共关系部门拥有其职责范围内相应的人、财、物的决策权，以保证其工作的主动性和积极性；另一方面要合理设置公共关系部内部的二级机构，使整个公共关系部能有效地整合起来，形成整体效应，发挥最大潜力。

3）灵活机动原则。公共关系部的工作既包括日常性的信息收集和整理分析、公众来访接待、常规公共关系宣传等工作，也包括一些临时性大型专题活动的组织和临时性突发事件的处理。这就要求企业在设立公共关系部时，要充分考虑这两种不同性质工作的特点，使企业的公共关系部能适应客观环境变化和工作的调整，保持高度的灵活性和应变能力。

2. 公共关系公司

旅游企业内设公共关系部具有了解内情、便于协调、效率较高、成本较低等优点。但在实践中我们也不难看到，内设公共关系部存在一些缺陷，这就是公共关系工作受到企业内部因素制约，难以完全做到客观公正，尤其当企业和公众的利益天平发生倾斜时，难免向企业一边倾斜。

因此，公共关系工作除了由企业自设的职能部门来开展外，还有必要寻求外界的协助，即聘请专业公共关系公司或外聘公共关系顾问。

（1）公共关系公司的基本职能和经营范围

公共关系公司由职业公共关系专家和各类公共关系专业人员组成，是专门为社会组织提供公共关系咨询或接受委托为客户完成公共关系项目的信息型、智力型、传播型的服务性机构。

公共关系公司的基本职能是：对其委托人（或称客户）的一切影响公众或有关公众利益的活动，予以指导、建议和监督，帮助委托人沟通与社会公众之间的双向信息交流，为委托人建立起良好的声誉和形象，促进委托人的经营管理得到顺畅发展。

公共关系公司的主要经营范围有咨询诊断、联络沟通、收集信息、新闻代理、广告代理、推介产品、会议服务、策划活动、礼宾服务、印刷制作、音像制作、培训服务。

（2）外聘公共关系公司的优点

旅游企业聘请公共关系公司开展公共关系活动的优点有以下几点。

1）公共关系公司的服务较为客观、全面。他们可以实事求是地分析和揭示问题，而不必担心被解雇或遭打击报复。同时，他们置身事件和企业之外，“旁观者清”，可以在分析问题、揭示问题时不带偏见、成见和先入为主的倾向。因而，公共关系公司得出的结论是更为客观和全面的。

2）由于公共关系公司长期致力于公共关系工作，建立了完善的公共关系沟通网络，与政府部门、新闻媒介、各种社会团体、社会各界知名人士等均有良好的关系，旅游企业可以利用公共关系公司的沟通网络来实现自己的公共关系目标，这比自己建立这种网络更迅捷、更经济、更方便。

3）旅游企业还可以利用公共关系公司广泛的工作经验、人才、设施等条件为自身公共关系工作服务。公共关系公司面对众多客户，代理无数公共关系业务，见多识广，经验丰富，而且各种人才汇聚，设施设备齐全，可以提供完善的服务，从而提高工作效率，拓展企业公共关系业务领域。

4）当企业遇到特殊的或意外的公共关系专案而人力不够时，借助于公共关系公司现成的专业技术人才，不仅能有效处理公共关系事务，而且也无须企业增加公共关系人员的正式编制。

5）利用公共关系公司是有偿的，企业必须支付公共关系公司必要的费用。公共关系公司为维护自身信誉和形象、获得应有的报酬，往往会不遗余力地履行职责，尽自己的智慧、经验和能力开展公共关系工作，从而可以提高旅游企业公共关系工作的绩效。

但是，公共关系公司也有其缺陷，这就是不了解客户内情、运作成本较高，因此对公共关系公司要按需慎重选择。

（3）公共关系公司的种类

公共关系公司的结构模式是多种多样的，从不同角度考察，可划分为不同的类型。按照服务技巧和服务对象的不同，公共关系公司可以分为技术服务公司、行业服务公司和兼有以上两类公司职能的综合性公共关系公司；按照经营方式的不同，公共关系公司可以分为公共关系与广告合营的公司，单独经营、综合开展公共关系业务的公司和单独经营、专项开展公共关系业务的公司；按照区域范围划分，公共关系公司有跨地区、跨国度经营的大公司，也有局限于一个地区、小范围经营的小公司，等等。

（4）公共关系公司的工作原则

1）自觉遵守国家法律、法令和有关方针政策。

2）为客户保密，不损害客户利益。

3）一切为客户着想。公司的宗旨是信誉第一，服务第一，客户至上。

（5）旅游企业选择公共关系公司的标准

旅游企业选择公共关系公司一定要从企业公共关系目标出发，按照一定标准来确定。

1）根据公共关系公司的信誉、声望和社会知名度来确定。一个绩效显著、信誉良好、公众声望和社会知名度高的公共关系公司，往往具有良好的组织形象。他们通过良好的职业道德、创造性的工作、丰富的公共关系工作经验、显著的工作效率赢得社会的认同，因而会产生一种社会责任感、安全感。聘请这样的公司来从事公共关系工作才可靠、让人放心。这是挑选公共关系公司的首要标准。

2）根据公共关系公司的业务专长和对旅游业务的熟悉程度来确定。公共关系公司的业务一般具有综合性的特点，他们可以承接多方面的公共关系业务，因此其业务范围十分广泛。但具体到某个公司，则又各具特色，各有专长。例如，有的公司擅长处理政府公共关系，有的公司擅长处理客户关系，有的公司擅长市场调查，有的公司擅长处理危机公共关系，有的公司擅长媒介公共关系，等等。旅游企业一定要根据业务需要来选择具有专业特长的公共关系公司。

3）根据公共关系公司是否拥有需要的专门人才和设施设备来确定。拥有大批为客户所需的专门人才和现代化的技术手段与设施，是公共关系公司保持强有力竞争优势的重要条件。旅游企业在挑选公共关系公司时总是希望能有一些专门人才或公共关系问题的专家亲自操作公共关系项目，希望他们有技术水平，有工作能力，具有创新能力并能卓有成效地工作；同时希望公共关系公司拥有完备的现代传播手段和技术装备。

4）根据公共关系公司的经济状况来确定。经济状况是否良好，反映着公共关系公司总体经济实力的强弱。经济实力强，说明客户多，效益好，竞争力强。旅游企业选择经济实力强的公共关系公司，可以避免企业公共关系项目因公共关系公司财务问题被拖延，还可避免双方发生经济方面的纠纷，保证委托人的经济利益不受损害。

5）根据公共关系公司的收费标准是否合理来确定。服务费用是委托单位支付给公共关系公司的劳务报酬，其数量多少，主要取决于公共关系公司的人工成本、劳动强度、项目复杂程度和服务质量，以及市场行情的变化等因素。旅游企业在挑选公共关系公司时，除了考虑其信誉、经济状况、专业实力等因素外，往往把“少花钱，多办事”、“花小钱，办大事”作为原则，这就必须进行费效比较，在综合评估各公司的实力和收费标准后，挑选出适合自己需要的公共关系公司为自己服务。

3. 公共关系社团

公共关系社团泛指为实现企业目标而自发组织起来的从事公共关系理论研究和实务活动的群众团体。其主要包括公共关系协会、学会、研究会、俱乐部、联谊会等。

（1）公共关系社团的特征

1）人员组成的广泛性。

2）组织结构的松散性。

3）工作内容的服务性。

4）工作目标的非营利性。

（2）公共关系社团的类型

公共关系社团的类型多种多样，主要有综合型社团，指不同地域范围的公共关系协会；学术型社团，主要包括公共关系学会、研究会、研究所等学术团体；行业型社团，是一种行业公共关系组织；联谊型社团，形式松散，一般没有固定的活动方式，没有严格的会员条例；媒介型社团，即通过创办报纸、刊物等传播媒介，并以此为依托组建起来的公共关系社团。

（3）公共关系协会

公共关系协会是非官方、非营利的群众社团组织。行业性协会的建立和发展，是公共关系成熟的一个标志。国际公共关系协会成立于 1955 年。随着公共关系的发展，公共关系协会也在我国各地广泛出现，1987 年中国公共关系协会成立，1991 年中国国际公共关系协会成立。

公共关系协会的基本职责包括：规范本行业的职业道德和行为准则，维护本行业的形象和声誉；加强从业人员之间的交流、协调与合作；培养和训练公共关系从业人员，不断提高业内人士的专业水准；推动公共关系学术理论的发展，编辑出版会刊和专业资料，传播公共关系学知识；维护本行业专业人士的基本权力和利益；为会员及各界人士提供公共关系专业方面的咨询服务；建立和发展本行业与社会各界及国外同行之间的联系与合作。

目前，我国的公共关系协会已形成了不同层次和范围的网络，并朝着国际化的趋势发展。

二、旅游公共关系实施的原则性与灵活性

旅游公共关系计划的实施，是指公共关系方案被审定采用后，按照计划方案所确定的内容和目标，由公共关系机构组织施行，并达成目标的具体实践过程。

1. 公共关系计划实施的原则性与灵活性

公共关系计划的实施决定着公共关系目标任务能否实现，公共关系计划实施的结果又为后续方案的制定奠定基础。所以，公共关系计划的实施是公共关系策划方案由“纸”上变为行动的关键。公共关系计划实施必须把握好三个环节：首先是做好实施的准备，即设计好实施方案，细化操作手册，制定对各类公众的行动和沟通计划，确定实施的措施和程序，建立或组成实施机构，培训实施人员；其次，组织好执行。实施机构按照实施程序和操作手册的实施内容，具体组织实施；最后，实施过程结束，实施机构要认真总结，为下一步效果评估做好准备。

公共关系计划实施必须坚持原则性与灵活性相统一。

所谓原则性，就是旅游企业在公共关系计划实施中必须坚持公共关系的目标导向，按照计划方案中规定的程序、内容、措施、实施进度等要求进行。不按原则实施，就会偏离目标要求，就可能导致公共关系目标任务无法达成。

所谓灵活性，就是根据实施环境的变化，以变应变。创造性、灵活性地实施，可以圆满地完成计划中所确定的公共关系任务，实现计划目标，甚至还可以由实施人员创造性的努力来弥补计划的不足，修正计划的偏差。这种实施活动的成功之处就在于实施人员能够选择最有效的途径和手段，采用多种方法和技巧，在公众中树立本企业的良好形象。实施的失败，不仅不能实现计划目标，有时还可能使计划中想要解决的问题更加恶化，甚至完全与计划目标背道而驰。

同时，一项公共关系计划的实施过程不论成功与否，它都会在社会上造成一定的影响和后果。因此可以说，我们面临的企业现状，就是过去企业开展公共关系工作所形成的结果。制订公共关系计划必须要以企业所面临的现状为依据，特别是要注意将前一项公共关系计划实施后由各种渠道反馈的信息作为依据。因此，前一项公共关系计划的实施情况，对后续方案的制定具有重要意义。

2. 公共关系计划实施常用活动方式

旅游企业公共关系计划实施没有固定的模式，更没有包治百病的良方。不同企业在不同的时机、面对不同的公众，所选择的公共关系实施方式各有不同。旅游企业应根据具体情况，选择最佳方式来实施公共关系计划。一般来讲，旅游企业常用的公共关系实施活动方式有以下 10 种。

（1）宣传型企业公共关系

宣传型企业公共关系是指运用大众传播媒介和内部沟通方式来提高企业知名度，以达到树立企业形象目的的公共关系活动。从目前情况看，大众传播有两种方式：一是公共关系广告；二是新闻宣传。一个企业可以把它的形象塑造作为广告的中心内容，着重宣传企业的管理经验、经济效益、社会效益和已经获得社会声誉的发展过程等；还可以采取新闻报道的形式来宣传自己。这种宣传权威性高，比较客观，容易为公众接受，且不用花钱。不过，这种机会不多，主动权不在企业。对企业来说，可以广泛运用报纸、杂志、广播、电视、网络等不同传媒，巧妙“制造新闻”。

（2）交际型企业公共关系

交际型企业公共关系主要应用于为企业创造“人和”环境时。企业可以通过社团交际和个人交际，运用各种交际方法和沟通艺术，广交朋友、善结良缘，为企业发展创造一种顺畅运行的内外环境。交际型公共关系可以运用工作餐会、宴请、招待会、谈判、专访、慰问、接待参观、电话沟通、亲笔信函等方式来实现。在我国，交际型公共关系应该称得上是公共关系活动方式中用得最为广泛的一种。

这种公共关系活动方式的特点是直接性、灵活性和富有人情味，使沟通进入“情感”层次。它渗透到旅游企业的日常工作之中，体现在为客户服务的过程之中，以及表现在与所有公众交往的行为之中。

（3）服务型企业公共关系

随着经济的发展，市场竞争日益激烈，在同类企业之间的竞争，更多地体现在服务上。哪个企业服务热情周到、品质优良，哪个企业就能赢得更多的顺意公众。从旅游企业之间竞争的核心来说，优质的服务是至关重要的。服务型企业公共关系的目标是提高企业的美誉度，树立和维护企业的形象和声誉。

许多饭店、旅行社开展的企业文化建设，“让客人满意”和“为客人创造惊喜”的活动，以及个性化、差异化、人性化服务都是典型的服务型企业公共关系。

（4）社会型企业公共关系

开展社会型企业公共关系活动，很重要的一条就是所举办的活动必须对社会有利，能充分展示企业对社会肩负的责任，能引起社会的关注，特别是引起新闻媒介的重视。新闻媒介重视了，通过他们的传播，可以扩大影响，同时提高知名度和美誉度，取得更加良好的社会效果。

社会型企业公共关系常采用的活动方式有：赞助文化、教育、体育、卫生等事业，

支持社区福利事业、慈善事业，扶持新生事物，参与国家、社区重大活动并提供赞助，等等。

（5）征询型企业公共关系

当企业实施一项公共关系计划后，就要想方设法了解社会公众对这项工作的反应。经过征询，将了解到的公众意见进行分类、整理，加以分析研究，然后提出改进工作的方案，直至满足公众的愿望为止。征询型企业公共关系为公共关系计划方案的修正、补充和完善提供客观依据，使各种决策减少失误，使企业公共关系计划的实施达到预期目标。

征询型企业公共关系的前期工作要从两方面入手：一方面要站在公众的角度去设想对具体工作的要求；另一方面要做好市场预测与分析。

征询型企业公共关系工作方式主要有：开办各种咨询业务，建立来信来访制度和组织接待机构，设立意见箱和热线电话，接受和处理投诉，等等。

（6）建设型企业公共关系

旅游企业一般把开展建设型企业公共关系活动放在开业前后的一段时间里，或者放在更换企业名称、改变产品商标或包装的时候。这种类型的公共关系活动为给公众留下良好的“第一印象”，往往采取高姿态的传播方式，形成舆论，扩大影响。

建设型公共关系常用活动方式有开业庆典、剪彩活动、落成典礼、开业广告等。

（7）维系型企业公共关系

维系型企业公共关系的主要功能就是设法在不知不觉中营造和维持一种融洽气氛，以维护企业的良好形象。这种活动方式往往注重采取持续不断、较低姿态的传播方式。它的活动方式有两种，即“硬维系”和“软维系”。“硬维系”是指活动形式所表现的“维系目的”很明确，公众一目了然；“软维系”是指活动的目的表面看过去不十分明显，表现比较洒脱，给人以“潜移默化”的感觉，却能够收到特殊的效果。

（8）进攻型企业公共关系

当市场竞争十分激烈的时候，或者企业与环境发生某种冲突、摩擦的时候，为了摆脱困境，消除被动，开拓新局面，企业可以运用进攻型企业公共关系来出奇制胜。

采用进攻型企业公共关系要注意以下几点。

1）避免环境的消极影响，如避免参加过多的纵向关系的组织和不必要的社会活动，避免过多地承担社会义务，以免受过多的规章制度和社会关系的牵制。

2）不断开创新局面，如建立分店，推出新产品，开辟新市场，创造新环境。

3）要协调社会关系，以减少与竞争者之间的矛盾和冲突，团结更多的支持者和协作者。

（9）防御型企业公共关系

防御型企业公共关系最适用于企业发展过程中的战略决策，为具有战略眼光的现代企业领导者所重视和采用。其特点如下。

1）洞察一切，见微知著。当企业机构与客观环境出现某些失调的征兆时，能及时发现，迅速采取对策，予以防止。

2）居安思危，防患未然。当企业处于稳定发展的状态时，及早制订出防范措施，达到未雨绸缪的目的。

3）积极防御，加强疏导。利用不利的时机，创造有利的局面。

（10）矫正型企业公共关系

当企业面临形象危机时，就需要采用矫正型企业公共关系。企业遇到的形象危机一般有两种情况。

1）公众的误解、谣言或人为的破坏。

2）由于本身存在的问题造成的，如产品质量欠佳、服务态度不好、环境污染严重等，或者是管理政策、经营方针出现问题。这时候企业公共关系人员要能及时发现问题，采取紧急措施来平息风波，以保证公众的利益不受损害。

3. 如何清除公共关系实施中的沟通障碍

旅游公共关系机构在实施公共关系计划时，主要是按照计划书和具体操作手册执行。但在实施中，由于主观或客观因素的影响，常常会导致实施中的沟通障碍，影响计划的实施，因此必须明确导致沟通障碍的原因，并提出解决办法。

（1）方案自身的缺陷导致的沟通障碍

实施方案中由于目标定位不明确或不正确，操作性不强，或由于方案确定的活动偏离目标而给实施带来困难。解决问题的思路可以考虑以下几个方面。

1）检查计划内容是否切合实际并易于实现。

2）检查方案是否具有可行性和可操作性。

3）检查是否体现了所期望的结果。

4）检查是否是实施者职权范围内所能完成的。

5）检查完成期限是否合适。

（2）沟通方式和手段的缺陷导致的沟通障碍

这方面的沟通障碍如语言、文化、政治、习俗、技术、方法、生理、心理、年龄、观念等方面的原因。解决问题的思路可考虑以下几个方面。

1）确定信息沟通方式是否恰当。

2）是否有效利用了媒介传播。

（3）意外事件的影响导致的沟通障碍

这类障碍通常表现为：人为的恶性突发事件；人为纠纷危机；不以人的意志为转移的自然突变。解决问题可考虑的思路包括以下几个方面。

1）迅速建立危机控制机制。

2）及时掌握危机控制进展情况。

3）了解公众舆论，把握公众情绪。

4）聘请公共关系公司帮助。

5）及时对外发布事件有关的背景信息。

6）统一口径，防止发布失真消息。

7）积极协调，更正媒介不实报道。

8）与新闻媒介保持良好关系。

9）开展危机后企业形象重建工作。

4. 计划实施过程中应遵循的原则

1）坚持目标导向。旅游企业在公共关系计划实施过程中，要保证不偏离既定的公共关系目标，必须坚持导向明确。由于环境的变化，在计划实施过程中，需要对计划作适当的调整，但这些调整不能改变原来的目标，否则就要重新制订计划。

2）控制实施进度。公共关系计划的实施，需要按照一定的程序，掌握适当的工作进度。旅游企业在实施公共关系计划时，由于公共关系人员的分工不同，能力差异，环境影响，会出现进度不一致的情况，有时会造成工作的脱节。控制进度，就是要使工作协调同步，防止超前或滞后情况的发生，以确保公共关系实施达到预期效果。

3）注重整体协调。旅游企业在公共关系计划实施中，要使工作的各个环节达到和谐、互补、配合、协调的状态，避免相互间产生矛盾，一旦出现矛盾，就要及时协调。否则会降低工作效率，造成人力、物力和财力的浪费，影响公共关系目标的实现。

4）及时反馈调整。由于计划是人们主观的产物，环境和目标公众是复杂多变的，旅游企业在实施过程中必须不断地把公共关系计划实施的结果与计划目标相对照，发现偏差，及时做出相应的调整。这种反馈调整，贯穿于计划实施各阶段的始终。

第二节　旅游公共关系的评估

一、旅游公共关系评估的方法与内容

1. 旅游公共关系评估的作用

旅游公共关系评估是公共关系工作过程的最后一个环节。通过对公共关系效果的评估，可以总结成功与失败的经验教训，为进一步开展公共关系活动提供依据。要使评估结果符合实际，就必须按照公共关系评估的过程，选择适当的评估方法，将公共关系目标与一定时期取得的成果进行比较研究，肯定成绩，找出差距，提出对策，不断提高公共关系管理水平。

旅游公共关系评估具有重要的作用，具体包括以下几个方面。

1）可以保证公共关系计划按照科学的程序顺利实施。公共关系调查研究所掌握的资料是否适应公共关系工作的需要，公共关系计划是否科学，目标是否合理，公共关系

信息传播是否达到了预期目标，这些公共关系活动是否为建立良好的公共关系形象、树立良好的信誉奠定了基础，都有待于公共关系效果的评估予以检验。事实上，缺少公共关系效果评估的公共关系工作是不完整的，在调查研究、公共关系策划、公共关系实施的基础上重视并做好公共关系效果评估工作，公共关系工作才能科学而顺利地开展。

2）可以为企业经营管理提供决策参考。通过公共关系评估，可以评估出开展公共关系活动之后的企业形象状况，评估出企业形象各因素（如员工素质、商品质量、服务方针等）与期望值的差距，揭示出企业存在的有关问题，为企业经营管理决策提供参考。

3）可以增强企业职工的公共关系意识，提高公共关系人员的工作信心。公共关系工作重在平时，日常的公共关系工作对良好的企业形象的树立能起到潜移默化的作用。只有通过公共关系评估，才能很好地将公共关系活动的效能体现出来，使全体职工看到公共关系活动的作用，体会到公共关系的重要性，从而树立全员公共关系意识。同时，公共关系人员也可从中看到自己的工作为企业带来的效益，劳有所成，提高工作信心。

4）可以激励全体员工的士气。公共关系活动成果，特别是新闻传播媒介对企业成就的宣传报道，具有一定的客观性和权威性。因此，掌握和整理这些新闻报道，不失时机地应用这些报道，对企业内部员工进行爱岗敬业的宣传教育，将有助于鼓舞士气，增强职工的凝聚力。

5）可以评估公共关系活动的效益。公共关系活动的评估，可以衡量经费预算、人力、物力的配备与开展公共关系活动之间的平衡性，评估公共关系活动的效益。

总之，在开展公共关系活动之后，有必要对于是否达到目标、实现目标的程度如何、开展传播是否有效、投入与收效是否平衡等进行认真评估。这是企业公共关系实务不可忽视的一个重要步骤。

2. 旅游公共关系效果评估的方法

在公共关系效果评估中，选择好的、科学的方法是评估主体追求的目标之一。由于所要完成的公共关系工作或项目的目标不同，公共关系行业没有制定出适合所有公共关系活动、项目和事件的评估标准、评估方法和模式。一般来说，我们可以从定量与定性标准、常用评估标准两方面来考虑。

（1）定量与定性标准

一般情况下，旅游企业从定量和定性两大方面来确定公共关系效果评估的基本标准。定量标准是对评估标准给予特定的数量化。数量的表示有绝对数和相对数两种。如“一周之内要让 15 万人知晓我们的服务项目”属于绝对数标准。“在这个市场，我们的满意度为 95%”属于相对数标准。定性标准是对评估对象进行描述，如“他们这个旅行社的口碑很好”、“这家五星级饭店有宾至如归的感觉”等。

（2）常用评估标准

虽然不同的公共关系活动评估标准不同，但无论开展什么样的公共关系活动，都有一些共同的评估标准。主要包括总体效果、受众覆盖面、受众反应、信息作用效果、活动效益等，应分别从需求、过程、责任、效益等方面来考评。

评估旅游公共关系效果的具体方法主要有以下几种。

1）观察体验法。由旅游公共关系效果评估主体亲自参加旅游公共关系活动，现场了解公共关系工作的进展情况，直接观察公众反应，考评公共关系效果，并现场提出改进、调整意见。

2）民意调查法。由评估主体通过问卷等方式向公众了解有关情况，如公众态度转变情况、公众对旅游公共关系活动的印象、公众的期望与评价等，从中分析公共关系活动效果。

3）目标管理法。目标管理法是指在企业公共关系工作中建立目标体系，每个环节、每个部门、每个人都有自己的目标和措施，在计划实施之中和之后进行评估的一种评估方法。采用这种方法，应在制订计划时就考虑到效果评测，即用量值方法对目标进行分析，判定通过方案实施之后是全部达到目标，还是部分达到目标。这里对目标评定多采用列表法，通过列表把目标分解成为一些具体项目，每个项目还可以分成若干个子项目，再按项目在目标中的重要程度，列出一定的比例，在活动实施后，根据目标达标情况打分，从而确定目标达标程度，衡量和评价出公共关系的效果。

4）新闻分析法。主要通过观察、收集、分析新闻媒介对旅游公共关系活动及其结果的报道情况，如分析报道的篇幅、持续的时间、版面的位置、内容的性质、权威性和影响力等，测评旅游公共关系的活动效果。

5）专家评估法。旅游企业邀请公共关系专家，利用各种专业技术方法，综合分析评估旅游公共关系活动的效果。

6）参照评估法。用以往类似的旅游公共关系活动为参照标准，比较分析两次公共关系活动的效果。

7）企业形象地位评估法。企业形象地位评估法是指评估人员以企业知名度、美誉度作为两个基本变量，评估企业形象的方法。企业的知名度是社会公众对企业知晓和了解的程度。企业知名度高是企业被社会公众知晓的多，反之则知晓的少。企业美誉度是社会公众对企业的信赖和赞誉程度。企业美誉度高即是企业在社会公众中的信誉度高；反之，则信誉度低。一个企业形象在社会中的好与不好，取决于企业知名度和美誉度的高低。

进行企业形象定位具有可操作性。首先，调查公众对企业知晓的百分比和知晓公众对企业赞誉的百分比；其次，以企业知名度和美誉度作为两个变量，组成二维坐标，根据企业在公众中知名度和美誉度确定企业形象定位。

8）企业形象要素分析法。企业形象不是抽象的，而是具体的。任何组织的知名度、美誉度都包含着许多实际因素，将这些因素进行分析，还可以了解组织的实际社会形象与自我期望形象的差距，确认公共关系活动存在的问题。

公共关系活动评估方法很多，在实际工作中要根据各项公共关系活动的目的和要求，遵循“准、简、省”的原则，采用适当的方法。要真正做到评估客观、公正、全面，公共关系人员必须超然于企业立场之外，排除主观因素干扰，以科学、负责的精神进行检测和评价。

3. 旅游公共关系效果评估的主要内容

根据旅游企业的经营需要，公共关系活动效果的评估内容可分为企业形象评估、公共关系工作成效评估和传播效果评估等。

（1）企业形象评估

评估企业形象一般运用公共关系调查研究的基本方法，即：首先对相关目标公众进行普查分类；然后采取舆论调查或民意测验的方法进行实地调查；再次通过知名度和美誉度比较分析进行企业形象地位的测量；最后应用“语意差别分析法”对企业形象的内容进行具体分析。

（2）公共关系工作成效评估

一般来说应根据日常公共关系活动、专项公共关系活动和年度公共关系工作进行评估：对日常公共关系活动效果的评估，要根据企业所确定的评估标准和评估内容来进行，通过日常工作总结、公共关系人员座谈、职工评审评议，并结合社会公众平时的反映等形式进行；对专项公共关系活动效果的评估，要严格依据公共关系专项活动的目标及要求来确定评估内容和评估标准，并由负责专项公共关系活动的人员组织实施。可采取调查研究的形式，如直接调查专项活动的参与者，或间接调查一些典型的社会公众，以了解活动对社会舆论和企业形象产生的影响。对于专项公共关系活动效果，公共关系人员都要在专项活动记录中给予记载，并详细说明，以备查用；对年度公共关系工作效果进行评估，要以年度公共关系计划和预算为依据，针对公共关系各层次计划的实现程度和存在的差距，提出有说服力的总结报告。

（3）公共关系传播效果评估

旅游公共关系传播效果评估主要包括以下两个方面。

1）内部信息传播效果的评估。主要通过内部公共关系调查，了解企业内部在日常公共关系活动中是否能做到上情下达和下情上知，使上下协调一致；企业内部各部门之间横向信息交流是否及时、准确；在专项公共关系活动中，所有内部公众是否都能理解、支持；在企业内部，全体职工对决策层是否能产生信任感，决策层是否通过各种途径听取全体内部员工的意见和建议；通过内部传媒的信息传播，是否能保证提升企业凝聚力与向心力；等等。

2）外部信息传播效果的评估。主要是了解公共关系广告的阅读率、实效率；通过大众传播，分析社会公众对企业的全部看法和整体印象，把握本企业的社会形象。具体要求是统计分析有关本企业的新闻报道数量（如各类媒体报道的字数、次数、分钟数）、报道的质量（各类媒体的层次性、重要性、对本企业新闻材料的使用方法等）、报道的时机（如各类媒体有关本企业报道的及时性、适时性）。此外，还应掌握商品展览会、展销会、订货会等活动的传播效果如何等。

二、旅游公共关系评估的步骤

1. 旅游公共关系评估步骤

一般认为，无论被评估的公共关系项目大小，真实的、有价值的公共关系项目效果评估的基本程序包括以下几个步骤。

1）设立统一的评估目标。统一的评估目标是评估人员开展评估工作的参照系。如果目标不统一，则会在调查中搜集许多无用的资料，影响评估的效果与效率。

2）取得企业最高决策者的认可并将评估过程纳入公共关系计划之中。评估不是公共关系计划的附属品或计划实施后的事后考虑和补救措施，而是整个公共关系计划的重要组成部分。

3）在公共关系部门内部取得对评估研究意见的一致。

4）将评估目标具体化、明确化、准确化。例如，目标公众是谁，将会发生哪些预期效果以及何时发生等。

5）选择切合实际的评估标准。评估标准包括以下四种。

① 现实的标准，即目标是能够实现的，是完全可以达到的。

② 可信的标准，即现有的成绩确实是该公共关系活动实施的结果。

③ 明确的标准，即公共关系活动要避免抽象、模糊的许诺。

④ 可以接受的标准，即公共关系活动应该符合公众和客户对公共关系的期望。不论选择什么标准，这些标准都要能真实、客观地反映目标公众对企业的认识、观点、态度和行为的变化情况。

6）确定搜集证据的最佳途径。方法的选择取决于评估的目的、提问的方式以及前面已经确定的评估标准。

7）保持计划实施记录的完整。实施记录应能够全面、细致地反应公共关系项目的实施过程、工作方式、工作效果、存在的问题等。

8）评估结果的使用。公共关系活动的每一个周期都应比前一个周期表现出更大的影响力。这是因为通过评估结果的运用，问题的确定和形势的分析将会更加准确，更加符合企业发展的长远要求。

9）将评估结果向企业管理者报告。这样做一方面可以保证企业管理者及时掌握情况，有利于进行全面的协调；另一方面也可以说明公共关系活动在实现组织目标中的重要作用。

2. 调整公共关系计划，优化公共关系活动

对公共关系计划实施情况进行评估，得出的评估结果不外乎四种情况：效果好、有一定效果、效果较小、没有效果。

旅游企业应对公共关系工作的不同效果认真加以分析，总结出成功经验，找出未能达到预期目标的原因或得出失误的教训。

在制订下一轮公共关系计划时，可以根据评估的不同结果，确立或调整原计划。

1）继续按原计划开展公共关系活动。

2）保留原计划，但需要作一些修订。

3）已达目的，终止原计划。

4）慢慢放松原计划，使它逐渐停止。

5）依据新情况、新问题，重新拟定新的公共关系计划。

小结

公共关系工作四部曲为：调查是先导，策划是基础，实施是落实，评估是总结。旅游企业如果只重策划而忽视实施，那么公共关系工作就只是纸上谈兵。因此，为保证公共关系工作落到实处，旅游企业必须有专门的机构、专业的人员来组织公共关系计划的实施。实施完成以后，效果如何，还必须由旅游企业组织进行评估，以检验公共关系工作实效，发现实施过程中的问题及实施结果与计划目标之间产生的偏差，为企业开展下一步公共关系工作提供实例借鉴。

本章重点：公共关系实施，公共关系评估。

典型案例

城市，让生活更美好

——上海申博案例

项目背景：

当今社会国际商品交换的扩大和科学技术与经济发展之间的紧密联系使世界博览会这一国际经济、科技、文化的奥林匹克盛会显得举足轻重。中国正以她前所未有的发展速度和在世界政治、经济、国际事务中的影响和作用，令世人所瞩目，举办一届成功的世界博览会显得极其重要。能否成功举办世界博览会，不仅反映出一个国家的建设成就和综合国力，更显示出主办国迈向下一世纪的决心和信心。

一、项目调查

作为中国最大的经济中心城市，拥有1300多万户籍人口的上海，2002年人均国内生产总值超过4900美元，综合经济实力达到中等收入国家水平。经过20多年不懈努力，上海的市政基础设施建设、旧区改造、产业结构调整都取得了重大进展，城市综合素质大大提高。特别是经过99’财富全球论坛、2001年亚太经合组织会议的洗礼，上海举

办大型国际活动的能力得到进一步增强。上海正在迈向国际经济、金融、贸易和航运中心。如果中国申博成功，对长江三角洲影响巨大。上海周边城市将迎来一个扩大对外开放，活跃人流、物流、信息流，带动相关产业发展的历史性机遇。世博会从申办到举办，整个过程长达10年，上海市初步估计要投资30亿美元，用于世博会园区建设。1美元的会展投资，将拉动5到10美元的城市相关产业投资，这对江浙两省无疑是一个极好的机遇。江浙两省作为经济大省、建筑大省，为上海发展出力，接受上海辐射，是江苏、浙江的区位优势。目前，上海进行的上万个建筑工程中，有无数的江苏、浙江人在竭诚奉献。2010年上海世博会，预计有7000万参观者，其中30%~35%将继续在华东地区游览。这意味着上海周边100公里以苏州、周庄为代表的江南水乡，150~200公里的无锡、杭州，300公里内的南京、扬州、镇江，以至中国最为富庶的整个华东6省1市，都将被上海世博会直接带动。

对于民众支持度的调查，申博办委托上海城市经济调查队对全国50个城市的民意调查显示:89.4%的人认为中国有必要申办2010年世博会,94.4%的人拥护中国申办2010年世博会,92.6%的人认为中国有能力申办2010年世博会,78.6%的人相信中国申办2010年世博会会成功。一次广泛的网上调查也证明,92.3%的人支持上海举办2010年世博会。

二、项目策划

公关目标:

塑造上海国际大都市形象，展现上海魅力。

最终夺取2010世博会主办权。

充分发挥上海的五大优势是申博取得成功的保障，所以贯穿整个公关策划的就是突出优势、体现个性、展示魅力。

五大优势:

第一，参观人数多。如果2010年世博会在上海举行，超过7000万人次的参观者将创世博会历史纪录。2010年上海世博会将成为各国人民的盛大集会。

第二，上海为世博会选定了合适的主题，“城市，让生活更美好”的主题能得到各国广泛关注。

第三，选址符合世博会的宗旨，做好了合理的选址场馆规划。世博会场址选在黄浦江滨水区，规划控制面积540公顷，世博园区面积规划400公顷，通过场馆建设，促使旧城改造；并在举办后，使该地区今后成为经济、科技和文化的交流中心。

第四，上海改革开放以来积累的经济实力完全有条件举办世博会。

第五，社会稳定，秩序良好。上海举办世博会得到了民众的极大支持。据调查结果显示，上海世博会的民众支持率在90%以上。

围绕这五大优势系列公关一一展开，让世界认同“上海是最好的选择”。

三、项目实施

2001年9月前以发放宣传册为铺垫，之后展开了大规模全方位的宣传。

世博会知识网络电视竞赛。

举行申办2010年上海世博会新闻通气会。

世博主题文艺演出。

“万人支持申博网上签名”活动。

“上海市民骑车申博万里行”。

2010名上海市民代表宣誓。

“长江三角洲申博之旅”。

征求申办徽标、口号、招贴画。

通过宣传征集徽标165个，海报470幅；口号6140条。最终决定入围海报十幅，入围口号十条，入选口号“中国如有一份幸运、世界将添一片异彩”。

进入社区的“世博会向我们走来——世博知识巡回展”。

派遣37个组团出国访问了87个BIE成员国，其中包括9个非建交国家。

国外媒体宣传。世界各大主流媒体都对上海申博表示热切关注，分别以专题、专刊专版的形式给予追踪报道。英国《泰晤士报》、天空电视新闻频道以及星空传媒新闻频道，对上海市市长进行了联合采访，表示了对上海申办世博会的支持。

成立支持中国申博“企业后援团”。

活动主体:

1. 2001年6月6日国际展览局第129次成员国代表会议在巴黎举行。时任上海市常务副市长在会上进行了中国申博首次陈述，确定申博主题以及选址。启用申博市民代表袁鸣做诚恳的介绍，现身说法谈上海发展为人类提供实现价值的环境，以情动人，形式创新生动。

2. 2001年11月30日国际展览局举行第130次成员国代表大会，时任上海市市长徐匡迪作了申办陈述。瑞士罗氏制药有限公司总经理以一名外资商人角度谈自身在上海的投资回报，证实了中国政府的承诺是绝对可以信任的。

3. 2002年3月10~16日，中国作为申办国之一，第一个接受了国际展览局代表团的考察，通过一系列的陈述报告、实地考察，与各界人士交流沟通，国际展览局充分了解到上海的优势、能力、举办条件和各项准备工作。

4. 2002年7月2日国际展览局举行第131次成员国代表大会，时任国务委员吴仪、外交部长唐家璇、上海市市长、中国贸促会会长等作了申博陈述。唐家璇部长代表中国政府承诺我国将投入1亿美元支援发展中国家和地区前来参展。对参展国建立永久性展馆，中国政府还将给予建馆资金25%的补贴。此外设立用于大会各项评奖的奖励基金。

5. 2002年12月3日国际展览局举行第132次大会，时任国务院副总理李岚清、国务委员吴仪、上海市市长进行最后一次陈述，再次肯定了中国政府对于承办2010年世博会的信心与态度。会上以一部充满上海市民热切期盼的实地拍摄申博纪录片充分展示了上海的无限魅力。

当日国际展览局成员国对2010年世博会主办国进行投票表决，中国获得2010年世博会的主办权。

四、项目评估

活动影响：

韩国 YTN 电视台在新闻报道中高度评价中国申办世博会成功，认为这显示了中国经济发展的实力，提高了中国在国际社会上的威望和地位。

中国香港贸发局认为上海世博会将为香港带来商机。

西班牙《世界报》把上海定为 2002 年世界最知名城市，其中成功申办 2010 年世博会作为其中关键一条。

法国《世界报》派发评论认为中国拿到 2010 年世博会主办权是众望所归。

国际展览局官员评论：今天世界诞生了一个伟大的希望。

有了北京申奥的成功经验，上海申博活动开展得相当不错，整个申博过程中，政府牵头的国际公关为上海赢得了不少加分。

首先在国际展览局成员国会议上的四次陈述形式有重大突破，给成员国代表以耳目一新的感受。其次 1 亿美元援助基金的提出也是史无前例的，充分表示了中国政府的诚意以及表达了上海努力办好国际性世博会的意愿。最重要的是，公关活动抓住了上海的五大优势展开，扬长避短，展示了上海开放、包容的鲜明个性，最终吸引了世界的目光。

分析提示：

公共关系工作的四步工作法是一个有机的整体，不能加以割裂。每一个程序完成以后，接着就要进行下一轮公共关系程序，这是在新的过程中回复第一步的工作，从而构成公共关系工作过程的连续性，不断把公共关系工作推向前进。

上海市政府这次公共关系活动无疑取得了巨大的成功，其宝贵之处在于：进行公共关系前的详细调查，使之有效地找到了公共关系的目标和五大优势，并借助新闻媒介使公众通过各种渠道了解这些目标，同时实施这些目标。通过一系列公共关系活动向公众展示上海申博活动开展得相当不错，整个申博过程中，政府牵头的国际公关为上海赢得了不少加分，达到了预期的目的。

实务训练

写作能力训练——假期时你计划到某公司去进行专业调查和实习，请给自己准备一份相关个人资料。要求对自己的专业知识、专业技能、兴趣爱好以及专业调查和实习的目的等进行介绍，并取得公司的支持。（300 字左右）

要求：

1. 明确说明专业调查和实习的目的。
2. 突出自己的专业知识、专业技能、兴趣爱好并且能够与对方公司的需要结合起来。
3. 言辞恳切，在文字之间体现对有关公司的尊重和对自己的尊重。

思　考　题

1．旅游企业公共关系部的性质和地位是什么？

2．公共关系公司有哪些基本职能？其经营范围是什么？

3．旅游企业选聘公共关系公司的依据是什么？

4．旅游公共关系计划实施过程中常见的沟通障碍及排除途径是什么？

5．旅游公共关系效果评估分哪几个步骤？

第六章

旅游公共关系谈判

学习目标

通过本章的学习，了解成功谈判的含义、理念；理解谈判的原则；理解谈判的程序及其包括的具体内容；掌握优势、劣势、均势条件下的谈判策略与技巧。

谈判就是当事人想从对方获得所需而进行协商的过程。谈判是人类社会解决矛盾冲突、加强沟通合作和协调相互关系的最佳途径。任何谈判都要通过人际传播和相互交流，在双向沟通的基础上，改善相互关系，增进相互交流，树立组织形象，正是这一功能，从实质上反映了公共关系与谈判之间的内在联系。所以，公共关系谈判的要求不仅仅是获取本次谈判的成功，而且要注重树立组织形象，与谈判对手保持良好的互动关系，为组织的长远利益着想。

第一节　成功谈判的基本条件

1. 成功谈判的含义

作为谈判者，都希望获得谈判的成功。那么什么是成功的谈判呢？不同的人可能有不同的理解。有人以获得利益的多少作为谈判是否成功的评判标准；有人则把协议的签订与否作为谈判是否成功的标准；还有人则把己方谈判目标的实现程度作为评价谈判成功与否的标准，等等。以上看法均有一定的片面性，即只从自己和眼前的角度来理解谈判。实际上，谈判作为一项互利性的合作活动，需要人们将眼光放得更广、更远。只有真正弄清了什么是成功的谈判，才能对谈判活动进行正确的理解和运用。

【案例】

史密斯夫妇的郁闷

史密斯夫妇闲聊无事时在一家刊物的封面见到一只造型十分精美的古玩钟，这正是他们喜欢的那种。他们甚至都在商量把它摆到壁炉上还是客厅的桌上。他们决定立刻出发去买这只钟，他们希望能用500美元买下它。

他们找了很久，总算在一家古董店找到了它，“就是它！”妻子兴奋地叫起来。但是钟的标价一下又吓住了它们，那是800美元。试一下吧！丈夫带着沮丧去和老板商量，“这只钟……我和我妻子都很喜欢它，能不能优惠点卖给我们，我想给它出个价，你看400美元怎么样？”说完，他下意识地往后缩了一下，因为他怕老板愤怒的声音淹没了他。但是，老板连眼睛都没眨一下，“好吧，给你啦！”史密斯夫妇闷闷不乐地拿着钟回到了家。他们一直在想“假设我们出价再低一点……”带着这个念头，他们从此郁郁寡欢，一直念念不忘“如果我们出价再低一点”。

上述这个案例生意是成交了，史密斯夫妇也得到了比预期优惠得多的价钱，但他们却从此郁郁寡欢。店老板不与他们讨价还价，不懂得给予对方心理满足，看似成功的交易，却没有达到成功的效果。因此，什么是成功的谈判，应该有多方面的评价标准。

成功谈判的评价标准可概括为以下四个方面。

（1）目标的实现

谈判的最终结果有没有达到预期的目标，在多大程度上实现了预期目标，这是评价谈判是否成功的首要标准。谈判结果如果没有达到自己的最低期望目标，无论如何不能说这场谈判是成功的。当然也不能说谈判只有实现了自己的最高目标才能算成功。成功谈判的目标实现常常是介于最高目标与最低目标之间。

（2）谈判的效率

谈判是要花费一定成本的，这种成本包括下述内容：一是为达成协议作出让步的成本；二是为谈判所耗费的各种资源的成本（人力、物力、财力和时间的支出）；三是为参加该项谈判所失掉的其他盈利机会，即机会成本。谈判的效率就是指谈判所获收益与所费成本之间的对比关系。如果所费成本很高而收益甚少，那么这种谈判是不经济的、低效率的，因此也是不成功的。只有谈判收益大于谈判成本，这类谈判才能算是成功的。

（3）心理的满足

成功的谈判要带给对方适当的心理满足，即要使对方有“赢”的感觉，只有双赢了，才会有利于更大、更久的利益。如果只是自己赢，而对方输，表面上看自己是成功了，实则会损害双方的长期合作和利益。当然，是不是“赢”，很大程度上取决于心理上的感觉，而不只限于利益的获得。因此，成功谈判的艺术之一在于如何给予对方更多的心理满足。

（4）双方的关系

一场成功的谈判应该有利于促进和加强双方的合作关系，有利于合同的履行和双方

的长期利益。相反，如果己方的谈判目标是实现了，但恶化了双方的关系，有损于长期的合作，则不是真正成功的谈判。高明的谈判者往往是有战略眼光的，他们不过分计较和看重一场谈判的得失，而是着眼于长远、着眼于未来，谋求长期利益的最大化。

综上所述，成功的谈判应是双赢的、高效的和增进双方关系的谈判。

2. 成功谈判应具有的基本理念

（1）双赢的理念

成功的谈判不仅要满足己方的需要，也要满足对方的需要；不仅己方要赢，对方也要赢。但是“双赢”既不是谈判利益的平均分配，也不是放弃己方的利益，而是在考虑对方合理利益的基础上去追求己方利益的更大化。

（2）增强对方心理满足的理念

给予对方更多的心理满足，在不增加己方实际付出的基础上，可以让对方有更多“赢”的感觉，这样可以增强谈判的吸引力，也有利于改善双方的关系。谈判者虽然代表的是谈判组织，但谈判活动是由谈判者具体进行的，因此给予对方谈判者良好的心理满足，就能促进谈判的成功。

（3）增强谈判实力的理念

谈判者无论处于什么样的情况，都应有增强谈判实力的理念。因为在谈判中各方所得利益的确定，往往是由各方的谈判实力决定的，因此要追求谈判的成功，就必须设法增强己方的谈判实力。同时，由于谈判实力具有相对性、动态性和隐蔽性等特点，这就使得通过策略和方法来提高谈判实力有了可能。

（4）建立人际关系的理念

谈判活动虽然是一种利益合作行为，但也是一种人际交往行为。双方的人际关系如何，往往影响着谈判能否成功、谈判的效率以及协议的履行与长期的合作。因此，谈判者不仅要善于“对事”，也要善于“对人”，通过建立良好的合作氛围，开展积极的公共关系，加强个人的人格修养，使对方从心理上认同、接纳和信任自己，就可有力地促进谈判的成功。

3. 成功谈判应掌握的原则

谈判原则是谈判活动的指导思想，是谈判的策略核心。虽然在具体的谈判过程中有许多谈判策略和谈判技巧可以应用，但是，如果一个谈判活动没有明确的指导思想，则有可能使谈判活动事倍功半，甚至将谈判拖入困境。因此，掌握正确的谈判原则是取得谈判成功的关键。

（1）人事分开原则

谈判是由具体的人进行的，谈判者的情绪、自尊心、性格、价值观、文化背景等将会直接影响谈判目的的达成。同样，由于谈判是代表不同利益的双方或多方进行的交流，谈判双方或各方之间的关系也会对谈判目的的达成形成直接影响。这样，在一场谈判中，人与人的关系问题和涉及的事物问题，形成一个矛盾体，只有按照人事分开原则，才能正确处理这一矛盾。

人事分开原则要求：谈判者应充分认识到“人”的重要性，将对方看成是未来的合作伙伴，注意人的心理效应，从满足对方心理需要上做文章。谈判者应学会驾驭自己，在谈判中，驾驭自己的情绪，学会适当控制自己，搞好双方或多方关系。谈判者应正确理解对方的看法，换位思考，消除先入为主的错误观念，修订自己对谈判问题的认识；维护和尊重谈判各方的自尊心。

（2）利益中心原则

人事分开原则告诉我们要在谈判中认识人性、了解人情、控制人、尊重人，但无论如何处理人际关系，总不能离开谈判利益而空谈，为了达到谈判目的，以利益为中心便成为不可违背的又一原则。

利益中心原则要求：谈判者应回避立场之争，将主要精力放在对利益的探讨上，注意寻找双方立场后面的实质问题，学会用利益诱导代替立场之争。谈判者要正确识别双方的利益所在，会用系统思维方法分析问题，通过对双方利弊分析，对个人和团体的利弊分析，对单一利益和多重利益的分析，寻找出对方的实质利益所在，达成谈判目标。谈判者应重视人性利益，如经济需求、安全感、归属感、尊严、认同、自我发展、自我支配、主权等人性利益。谈判者要重视谈判双方的利益沟通，要主动向对方传达自己的利益；学会用数字、用准确的语言描述自己的利益；学会认真倾听对方对利益的描述，让对方理解自己对利益的重视；学会在利益描述中的信息补充；学会对利益的共同讨论。

（3）多方案原则

谈判中经常遇到的问题是单一方案抉择，也就是说双方各提出一个对己有利的方案参加谈判，当双方的方案差距较大时，谈判便可能出现陷入僵局的危险。实际上，谈判并非“自古华山一条道”，只要谈判者开拓思路，发挥创造性，就可能会出现“山重水复疑无路，柳暗花明又一村”的局面。

多方案原则要求：谈判者正确认识方案和利益间的关系，达成利益的方案可能有许多个。谈判者充分发挥思维的创造性，学会把判断和构思分开；对面临的问题多问“为什么”，将单一方案变为多方案。谈判者在方案创造过程中注意寻求双方互利方案，让对方也能获得利益上某种程度的满足。方案易于抉择，谈判最终总要签署协议，一个便于选择和决定的方案更利于协议的达成。

（4）客观标准原则

尽管谈判者注重了谈判中人的需要，尽管谈判双方进行了有效的沟通，尽管双方对实质利益已深入了解，尽管双方都提出了易于选择的多个方案，但只要是谈判，就永远不可避免利益冲突，就永远不可避免立场矛盾，就永远存在谈判分歧。怎样减少上述因素对谈判的影响，使谈判顺利进行呢？解决途径之一，就是设法在谈判中引入客观标准和惯例。

客观标准原则首先要求谈判者尽可能多地引入客观标准，如国际标准、国家标准、

行业标准、企业标准、法律条文、政策规定等。一般情况下，客观标准不容易受到攻击，本身具有公正性，比较容易被对方接受。

客观标准原则要求：谈判者尽可能多地引用惯例，如国际惯例、国家惯例、行业惯例、民间习惯等。谈判者不断开发客观标准来解决分歧。谈判者在用客观标准谈判时，应注意以下问题：力求双方共同寻找客观标准来解决问题；努力找出对方提议的客观依据；注意抓住机会引用对方提出的标准；不要屈服于压力；不要把己方的标准教条化。

（5）求同存异原则

谈判既然是为谋求一致而进行的协商洽谈，本身必然存在着谈判各方利益上的“同”与“异”，这是产生谈判的前提条件。俗话说“将欲取之，必先予之”，这就要求谈判各方在总体上求大同、存小异。求大同，是指谈判各方的总体原则必须一致，摒弃细枝末节的分歧和不同意见，从而使参与谈判的各方都感到满意；存小异，就是谈判各方必须作出适当让步，使得与自己的利益要求不一致的异议也容许存在谈判的议题之中。

求同存异原则要求：谈判者发现对方利益要求中的合理成分，并根据对方的合理要求作出相应的让步，这样才能使对方也作出相应的让步，促使谈判有一个公正的协议产生。

4. 成功谈判对谈判人员素质和能力的要求

谈判之所以成功，与谈判者良好的品质和修养、宽阔的心胸和大无畏的气魄是分不开的。要成为一名优秀的谈判人员应具备以下良好的素质和能力。

（1）忠于职守、平等互惠、团队意识

作为谈判人员，必须要有高度的责任心和事业心，自觉遵守组织纪律，维护组织利益；必须严守组织机密，不能自作主张，毫无防范，口无遮拦；要一致对外，积极主动。优秀的谈判人员的理念是：一旦坐到谈判桌前，谈判就要彼此尊重，并在此基础上展开智勇较量。但最终目的不是谁压倒谁，也不是置对方于死地，而是为了沟通和调整，使双方都能满足己方的基本要求，达成一致。双方以这样高境界的积极行为，力求公平合理的谈判结果。

（2）观察判断能力

谈判人员不但要善于察言观色，还要具备对所见所闻作出正确的分析和判断的能力。观察判断是谈判中了解对方的主要途径。只有通过准确、仔细的观察判断，才能为了解对方、辨别信息真伪提供强有力的依据。

那么，在谈判中，如何锻炼自己的观察能力呢？比如你的对手是个爱抽烟的人，当他点烟的时候是暗示你停止谈话的信号。等他开始吞云吐雾时，你可接上刚才的话题。如果他不停地抽烟，你可以有技巧地在他拿起烟的时候，适时地递上一份文件或报表，或其他能令他参与谈判的东西，那样，他就不好意思再享受烟瘾了。

（3）灵活的现场调控能力

善于应变，权宜通达，机动进取是谈判者必备的能力。随着双方力量的变化和谈判的进展，谈判中可能会出现比较大的变动。如果谈判人员墨守成规，那么谈判要么陷入僵局，要么破裂。所以，优秀的谈判人员要善于因时、因地、因事，随机应变。著名主持人杨澜在灵活的现场调控能力方面的表现令人拍案叫绝。

一次，杨澜在广州天河体育中心主持大型文艺晚会。节目进行到中途，她在下台阶时不小心摔了下来。正当观众为这种意外情况吃惊时，她从容地站起来，诙谐地说："真是人有失足、马有失蹄啊！刚才我这个狮子滚绣球的表演还不太到位，看来，我这次表演的台阶还不太好下。不过，台上的表演比我精彩得多。不信，你看他们！"观众听到她略带自嘲的即兴发挥，忍不住大笑起来。这样，杨澜就巧妙地把观众的注意力转移到了台上。

（4）巧妙的语言表达能力

谈判重在谈，谈判的过程也就是谈话的过程，得体的谈判语言能力重千钧。所以，谈判人员必须能娴熟地驾驭语言。古今中外，许多著名的谈判大师也都是出色的语言艺术家。有一次，美国和苏联关于限制战略武器的协定刚刚签署，基辛格向随行的美国记者介绍情况。当谈到苏联生产的导弹大约每年 250 枚时，一位记者问："我们的呢？"基辛格回答说："数目我虽知道，但我不知道是否保密？"该记者回答："不保密。"基辛格立即反问道："那么，请你告诉我，是多少呢？"在回答那些应该回避的问题时，为了使自己不陷入尴尬的境地，巧妙地运用语言的魅力，可以避免对抗性谈判。

（5）高度的自信心和创造力

优秀的谈判者往往有一定的创造力，有丰富的想象力，有勇于拼搏的精神、顽强的意志和毅力。他们愿意接受不确定性，敢于冒险，把谈判看成一个竞技场，要大展身手，与对手好好较量一番。

在他们看来，拒绝是谈判的开始，面对挑战，他们有胆识去冒险，争取更好的目标。所以，他们从来不在谈判之前就锁定自己的方案。在认真执行计划的同时，他们会努力拓展自己的想象空间。即便是在双方达成一致的基础上，他们也会寻找达成协议的更好的选择。

（6）心理承受能力

谈判人员宽广的心胸、良好的修养能为双方进行观点的表述搭建一个稳固的平台。通常，他们都具有极高的涵养，在顺境时不骄不躁，不目中无人；在逆境时保持良好的进取心态，不把自己的缺点和错误强加给别人；当别人侮辱自己时，不以牙还牙，而是宽大为怀，用智慧来应对。具有这种非凡气质的谈判人员，那种自然流露出来的力量会使对方在心理上不敢轻视。

（7）注重礼仪礼节

礼仪礼节作为一种道德规范，是人类文明的重要表现形式。任何行业都有一定的礼仪规范。在谈判中，礼仪礼节作为交际规范，是对客人表示尊重，也是谈判人员必备的基本素养。

在谈判桌上，一个谈判者的彬彬有礼，举止坦诚，格调高雅，往往能给人带来赏心

悦目的感觉，能为谈判营造一种和平友好的气氛。反之，谈判者的无知和疏忽，不仅会使谈判破裂，而且还会产生恶劣的影响。因此，谈判的不同阶段要遵循一定的礼仪规范。

谈判涉及巨大的经济利益，所以谈判人员必须博学多才，将彼此双方的利益置于首位，努力实现双赢。具备了这些素质和能力，就可能成为谈判高手，成功谈判了！

第二节　谈判的一般程序

虽然因谈判类型的不同，谈判程序有所不同，但如果从谈判的完整过程来看，谈判可以分为谈判准备阶段、谈判计划阶段、谈判开局阶段、谈判磋商阶段和谈判收尾阶段五大部分。

一、谈判准备阶段

俗话说“不打无准备之仗”。谈判准备是谈判程序中的一个重要环节，是决定谈判成败的基础，谈判者必须充分准备。

公共关系谈判的准备包括以下几部分内容：剖析谈判性质、分析谈判环境、谈判队伍的组织、谈判双方优势劣势分析、确定谈判目标等。

1. 剖析谈判性质

谈判的性质决定了谈判活动应采取的策略取向，这是制定谈判策略的一个重要基础因素。就像我们到医院看病时医生需要首先知道病情的性质一样，任何谈判活动开始前，必须首先确定谈判的性质如何，如果无法确定谈判的性质，就无法确定具体的谈判策略，也就无法进行后续的工作。

2. 分析谈判环境

谈判是在一定的文化背景、政治氛围、经济环境和特定的社会制度、法律制度下进行的，不同的价值观念，不同的谈判作风，不同的法律约束，不同的风俗习惯，都将直接对谈判进程和谈判结果造成影响。通常情况下，谈判环境包括政治环境、文化环境、经济环境、法律环境、商业做法等。

3. 谈判队伍的组织

谈判队伍应明确各角色，角色包括谈判首席代表、白脸、黑脸、强硬派、清道夫，各角色的内容如表 6-1 所示。理想的谈判小组应该有 3～5 人，而且所有关键角色都要有。一般来说，一个人担当一个角色，但常常是一个谈判者身兼几个相互补充的角色，这些角色能够反映谈判者自身的性格特点。

表 6-1 谈判各角色的内容

角　色	设　置	责　任
首席代表	任何谈判小组都需要首席代表，由最具专业水平的人担当，而不一定是小组中职位最高的人	（1）指挥谈判，需要时召集他人 （2）裁决与专业知识有关的事 （3）精心安排小组中的其他人
白脸	由被对方大多数人认同的人担当。对方非常希望仅与白脸打交道	（1）对对方的观点表示同情和理解 （2）看起来要做出让步 （3）给对方安全的假象，使他们放松警惕
黑脸	白脸的反面就是黑脸，这个角色就是使对手感到如果没有他或她，会比较容易达成一致	（1）需要时中止谈判 （2）削弱对方提出的任何观点和论据 （3）胁迫对方并尽力暴露对方的弱点
强硬派	这个人在每件事上都采取强硬立场，使问题复杂化，并要其他组员服从	（1）用延时技巧来阻挠谈判进程 （2）允许他人撤回已提出的未确定的报价 （3）观察并记录谈判的进程 （4）使谈判小组的讨论集中在谈判目标上
清道夫	这个人将所有的观点集中，作为一个整体提出来	（1）设法使谈判走出僵局 （2）防止讨论偏离主题太远 （3）指出对方论据中自相矛盾的地方

4. 谈判双方优、劣势分析

根据谈判的性质，详细了解了谈判环境以后，只能确定谈判外部条件的好坏，但是任何谈判都是在谈判主体间进行的，“知己知彼，百战不殆”，聪明的谈判者必须在微观环境上做进一步的分析，对比谈判双方各自的优势和劣势，即所谓“智者之虑，必杂于利害”。

搜集谈判对手的相关资料是进行优势劣势分析的必要基础工作。包括谈判对方是否具有主体资格；谈判对方是决策者人物还是一般工作人员；谈判对方是否还有其他正在进行或准备进行的谈判对手；谈判对手的资产情况、资金情况、负债情况、主导产品及其销售情况、商业信誉、研发与销售队伍建设情况等；谈判对方的个人信息，如谈判作风、性格、嗜好等。

谈判双方优势劣势分析：首先，需要分析和谈判对手之间的相互依赖关系，即双方如果不能达成协议，是否还有其他的选择。其次，应评估谈判对手的主要利益。最后，评估谈判时可能来自外部的压力所造成的影响。

所谓外部压力，是指谈判时的社会环境对谈判双方的不利影响。外部压力分析应考虑以下几个方面因素：第一，第三方的不良评价是否会带来较大的信誉损失；第二，是否存在社会背景（政治的、经济的、业务的）；第三，是否和个人权势有关联；第四，是否存在潜在的竞争对手；第五，是否在某一领域具有不可替代的优势等。

5. 确定谈判目标

一般情况下，谈判目标可以分为三个层次来定，即最高目标、现实目标和最低目标。最高目标又叫顶线目标，这是对谈判者最有利的目标。它一般是在谈判者实际需求利益的基础上再附加一部分利益。现实目标又叫可接受目标，它是处于最高目标和最低目标之间的一个中间目标。最低目标又叫底线目标，这是谈判者必须达到的目标，是满足谈判者主导利益的必要条件，完不成最低目标，谈判将失去作用。

最高目标虽然可为己方带来超额利益，但往往因为叫价太高而使对方产生反感，甚至会导致谈判陷入僵局。最低目标的确定，既增加了谈判的灵活性，便于僵局的解决，同时也可避免我方谈判者的盲目乐观情绪，保护实质利益的实现。

确定谈判目标时，应保证目标的实用性、合理性和协调性。即谈判目标所包含的实质利益应与谈判者的实际需求相吻合，能够切实满足谈判者需要；能够在一定程度上符合环境要求和对方可接受程度；能够在总目标和子目标间形成目标系统，不至于前后矛盾；能够迅速被谈判对手理解，不至于产生歧义。另外，谈判目标确定以后，还应注意做好保密工作。

二、谈判计划阶段

谈判计划是为了落实谈判目标而进行的谈判战略、谈判风格及谈判中具体细节的准备过程。在制订谈判计划时，一般应包括以下内容：谈判总体战略的确定、谈判风格的确定与调整、谈判时间安排、谈判地点安排、谈判现场安排、谈判计划书的编制等。

1. 谈判总体战略的确定

谈判实战中，可供选择的谈判总体战略可分为两大方面：一是在谈判指导思想上的攻击战略和公共关系战略；二是在谈判时间跨度上的速决战略和持久战略。

攻击战略的最突出表现是，侧重于攻击对方，靠悬殊的实力压制对方或以“打一枪换一个地方”的思想进行谈判，最终达到“我赢你输”的结果。很显然，攻击型战略是一种强权战略，不符合公共关系的基本原理。这种战略的危害性非常明显：有可能遭到对手的反击，形成谈判僵局；有可能导致双方友好关系破裂，失去以后再次合作的机会；有可能在协议履行过程中遭到对方的刁难或恶意障碍。所以在实际谈判中，完全以进攻为主的战略几乎是不存在的，只有谈判双方实力相差极为悬殊的情况下才会慎重使用。

公共关系战略的出发点是相互合作、共同获利，这是由公共关系“双向对称”、“互惠互利，共同发展”的性质和宗旨所决定的。公共关系战略谈判，一般都把谈判对手视为共同解决问题的合作伙伴和朋友，以真诚、尊重、温和、礼让的态度对待谈判对手，注重交流，求同存异，达到双赢。公共关系战略谈判应该是谈判者首先考虑的战略。

速决战略就是直接在谈判开局时切入主题，所有磋商围绕谈判主题进行，密切注意偏题、跑题，节省谈判时间，提高谈判效率，尽快达成谈判目标，一旦到最后期限没有所需利益点时，即迅速结束谈判，另寻谈判对手。这主要是己方在时间上要求紧迫的情况下采取的战略，采用速决战略很容易被对方识破，从而使对方找到争夺我方利益的契机，所以除非时间上迫不得已，一般不主动采取速决战。

持久战略则正好相反，它利用拖的方法，通过时间的消耗，挫其锐气，避其锋芒，利用时间上的压力一步一步地蚕食对方利益，就像切香肠一样寻求对方的让步，将无数个薄薄的香肠片集合在一起，最终达到己方目标。持久战略也不可滥用，否则将会给对方造成得寸进尺、没完没了的感觉，影响谈判目标的实现。

2. 谈判风格的确定与调整

美国著名谈判专家罗杰•道生根据谈判者的情绪化程度与武断性程度将谈判风格分成了四种，即亲切型、实际型、表现型和分析型。

亲切型的谈判者很少说“不”，即使他不同意的问题也会用其他婉转的方式提出；他对时间的概念很淡薄，常会在谈判中加入一些和谈判主题无关的话题，所以谈判时间会很长；他爱根据自己的感觉处理一切事情，情绪化比较严重；他喜欢在舒适的环境中进行交流；他对谈判中的细节特别注重，座位、茶水甚至桌面摆设都可能影响他的谈判情绪。

实际型的谈判者对时间非常重视，无论实施持久战略还是速决战略，他总是在时间上斤斤计较；他比较注重客观事实和客观标准，不愿意听取过多的信息；他穿着整齐，外表干净，对人彬彬有礼；他对特定问题的谈判结果特别在乎，追求在谈判中取胜，但为了取胜他们可以在一些非关键的问题上让步。

表现型的谈判者幽默风趣，友善开朗，便于交流；他的情绪化也比较强，往往会因为一时狂热而失去远见；如果他对谈判话题感兴趣，那么他做决定的速度会比较快；他缺乏足够的细心，难以在委婉的言辞中听出话外音。

分析型的谈判者善于深思熟虑，喜欢从谈判者的表述中寻找实质话题；他对时间很敏感，是一个非常遵守时间的人；他表述问题时不用文字描述，而常常借用图形、表格和一系列数字；他办事严谨，愿意按照程序一步一步进行，对临时的程序调整极为反感。

通过上述分析可以发现，谈判风格的确定与参与谈判人员的工作经历、性质有极大关系，财务人员、工程师等谈判风格偏向分析型，而公共关系人员则可能偏向亲切型或表现型。所以，谈判风格的确定实际上是对谈判班子人员的性格分析和合理组合的过程。

谈判活动是双向沟通，所以仅考虑己方谈判风格是无法达到满意效果的。应根据对方谈判风格对我方的谈判风格进行调整。调整的方法有两种：第一，是根据搜集到的信息情报，依照对方谈判风格选择我方谈判风格相近的人员；第二，是在确定主要谈判风格后配备不同风格的谈判人员，在谈判开局后动态调整。

3. 谈判时间安排

谈判时间的含义有两种：第一，是双方经过协商确定的谈判日程表；第二，是没有谈判日程表的时间安排。另外，谈判进行过程中的具体时间安排也应在此时进行考虑并确定下来。

谈判日程表是融合性谈判中经常使用的谈判时间标准。它由谈判各方根据事先的约定来编制。它一般包括谈判开始时间、谈判轮次、谈判最迟结束时间以及每天谈判开始时间、休息时间、每天谈判结束时间、谈判中其他时间安排（考察双方谈判标的、休闲游玩）等。作为谈判主场的一方，还应在时间计划中列出接送对方人员时间。

实际上，能够直接列出谈判准确时间表的情况很少，多数情况下只能确定谈判的开始时间和每天的开始、结束、休息时间，因为各方所采用的时间战略均是保密的，又是谈判中的一个重要筹码，事前无法知晓，所以很难将结束时间确定下来。对于这种情况，在时间确定上可考虑以下两种情况：第一，时间上可能对我有利的方案，如我方确定了持久战略，而对方可能是速决战略，时间表就可以按照我方战略安排；第二，时间上可能对我方不利的方案，如我方准备速决，对方却准备持久，或者在客场谈判时我方对时差不能适应，或者对方可能采取的以娱乐换时间的策略等，安排时间表时就应以我方精力充沛为必要条件，必要时可以确定最后截止期限，向对方施加一定压力。

4. 谈判地点安排

可供选择的地点安排有四种：主场、客场、双方轮流做东和中立地点。

主场就是我方所在地，包括办公室、接待室、会议室、宾馆等。客场就是谈判对手所在地。中立地点是双方商讨认同的非任何一方的主场所在地。显然，主场谈判的优势大于客场谈判的优势，为了体现公平原则，在谈判中常使用主场客场轮流做东，或中立地点的选择策略，从而消除了因谈判地点所带来的各种不利因素的影响，形成一个公平的谈判环境。

选择谈判地点，应该力争主场的谈判，如果对方存在异议，可以用优惠接待条件等同对方进行交换。除非特殊情况，如必须考察对方实力或标的情况，一般不选择在客场谈判。在双方为谈判地点争执不下的情况下，轮流做东是一个明智的选择，也易于被双方接受。

5. 谈判现场安排

因为现场环境对谈判者的心理会产生一定影响，所以作为谈判主场的一方必须将布置谈判现场纳入谈判计划日程。

谈判现场安排应保证以下几点：第一，谈判室的内外环境应宽敞、优雅舒适，保证双方以轻松愉快的心情参与谈判；第二，谈判室内或附近应设置休息场所，为谈判间隙时谈判人员的休息、交流提供方便；第三，谈判室内不宜设置电话、传真、电脑等设施，以免干扰谈判；第四，谈判室附近应有先进的通信设施；第五，谈判桌上需放置谈判双方的旗子、标志物、姓名牌或花卉，并根据双方习惯放置部分饮料和水果。

6. 谈判计划书的编写

上述工作完成以后，应将其归纳为谈判计划书。一般情况下，谈判计划书要包括以下内容：谈判对手情况，谈判性质分析，双方相对实力评价，谈判目标（最高目标、最低目标、现实目标），谈判参与者分析，谈判总体战略，谈判风格，谈判时间安排，谈判地点安排，谈判现场安排，谈判中各阶段的策略安排与调整，谈判成本预算，其他需要说明的问题，谈判计划附件等。

制订谈判计划应注意计划的简易性、明确性和灵活性，即计划本身应简单明了，易于理解和掌握；计划应责任分明，内容清晰，不致产生歧义；计划应留有余地，便于根据实际情况进行具体调整。谈判计划书作为核心文件必须妥善保管，防止泄密。

三、谈判开局阶段

谈判开局是谈判双方人员接触的开始，也是谈判工作进入双向交流阶段的标志。一般情况下，此阶段包括以下几个方面的工作。

1. 开场准备

虽然制订谈判计划已经是谈判的准备工作，但在谈判开局以前，还需要在自我形象设计和开场气氛方面做好充分准备工作。俗话说“佛靠金装，人靠衣装”，谈判者的衣着打扮将在对方心目中产生强烈的第一印象，反映着谈判者的文化修养、风度气质和社会地位。

从公共关系角度看，无论何种谈判人员都愿意在活跃、顺畅、融和、和谐的气氛中进行。这就需要谈判者在开局时去努力营造。在谈判过程中，影响谈判气氛的因素很多，但开场时的气氛将直接为以后的谈判气氛奠定基础。气氛的营造包括握手、相互介绍、寒暄等。这个阶段是最需要公共关系和人际关系交往艺术的阶段，主场谈判者应表现得主动些。

2. 谈判议程商定

谈判议程就是关于谈判的主要议题、谈判的原则框架、议题的先后顺序与时间安排。谈判之初，一般应首先将谈判议程确定下来。谈判议程的商定，实质上也是谈判的内容，因为议程本身如何将会决定谈判者在以后的工作中是否占有主动性，将会影响谈判的最终成果。

确定议题要根据谈判目标将与之相关的问题罗列出来，尽量不要遗漏，以免在以后的进程中留下不必要的遗憾。在确定议题时，应尽可能将己方议题列入议程。对方也会提出相应的谈判议题，如果双方议题吻合，基本上就可以将议题确定下来，如果双方差距较大，则需要对哪些议题可列入议程进行讨论。

谈判议题确定以后，还应确定谈判中双方解决问题的原则框架。所谓原则框架，就是在整个谈判过程中遵守的解决问题的准则和框架性方案，它可以为以后问题的解决提供大方向和制约条件。

原则框架确定以后，双方就应着手讨论各个细节议题的先后顺序。一般情况下，议题顺序的商定有三个基本原则，即逻辑原则、捆绑原则和先易后难原则。

逻辑原则是指如果议题间存在逻辑关系的话，排序应该按照逻辑关系的先后进行。捆绑原则是由于议题太多，如果部分议题间存在非常强的相关性或类似性，就可以将这几个相关的议题放在一起谈。先易后难原则是在议题间不存在上述关系的情况下，先从容易的议题开始谈，待双方进入状态以后再讨论比较难的议题，这一原则强调与议题的重要程度无关，可能先谈重要的议题，也可能先谈不重要的议题。

需要注意的是，议题先后顺序的三个原则也是有逻辑性的，即三个原则发生矛盾的时候，第二个原则服从于第一个原则，第三个原则服从于前两个原则。

3. 意图概说

意图概说的目的是为了相互让对方了解自己的目的和意图，在谈判中也叫“报盘”。由于报盘属于谈判接触的初始阶段，相互间对于对方的底牌都不太清楚，所以在报盘时除了言简意赅地讲清楚自己的目的和意图以外，不要发表过多的言论，关键的资料应留待实质谈判阶段再用。

在此阶段，以下几个问题应该引起谈判者的注意。

1）尽量设法让对方先报盘。据此相应调整我方的报盘策略。

2）我方报盘内容要清晰，介绍时使用的词汇和概念要准确，不能有歧义，以免对方误解或从中钻空子。为报盘准确，报盘时也可以使用书面形式。

3）报盘时应注重项目价值。应将重点放在谈判项目的价值上，吸引对方的成交欲望，减少谈判阻力。

4）报盘时不解释、不说明。为了隐藏真实意图或谈判底线，在对方未提问的情况下，不主动解释己方的报盘。

5）报盘时态度要诚恳，不能使用过激言辞，以免引起对方的焦虑或反感。

6）对方报盘时应认真倾听，一方面表示对对方的尊重，一方面从中寻找以后谈判时可以利用的信息和资料。

四、谈判磋商阶段

各方报盘以后，谈判进入实质磋商阶段，因为谈判本身就是解决需求矛盾和利益冲突的，所以各方的报盘之间必然存在着矛盾和差距，因而肯定会出现不同意见，双方的分歧是在所难免的。实质磋商阶段的任务就是利用各自掌握的信息资料、客观标准和客观事实，充分发挥谈判者的智慧与技巧，表明自己的立场和利益，反驳对方的论述，说服对手进行让步，最大限度地争取己方的实质利益。

实质磋商阶段一般包括以下几个子程序：分歧明示、交锋阶段、己方让步、让对方让步、僵局处理等。

1. 分歧明示

既然谈判中的分歧是不可避免的，及早提出双方的差距就成为谈判过程中的一个必要阶段。双方报盘以后，由于都是从各自的利益和各自的立场出发的，相互吻合的机会很少，多数情况下存在着或多或少的差距。价格谈判中这种差距表现为出价的不同，国家谈判中则可能表现为领土或主权的争端。无论什么性质的谈判，将双方的差距或分歧明示出来，都有利于双方站在追求谈判成功的高度去满足己方和对方的需求，最终达成谈判协议。

在进行分歧明示时，需要注意以下两个问题：第一，要在明示分歧前先寻找双方的共同需求和共同利益。第二，明示分歧时应首先确定实质利益分歧。

2. 交锋阶段

交锋就是说服对方，消除分歧，缩小差距，让对方接受己方条件或向己方条件靠拢的过程，是谈判各方进行利益争夺和制约的过程。交锋阶段是谈判的高潮，也是谈判的关键。资料准备是否充足，谈判人选是否合适，谈判风格是否协调，谈判人员素质是否胜任，谈判策略是否合理，公共关系手段运用是否得当等，都将在交锋阶段充分显示出来。

3. 己方让步

经过激烈交锋后，双方都需要做出一定程度的让步，从某种意义上说，让步几乎是谈判双方为达成协议而必须承担的义务。一般情况下，己方让步和让对方让步是交叉进行的，为了叙述方便，我们先讨论己方让步。己方让步一般是根据事先确定的让步方案进行的，少数情况下需要根据谈判现场的分歧程度进行调整。

一般地说，我方让步时可遵循以下几个原则：第一，根据双方的分歧程度确定让步策略。第二，我方做出让步时，必须要求对方做出相应的表示，防止对方“得寸进尺”。第三，让步幅度应该越来越小。第四，坚决不做无原则的让步。

4. 让对方让步

我方让步的目的，是为了让对方让步，只有通过谈判争取对方更多的让步，才能最大限度地维护我方的利益。显然，对方也有自己的让步模式和让步策略，如何在谈判中迫使对方做出必要的让步，是谈判者在此阶段的主要任务。

实际谈判过程中，除了利用“投桃报李”的交换让步方式以外，还有许多令对方让步的方式可以选择。比较常用的几种策略有：第一，发掘或创造自身实力迫使对方让步。第二，利用或创造客观标准迫使对方让步。第三，通过给对方制造麻烦迫使对方让步。第四，靠提出假设迫使对方让步。第五，佯装退出谈判迫使对方让步。

5. 僵局处理

所谓谈判僵局，是指谈判双方在利益分歧比较大的情况下，不愿意互相进行让步而导致的谈判僵持局面。尽管在谈判过程中人们都期望谈判朝着友善、和谐的方向发展，但利益矛盾是普遍存在的，一旦因利益矛盾无法调和时，因为谈判者所处的地位使得他们不能无条件地随意让步，谈判僵局就成了一种必然结果。有人将谈判僵局的出现视为谈判的失败，这种认识是极为错误的。实际上，谈判僵局不仅是谈判活动中的一种正常现象，同时还是高明的谈判者可资利用的有力战略。

遇到谈判僵局时不要动摇信心，不要对自己的行动产生任何怀疑，此时一方面谈判者应认识到它对谈判顺利进行所带来的害处，而最重要的是正视谈判僵局，分析僵局出现的原因，寻找化解僵局的方案，并抓住机会利用僵局为我服务，使谈判顺利走出僵局。

处理谈判僵局可采用以下几种方法：原因分析、转移议题、寻求替代方案、化整为零、暂停谈判、私下沟通、制造竞争、后果明示、最后通牒、谋求调解。

处理谈判僵局还有许多可用的方法，如申请仲裁、双方重新组织谈判人员、请出更高一级的领导参加谈判、委托代理人进行谈判等。

五、谈判收尾阶段

谈判在经过了上述阶段以后，便进入谈判收尾阶段。无论谈判成功与否，总存在一个谈判结果，这个结果可能是谈判破裂，可能是达成谈判协议。

就一个成功的谈判而言，在收尾阶段至少需要处理以下几个问题，即掌握谈判成交时机、谈判收场、制订和签署协议、签字仪式、谈判总结等。

1. 掌握谈判成交时机

实际上，谈判的成交迹象在实质磋商阶段就已经开始出现。双方在交锋过程中，在双向沟通和双向信息交流的基础上，经过不断的相互让步和谈判障碍的排除，随时会有成交信号出现，谈判者如果能把握住这一时机，就可以迅速将谈判引入收尾阶段。识别成交信号是谈判者的一项主要工作，一般地说，当对手敌意逐渐消失、对我方发言充满善意关注时，就是成交的最好时机。

2. 谈判收场

准确把握住成交时机，就可以利用一定策略将对方导向谈判收场阶段。所谓谈判收场，就是利用成交时机促成对方承诺或对谈判议题的认可。

谈判中常用的收场方式有以下几种。

1）让步式收场，即在对方有成交欲望时通过一些小的让步保证主要议题通过。

2）总结式收场，即在结束磋商时，总结双方已经取得共识的议题，指出对方已经从我方得到的让步，在强调既得利益的同时敦促对方签订协议。

3）休会式收场，即在对方根本无法接受协议和让步的情况下，提出休会的请求，威胁对方向收场阶段靠拢。

4）选择式收场，即提出两种或两种以上不超出谈判者底线的组合方案，让对方选择一个最合适的方案。选择式收场经常和休会式收场、让步式收场并用。

3. 制订和签署协议

成功谈判的最终结果是制订和签署协议。由于谈判类型不同，协议的内容也各不相同，一般包括公报类谈判协议、条约类协议、合同式条约等。

签署协议前一定要对合同条款进行认真细致的核对，如果合同用多种语言书写，还应注意外文书写的准确性，一旦发现问题，应及时指出来，并要求对方改正。

对于通过口头谈判和函电谈判所达成的协议，原则上也应该签署书面合同，以增加合同的可追溯性。

4. 签字仪式

随合同分量和影响的不同，签字仪式也不尽相同。一般合同的签订，主谈人与对方签订即可，地点可选在谈判地点或饭店，签字无须特殊的仪式。较大合同的签字，应由双方领导出面参加，应安排签字仪式，必要时可邀请更高一级领导和新闻人士光临。

5. 谈判总结

谈判仪式完毕以后，即标志整个谈判过程宣告结束，但为了总结谈判经验，吸收谈判教训，以便更好地指导以后的谈判工作，所有谈判人员应组织在一起，对结束的谈判进行全面细致的总结。

谈判总结的内容应包括以下几个方面。

1）我方战略方面的经验与教训。如谈判目标的确定、谈判人员的选择、谈判作风的确立与调整、总体谈判战略、谈判对象的选择等。

2）我方谈判计划的实施情况。如谈判资料的搜集、谈判时间的安排、谈判地点的选择、谈判现场的安排、谈判预算的确定等。

3）我方谈判组织情况。如谈判者责权的分配、谈判训练、工作纪律与工作作风、相互间的协调与配合、通信及联络等。

4）谈判对手的发挥情况。

另外，随同谈判总结的进行，还要将谈判各个阶段的文件、记录、备忘录等进行整理汇总，并妥善保管，为以后进一步发展关系准备参考性文件。

第三节　谈判的策略与技巧

成功的谈判不应该产生失败者与成功者，应力图让双方都取得满意的结果，即谈判应以双赢为结局。为了使谈判双方都有所收获，谈判者须正确运用谈判的策略与技巧。谈判策略是谈判中的战略，是谈判人员的行动方针；谈判技巧是指谈判人员为取得预期成果而在谈判中采用的方式与方法，是谈判人员采取的具体措施。

由于谈判内容、性质的差异，谈判策略与技巧种类众多。在此仅介绍谈判所处的优势、劣势、均势条件下的一些谈判策略与技巧和破解对方的典型技巧。

一、优势条件下的谈判策略与技巧

1. 先苦后甜技巧

谈判中先向对方提出相当苛刻的令人难以接受的条件，随着谈判进行，再看时机逐渐降低要求，最后达到己方目标的技巧。谈判一方开始提出的要求，远远高于自己的期望值，这种过高要求使另一方感到苦涩，无法接受。经过反复讨价还价，总算把要求降下来了。对方这才感到苦尽甘来，松了一口气。实际上，此时的条件正好降到原来谈判一方所欲追求的水平上。先苦后甜技巧在谈判中经常被人们运用。例如，一架民航班机向乘客报告：本机着陆时间将要推迟 1 小时。乘客们一面抱怨，一面不得不做好思想准备，在空中度过这难熬的 1 小时。然而过了不久，空姐又向乘客们宣布：晚点的时间将缩短半小时。听了这个消息，乘客们十分高兴，松了一口气。又过了 10 分钟，乘客们听到广播说：由于机场地勤人员努力，本机即可着陆。这一下，乘客们个个喜出望外。从这个例子的最终结果来看，虽然飞机实际上是晚点了，可是乘客们表现得却是几分庆幸和满意，反而把晚点这一不快的事实放在并不在意的位置上。这实质就是“先苦后甜”的妙用。

2. 不开先例技巧

在谈判中，不开先例技巧的内容是，处于优势条件下的谈判者向对方表明：如果答应了你的要求，对我们来说就等于开了一个先例，这样就会迫使我们今后对其他客户也提供同样的优惠，这是我方所负担不起的。

一般情况下，运用不开先例技巧的关键是卖方处于优势条件下，买方通常无法获得必要的情报和信息，不能确切证明卖方所宣称的那些话是否属实。首先，买方无从知道卖方是否已对其他客户提供过类似的优惠。其次，假如在目前的谈判中，卖方决定提供一个新的优惠，它是否就真的成为一个“先例”呢？这也是买方无法了解的事情。正由于买方难以了解事实的真相，所以这个所谓的“先例”，其实就是一个任由卖方所说的问题。买方处于劣势地位，只能是要么相信，要么不相信，且很少可能看清事实真相。

而对于卖方来说，“不开先例”是用来搪塞和应付买方所提出的不可接受的要求的简便方法。

3. 价格陷阱技巧

价格陷阱技巧的秘诀就是在价格问题上做文章，卖方一方面给买方陷阱，又给买方时间压力，诱使买方草率、快速地作出购买决策，达到签订合同的目的。例如卖方利用价格预期上涨趋势的机会，以及人们对涨价的防范心理，把谈判对手的注意力吸引到价格上来，使其忽视对其他重要合同条款的讨价还价。

4. 规定时限技巧

在谈判中规定谈判的结束时间是一种技巧，因为处于被动地位的谈判者，总抱有希望谈判成功达成协议的心理，这样处于优势条件下占主动地位的一方可以利用这一心理，提出解决问题的最后期限和解决条件，促使对方尽快作出决定。从心理学的角度来讲，人们往往对已得到的东西并不十分珍惜，而要失去的本来在他看来并不重要的某种东西，一下子变得非常重要，十分有价值，在谈判中运用规定时限技巧就是利用人们的这种心理效应发挥作用的。例如，有位顾客去饭店喝酒，几杯酒下肚，借着酒劲，开始干扰其他顾客用餐，到后来，他居然又朝着桌子摔酒瓶，严重扰乱了饭店秩序。就在大伙一筹莫展之际，饭店老板突然一步步地逼近那位顾客，命令道：“我给你两分钟的时间，限定你离开此地。”出乎意料的是，这位顾客乖乖地离开了。这位饭店老板的运气不错，但其行为大有参考价值。

在谈判中使用规定时限技巧时，应注意以下几点：①在运用规定时限技巧时不要激怒对方，避免因此使双方关系变得紧张，甚至恶化。②在采用规定时限技巧时要给对方一定时间去考虑，以便让对方感到你不是在强迫他接受城下之盟，而是向他提供一个解决问题的方案。③在谈判中处于主动地位的一方在制定了规定时限之后，对原有条件应有适当让步，使对方在接受规定时限时有所安慰，也有利于达成协议。

5. 最后通牒技巧

谈判一方在双方僵持不下时提出“请接受这个条件，否则就算了”，迫使对方不得不让步的技巧。“算了”意味着谈判的破裂或失败。对方若不想轻易放弃这次谈判，就会作出适当让步，以便让双方继续留在谈判桌边。

但有时这种策略容易引起对方的敌意，它使对方陷入毫无选择余地的处境，等于剥夺了对方选择的自由和自尊。因此在运用这一技巧时要注意以下几点。

第一，时机要选择恰当。一般在以下情况下才使用这种技巧：一是已不打算与对方进行交易时；二是避免由于对某个顾客减价而导致对所有顾客减价；三是当对方无法负担失去这项交易后的损失时；四是确实已把价格降到最低限度时；五是所有顾客都已习惯按此价格购货时。

第二，根据要强硬。如果发出最后通牒的一方能替自己的立场提出某个文件规定或道理来支持，那就是最聪明的最后通牒了。例如，“你的要求提得不过分，我希望能答应你，但我们单位的财务制度不允许。”

第三，内容要有弹性。不要把对方逼上梁山，别无他路可走，而应该设法让对方在你的最后通牒中选择一条出路，至少在对方看来，是两害相权取其轻。

二、劣势条件下的谈判策略与技巧

劣势条件下的谈判特点是：对方十分自信，态度傲慢。面对这种谈判局面，采用谈判策略与技巧的指导思想是避其锋芒，设法改变谈判力量的对比，达到尽量保护自己、满足本方利益的目的。

1. 疲惫技巧

在遇上有的谈判对手趾高气扬、居高临下、锋芒毕露、咄咄逼人时，可以通过多回合的拉锯战、沉默战谈判，使对手疲劳生厌，逐渐失去锐气，使己方从不利被动的局面中扭转过来。到对手精疲力竭、头昏脑涨时，我方即可反守为攻，摆出己方观点，以理服人，促使对方接受己方条件。这种技巧实质上是以柔克刚，是在谈判中所进行的体力和意志力的较量。例如，在谈判开始时就保持沉默，迫使对方先发言。沉默是处于劣势条件下的谈判者常用的疲惫技巧，在死一般的沉静之中，对方会感到不安、心烦意乱、失去冷静、不知所措，以至乱了方寸，发言时就可能言不由衷，暴露出自己的弱点，甚至泄露他想急于获得的信息。沉默还会打乱对方的谈判计划，从而达到削弱对方力量的目的。

2. 权力有限技巧

这一技巧是为坚持自己的立场而寻找借口、遁词的做法。通常是隐蔽自己手中的权力，推出一个假设的“上司”或“决策人”，以避免正面或即刻回答对方的问题。例如，“我很理解贵方的问题，但我权力有限，需要向部门负责人请示汇报。”“我本人的谈判任务结束了，贵方从现在起提出的所有问题和建议本人均乐于如实转达，若嫌麻烦，贵方也可直接找我的上司。”这些“权力有限”的借口，往往会使本来处于劣势条件下的一方有更充分的时间思考，能更坚定自己的立场，更有能力与对方周旋。同时有机会想出更好的解决问题的方法，使对方很有面子地让步。

常用的权力有限的借口有：金额预算的限制、付款方式的限制、政府政策和有关法律的限制、交货地点的限制、公司办事批准程序的规定、有关技术与成本信息保密的规定、工程技术方面的限制、其他有利本方的限制借口。

3. 吹毛求疵技巧

处于劣势条件的谈判一方为了实现自己的利益，专门对对方的产品再三挑剔，并借此提出一大堆问题和要求，以加强自己的议价力量。一种产品往往很难十全十美，买主在没有大的或明显的毛病可挑时，便会千方百计地找出一些无关紧要的缺点来并加以强调或夸大，以逼迫卖主不得不作出新的让步。这是一种在谈判中经常使用的比较广泛的技巧。

这种策略的目的是：使卖主降低卖价；使买方有更多的讨价还价余地；使对方知道，买方是很精明在行的，不会轻易被人蒙骗；使卖方的具体办事人员在降价卖出货物后，有向上级交代的借口。

4. 以弱为强技巧

故意向对方显示自己理解能力、口头表达能力的欠缺，以及己方处境的困难，来削弱对方的谈判攻势，增强己方的谈判力量。谈判中，有时聋哑胜于雄辩，含蓄胜于坦白，柔弱胜于刚强。在对方侃侃而谈、振振有词的攻势面前，多说几句“我不懂”、“我不明白”、“我被弄糊涂了”、“我要向你请教”，可使对方的辩才、逻辑和准备好的资料显得无用武之地。对方不得不迁就和顺从“糊涂”的对手。为了维持谈判关系，有时还不得不对此遇到困难的对手给予一定的同情和支持，结果让弱的一方控制了谈判。

三、均势条件下的谈判策略与技巧

在双方地位均势条件下，谈判的基础是平等互利的，谈判双方要着眼于未来长远稳定的业务合作关系，互谅互让，相互尊重，推动谈判向着融洽、友好和富于创造性的方向发展。

1. 场外交易技巧

场外交易技巧即在谈判会议室之外的场合进行的非正式谈判。这种场合可以是社会性、娱乐性等场合。它是正式谈判的必要补充，是整个谈判中一个重要组成部分。在场外谈判中，气氛一般较随便，双方可以无拘无束地交谈，话题可以非常广泛，例如，双方的工作情况、家庭生活情况以及个人业余爱好等。双方谈判的幕后主持人也可以在这种谈判中私下交换意见。在正式谈判“触礁”陷入僵局时，它又便于双方表达会议桌上难以启齿的意愿。它可以增进彼此感情，有助于进一步评估对方的人品。这是一种既能解决问题又不失面子的“公私兼顾”的好办法。

2. “黑脸白脸”技巧

“黑脸白脸”技巧又称软硬兼施术，指谈判中交替使用强硬态度和妥协让步态度。针对现实生活中有人吃硬不吃软，有人吃软不吃硬，在谈判小组中安排性格各异、持软硬不同态度的人。硬者，扮演“坏人”，咄咄逼人，狮子大开口，激烈地向对方讨价还价；软者，扮演“好人”，友好善良，善解人意，颇肯退让。两类角色以不同的方式，真真假假地交替出场，谈判目标实则一致，都是向对方施加影响，调动或控制对方，以达到最终目的。

3. 投石问路技巧

投石问路技巧又称假设条件技巧，是指在谈判过程中，提出一些假设条件以探测对方的意向，抓住有利时机达成交易的一种技巧。运用投石问路技巧，必须掌握好时机，它一般适用于谈判开始时的摸底阶段，有助于了解对方的要求和意向，在此基础上选择最佳成交条件和方式，有利于谈判的成功。

4. 休会技巧

在谈判中，双方为了谋求各自的利益，必然会在一些问题上发生分歧。分歧产生后，聪明的办法是在双方对立起来之前，马上休会，使谈判双方有机会养精蓄锐和调整对策，推动谈判顺利进行，达到顺利解决问题的目的。

下列五种情况最适合采用休会技巧：在谈判要出现僵局时；在谈判的某一阶段接近尾声时；在谈判中出现新情况、新问题时；在谈判出现低潮，如谈判人员精力不济、感到疲劳等时；在谈判中某一方不满现状时。

5. 提供选择技巧

谈判者须学会考虑对每种情况都有多种选择。判断出哪一个问题是对方最关心的事情，以此决定你可以提供哪些东西作为反报价。从对方最关心的事情中甄别出对自己最不重要的事情，并将它们纳入自己的反报价中。这样你会显得愿意让步，但实际上不会放弃任何对自己有重要价值的东西。从各个不同角度思考解决办法，可以把谈判引向一个快速而满意的结论。有一个经典的案例，两兄弟为怎样分最后一张饼而争吵不休。两人都想要最大的那一块。于是，父亲让一个儿子分，另一个儿子先挑，两人都觉得这很公平。

【相关阅读】

自我能力评估

无论是在生活还是在工作中，每个人都会频繁地卷入到谈判中去。为了在谈判中取得成功，必须评估自己的能力。回答下列问题，看看自己的表现如何，在最接近自己的选择上画勾。要尽可能的诚实：如果答案是“从不”，选择1；如果是“总是”，选择4；以此类推。把所得的分数加起来，参考后面的“分析”来评定自己的得分，看看什么地方需要改进和提高。

选项：	1从不	2有时	3经常	4总是
1. 在谈判之前我先研究对手。	1	2	3	4
2. 在设计策略之前我要阅读背景资料。	1	2	3	4
3. 我非常清楚谈判的主要目标。	1	2	3	4

	1	2	3	4
4. 我选择适合自己目标的谈判策略。	1	2	3	4
5. 我的谈判策略能使我取得我的主要目标。	1	2	3	4
6. 当借助代理人时，我充分而简洁地向他们说明情况。	1	2	3	4
7. 当借助代理人时，我交给他们所需要的权力。	1	2	3	4
8. 对于谈判我的态度灵活。	1	2	3	4
9. 我认为谈判是双方获利的机会。	1	2	3	4
10. 进入谈判我志在达成满意的协议。	1	2	3	4
11. 我用通俗易懂的语言表达观点。	1	2	3	4
12. 我逻辑清晰、条理清楚地表达观点。	1	2	3	4
13. 我有意识地运用身体语言与对方交流。	1	2	3	4
14. 我避免暴露对方的弱点。	1	2	3	4
15. 在谈判的任何时候我都保持礼貌。	1	2	3	4
16. 我提出的最后期限合乎实际，并由谈判认可。	1	2	3	4
17. 我用直觉来帮助我理解对方的策略。	1	2	3	4
18. 必要时我有足够的权力做出决定。	1	2	3	4
19. 我对于对方的任何文化差异感觉敏锐。	1	2	3	4
20. 作为谈判小组的一员我能胜任。	1	2	3	4
21. 我能客观地看问题，并能从对方的角度看问题。	1	2	3	4
22. 我知道如何引导对方出报价。	1	2	3	4
23. 我避免首先提出报价。	1	2	3	4
24. 通过一系列有条件的报价，我在达成一致意见上取得进步。	1	2	3	4
25. 我一步一步地接近最后目标。	1	2	3	4
26. 我把表露感情仅作为策略的一部分。	1	2	3	4
27. 我定期地总结谈判中已经取得的进步。	1	2	3	4
28. 我有策略地运用拖延办法来让自己有时间思考。	1	2	3	4
29. 当谈判陷入僵局时，我引入第三方。	1	2	3	4
30. 我雇用调解人作为打破僵局的有效途径。	1	2	3	4
31. 我保证任何条款都由各方签署同意。	1	2	3	4
32. 在任何可能的时候，我宁愿谈判的各方都是赢家。	1	2	3	4

分析：现在你完成了自我评估，把所有的分数加起来，阅读相应的评价来检查自己的表现。五轮谈判中取得多大的成功，重要的是要记住总有提高的余地。明确自己的薄弱环节，找到实用的建议和诀窍来帮助你学会并磨炼谈判技巧。

32～64 分：谈判能力差，学会使用并明白谈判成功所需要的基本战略战术。

65～95 分：有一定的谈判能力，但某些地方有待提高。

96～128 分：谈判相当成功，继续为未来的谈判做充分的准备。

小　　结

本章对谈判的概念、特征、分类和原则进行了概述；着重介绍了谈判的程序及其包括的具体内容，谈判处在优势、劣势、均势条件下的谈判策略与技巧。在阅读中应注意把公共关系的基本理论应用于谈判中，让公共关系与谈判紧密结合，以求便于对谈判原则及相关策略与技巧等的更好理解。

本章重点：谈判的原则，谈判程序包括的内容，谈判的策略和技巧。

本章难点：谈判的策略和技巧。

典型案例

从理想到现实：一家旅馆的迁移

史蒂夫是爱姆垂旅店董事会成员。该旅店专门面向18～25岁的青年。这些青年人需要得到富有同情心的人的帮助和专业上的指导，以使他们能轻松地完成从学校走入社会的转变。旅店的许多旅客或者已是精神分裂者，或者已到精神分裂症的边缘，或者刚从吸毒的不幸经历中解脱出来。但是旅店的地理位置实在不理想，它位于波士顿郊外一个名叫萨默维尔的工业城中，可容纳约20名旅客。它的隔壁是一家交通中转站，有些人说这种环境不利于旅店的前途，另有一些人说有利于旅店的发展。显然由于吵吵闹闹的环境，它绝不是一个理想的住所。不过旅店也并非一无是处。它的占地面积还是挺大的，有一个一英亩大的庭院。以前还有一片美丽的榆树林，尽管已经枯死了许多树，毕竟还有活着的。

董事会曾委派一个小组委员会，调查了将爱姆垂旅店从萨默维尔迁到一个安静的、半居住性的社区的可能性。合适的迁移地点是：布鲁克莱恩市、梅德福市或奥尔斯顿市区。但从财务上看，迁移是不可行的，因而搬迁的想法就打消了。

几个月以后，一位名叫威尔逊的先生来找爱姆垂旅店的经理——彼得斯夫人。彼得斯夫人和她的丈夫、孩子就住在旅店内。威尔逊表示他的公司（一家建筑开发承包公司）愿意买下爱姆垂旅店。这个情况太突然了。爱姆垂旅店并未公开对外宣布过想要搬迁。彼得斯夫人当时回答道，她从来没想过要卖旅店，但是如果价钱合适的话，董事会也许会考虑。威尔逊留给彼得斯夫人一张名片，并告诉她，如果有成交的可能性，他以后愿意继续谈这笔交易。

董事会委派史蒂夫去办理这项有希望的交易。董事会的其他成员是临床心理学专家、医药学专家、职业介绍人、牧师等，然而除了史蒂夫以外，谁也不对这种商业谈判感兴趣。而且既然他们都充分信赖史蒂夫，也就基本上委托史蒂夫全权代表董事会。当然，如果没有董事会的正式批准，任何具有法律约束的交易都不可能最后完成。

史蒂夫找他的朋友——一位谈判家帮忙，看看他应该怎样与威尔逊先生取得联系。他们决定先给威尔逊先生打个非正式电话，尔后，史蒂夫接受了参加一次鸡尾酒会的邀请，酒会在附近的一家饭店里举行。届时他将与威尔逊先生讨论成交的可能性。他决定在第一次会谈中，先不谈任何财务问题——只是去试探一下威尔逊的看法，看看他心里是怎么想的。他坚持要自己付自己的账单，他的朋友认为此举是合宜的，并使他确信，他甚至不应向威尔逊暗示，董事会正在寻找别的地点准备搬迁。

根据首次会晤的结果和对威尔逊商业往来所做的一些深入调查，史蒂夫确认威尔逊是一位有信誉的合法商人。史蒂夫认为，威尔逊的公司想买爱姆垂旅店，可能是想在这里建造公寓。威尔逊希望马上讨论价格问题，而史蒂夫则需要两个星期来做些谈判准备工作。所以他借口说，他需要得到董事会的批准，才能开始实质性的谈判。

在接下来的 12 天里，史蒂夫做了几件事。首先，他想要确定爱姆垂旅店的保留价格或能够轻易成交的价格——即卖方能够接受的最低价格。既然保留价格要取决于是否可以找到合适的搬迁地点，所以很难确定下来。史蒂夫得知，在所有以前曾确定的地点中，位于布鲁克莱恩的那个不能再用了，而位于梅德福和位于奥尔斯顿的两个地点还是可以用一个合适的价格得到的。史蒂夫分别和这两块房产的所有人谈过了，他得知：梅德福的那块房地产可以以 175 000 美元的价格买来，奥尔斯顿的那块可以以 235 000 美元的价格买来。

史蒂夫断定，爱姆垂旅店搬迁到梅德福至少需要 220 000 美元，而搬迁到奥尔斯顿则至少需要 275 000 美元。这笔钱包括：搬迁费、小修费、保险费和一小笔风险贴险费。奥尔斯顿的那个地点（需 275 000 美元）比梅德福的那个（220 000 美元）好得多，而后者又比现在爱姆垂的这个好。所以史蒂夫决定，他的保留价格是 220 000 美元，低于这个价格，他就不干了，而且盼望能高一些——最好能够买下奥尔斯顿那块房地产。这个简单的调查研究花费了他大约 6 个小时的时间，或者说 2 个晚上。

与此同时，史蒂夫的夫人玛丽，与几位房地产经纪人联系过，她想找些其他的地点。有那么几个地点，但是并没有发现任何特别合适的。

下一步该干什么呢？

史蒂夫继续进行调查：如果在市场上公开销售，爱姆垂旅店能有几个钱可卖。通过考察附近地区的销售价格，以及与本地的房地产经纪人和房地产专家的谈话，他了解到爱姆垂旅店可能大约仅值 125 000 美元。他觉得：如果没有威尔逊参加，它的售价在 110 000 ~ 145 000 美元的概率是 0.5，并且售价低于 110 000 美元和售价高于 145 000 美元的可能性是一样的。多么令人失望呀！这项调查又花费了他 4 个小时的时间。

下一步该干什么？

威尔逊方面有什么情况呢？很难判断他的保留价格——即威尔逊愿意出的最高价格，这不是暂时的策略性行为，而是最终的决断行动。史蒂夫和他的朋友都没这方面的专业知识。他们请教了一些房地产专家（其中几位在哈佛工商管理学院），还询问了波士顿地区的两家承包商。他们指出，售价的高低很大程度上要取决于这些开发者的意图。能够允许他们在这块地基上建造多高的建筑物以及他们是否还要买别的地基，史蒂夫发现，后一个问题的答案是肯定的。事情要比以前所想象的复杂得多。在进行了十多个小时的调查之后，他们得出结论：再不能对威尔逊的保留价格含含糊糊，而应作出估计了。在还有两天就要进行谈判之前，史蒂夫断定，威尔逊的保留价格是在275 000～475 000美元。

做完了这些准备后，史蒂夫和他的朋友一起讨论了他应采取的谈判策略。早已商定，会谈在某一饭店内举行，威尔逊的公司在那里包了一套房间。对这次会谈的地点，史蒂夫和他的朋友都没有想出好主意；爱姆垂旅店的餐厅太吵了，他在大学的办公室也不合适。

考虑到史蒂夫在会谈中需要一位助手帮助提一些法律细节方面的建议，他决定邀请哈里·琼斯参加谈判。哈里·琼斯是波士顿的律师，以前曾是旅店董事会会员。琼斯接受了邀请，在谈判之前，史蒂夫又用两个小时时间，向他简要介绍了情况。

卖方还认为，让彼得斯夫人参加谈判是一个好主意。她是最熟悉爱姆垂旅店的人，而且可能还有助于启发威尔逊的社会同情心。大家一致商定，只由史蒂夫一个人去谈价格问题。彼得斯夫人负责协助讨论有关城镇之间旅店的重要社会作用和证实爱姆垂旅店的搬迁并不能解决这方面的问题，除非周围的环境有可观的改善。她常说："您知道孩子们出外旅行是多么艰难吗？想一想爱姆垂旅店的旅客，这些年轻人将要受到多么可怕的影响。"彼得斯夫人实际上并不希望搬迁，因而她很容易对搬迁计划提出反对意见。

史蒂夫应采取什么样的开局策略？谁应当首先报价呢？如果威尔逊坚持让史蒂夫首先报价，史蒂夫应该怎么办？如果威尔逊开价××美元，史蒂夫应该怎样还价？有没有任何明显的圈套？应该避免史蒂夫和他的朋友都感到，他们对威尔逊的保留价格作出的估价太粗了，以致很容易出错，他们的首次报价很可能就比他的实际保留价格低。但是如果他们一开始漫天要价，比如说900 000美元——远远地高于可能成交的价格，那么就会破坏谈判的气氛。

史蒂夫决定试着让威尔逊首先报价；如果不成功，或一开始就被迫首先报价，他就使用大概的价格750 000美元，但他准备使这个报价有较大的灵活性。史蒂夫曾想过一开始就报出400 000美元，并在一段时间里坚持不变。但是经商量后他们认为只有40%的概率，这个价格会低于威尔逊的保留价。如果威尔逊首先报价，史蒂夫将不让他有时间仔细考虑他的报价，而将迅速作出反应，立即给出一个还价，比如说750 000美元，让对方在心理上觉得他的报价太低了。

史蒂夫的朋友告诉他，一旦两个报价都拿到了桌面上来——每方一个，那么自然可以预料到，最终的合同价格就在这两个报价之间。假如威尔逊的报价是200 000美元，史蒂夫的还价是400 000美元，则最终价格一般为300 000美元——当然，这个价格要在可能达成协议的范围之内，即在史蒂夫（卖方）和威尔逊（买方）的真正保留价格之间。作为先开价者，史蒂夫认为最后能卖到 350 000 美元就很不错了，而且他当然记得自己的保留价格只是 220 000 美元。

他们曾经商量了时间的作用。现在，如果威尔逊最近的报价是高于 220 000 美元，史蒂夫是否应该离开谈判桌，暂停谈判呢？他的朋友提醒史蒂夫，对这个问题没有客观的标准。他将面临一种典型的不确定情况下的决策问题。而且，在试探了威尔逊的态度之后，再对他的保留价格作出估计，会比以现有资料作出估计有用得多。暂停谈判的危险在于，休会时期内，威尔逊可能会继续寻求别的机会。当然这种危险在于他们是怎样停下来的。

当第一轮谈判结束后，史蒂夫认为他简直经历了一场灾难，而且往下想，他甚至不敢断定会有第二轮谈判。彼得斯夫人干得漂亮，但是不起任何作用。看来威尔逊不会把他的报价提到旅店的保留价以上了。谈判一开始，双方说了几句幽默的笑话和几句客套话。接着威尔逊就说："请告诉我，你们能够接受的最低条件是什么，好让我看看是否能再做点什么。"史蒂夫早已料到了这样的开场白，没有直接回答，他问道："为什么不告诉我们，你愿意出的最高价格，好让我来看看是否能再削减点价格。"幸运的是，威尔逊被这个答案逗乐了，他最后报出了他的开盘价格 125 000 美元，而且首先讲了在萨默维尔那个地区许多房地产买卖的实例作为支持他的证据。史蒂夫立即回答说，爱姆垂旅店完全可以卖得比这个价格高，再说他们一点也不想搬迁。只有当他们能够搬到更安静的地方去，他们才可能考虑搬迁。但是在环境安静的地方，房地产价格是很高的。史蒂夫最后提出，只有售价 600 000 美元，才可能抵消这次麻烦的搬迁。彼得斯夫人赞同这个价格。史蒂夫之所以选择这个价格，是因为他心里盘算着 150 000 和 600 000 美元的中间值，高于所盼望的 350 000 美元。威尔逊反驳道，这个价格根本不可能被接受。双方让了一小点儿步，最后决定休会，双方都暗示，他们将再作一些调查。

史蒂夫找他的朋友商量，应怎样重新评价和判断威尔逊的保留价格所用的分布函数。史蒂夫的明确印象是，600 000 美元实际比威尔逊的保留价格高得多。他的朋友提醒他，威尔逊是这方面的老手，假如他的保留价格比 600 000 美元高，他就会引导史蒂夫向别的方面想问题。他们决定等一星期以后，史蒂夫告诉威尔逊，旅店董事会愿意把价格降到 500 000 美元。

但是两天以后，史蒂夫接到了威尔逊的电话，他告诉史蒂夫，他的良心受到了责备，他做了一个梦，梦到了彼得斯夫人和她给这个世界带来的社会福利。他被感动了，尽管不是出于商业上的考虑，他还是应该将他的价格提到 250 000 美元。史蒂夫忘乎所以了，脱口而出他的第一个错误："现在这个价格比较接近他了！"但是马上恢复了镇定，说道，他相信他能说服理事会把价格降到 475 000 美元。他们商定两天后再次会见，并希望那是最后一轮谈判。

刚与威尔逊通完电话，史蒂夫就告诉他的朋友，他没留神，让威尔逊知道了 250 000 美元的报价就足够了。不过史蒂夫觉得，他的 475 000 美元也较接近威尔逊的保留价格，并且认为这似乎就是威尔逊提出再进行最后一轮会谈的唯一原因。他们进一步商定了以后应采取的谈判策略，另外还修正了一些概率估计。

在以后的两天中，双方各作了一些让步。威尔逊逐渐地将报价提高到290 000美元，最后停在确定的报价300 000美元上。史蒂夫则从475 000美元降到425 000美元，又降到400 000美元，然后当威尔逊强硬地停在300 000美元时，他又“费力地”降到了350 000美元。史蒂夫最后停止了谈判，并告诉威尔逊，他将必须与董事会的主要成员取得联系，看看是否可以突破350 000美元这个界限。

现在300 000美元不仅突破了史蒂夫的220 000美元，而且使爱姆垂旅店有可能买下奥尔斯顿的房地产。在这一点上，他成了一块“有油水可榨的肥肉”。朋友问史蒂夫，他是否认为威尔逊将会把价格提高到300 000美元以上。他回答道，他认为可能需要采用一些保全面子的花招，这样威尔逊是可能提高报价的。他感到，问题是如果威尔逊还做着别的交易，一旦其中一项成交了，那么威尔逊会很快决定放弃爱姆垂旅店的交易。

随后，史蒂夫做了两件事。首先，为了准备购买奥尔斯顿的那块房地产，他请哈里·琼斯为签订一份合法的合同作全面细致的准备。琼斯第二天就汇报说，除了需要超出原预算再花费20 000美元对房子作一些必要的修理以达到奥尔斯顿的防火标准外，一切都与原计划一样。300 000美元仍然能满足这个需要。其次，史蒂夫和彼得斯夫人商量，旅店可以用余下的25 000美元或5000美元干点什么。彼得斯夫人说，任何一笔额外的钱都应拿出一半放入“财务援助基金”之中；这个基金是为了帮助那些不能完全负担起爱姆垂旅店的住宿费的旅客的。还要用这笔钱来买一些“必要的奢侈品”，为此她列了一张清单。随着热情不断高涨，她的小单子也不断加长——但是只要做一点合理的压缩，10 000～20 000美元就足够了。随着彼得斯夫人的侃侃而谈，她变得醉心于这些鸡毛蒜皮的小事，而不是搬迁到奥尔斯顿，她十分希望能获得350 000美元。

第二天，史蒂夫给威尔逊打了一个电话，向他解释说，旅店对是否接受300 000美元的报价有不同意见（这当然是实情）。“您的公司能不能再多出一点儿？如果咱们的买卖做成了，您的公司能否免费为爱姆垂旅店新买的房子做相当于30 000美元或40 000美元的维修工作，要是这样的话，我可以接受300 000美元的报价。”威尔逊回答说，他非常高兴董事会能明智地接受他的300 000美元的慷慨报价。史蒂夫没说什么。接着，威尔逊又解释道，他的公司有一项一贯的政策，就是不让自己卷入免费承包这种限制性的交易之中。他并不想让史蒂夫难堪，但是这个建议根本行不通。

“那么好吧，”史蒂夫回答道，“如果您的公司能为爱姆垂旅店提供一笔免税的赞助，比如说40 000美元的赠款，这笔钱将放入旅店的“财务援助基金”中，专供帮助急需的旅客之用，这也确实是一种帮助。”

“噢，这倒是个主意！40 000美元是太多了，但我可以问问我们的律师，是否捐赠20 000美元个格兰德。”

“25 000怎样？”

“好吧，就25 000。”

结果，根据法律，威尔逊的公司要直接付给爱姆垂旅店325 000美元。这样威尔逊既保全了面子又巧妙地突破了他自己的最终报价。而爱姆垂旅店则通过曲折道路充分满足了自己的需要。

分析提示：

上述谈判成功的案例，都是采取了以客观根据为公平的标准，结果是双方满意的。运用客观标准的好处是，它将双方主观意志力的较量（这往往是两败俱伤的事）转换成双方共同解决问题的努力，变“对方是否愿意做”为“问题该如何解决”，变双方以各种方法竞争上风为彼此有诚意的沟通。在理性的公断面前，它既不使谁难堪，也不使任何一方显得软弱，就将双方导向了达成协议的正确道路。

实务训练

1．结合旅游专业的实际情况，对于学生可能外出实习的饭店、旅行社、景区等，让学生参与或主持相关的谈判工作。这样做，一方面锻炼了学生的实践谈判能力；另一方面学生“当家做主”，可能更尽心于实习。例如，外出旅游观光实习。在指导老师的授权和指导下，可以让学生直接与旅行社谈判，谈判内容包括选择旅游线路、价格及旅途中的具体细节。同样，对于饭店或景区的定点实习也可以采取同样模式运作。

2．斗智斗勇——组织进行一次旅游合作模拟谈判训练。

思考题

1．谈谈公共关系与谈判的联系。

2．什么是谈判？成功谈判应如何理解？

3．谈判应遵循哪些原则？

4．简述谈判的程序及其各阶段包括的内容。

5．如何应用谈判中“黑脸白脸”技巧和休会技巧？

第七章

旅游企业与旅游地CIS策划

学习目标

CIS（形象设计系统）是20世纪60年代由美国首先提出，70年代在日本得到广泛推广和应用的，它是现代企业走向整体化、形象化和系统化管理的一种全新概念。CIS涵盖了企业知名度、产品美誉度及企业形象力等诸多要素，也是企业走向市场化、连锁化和规模化的基本条件，是一个企业的灵魂。

通过本章的学习，要求了解什么是CIS、掌握旅游企业CIS系统策划及旅游地CIS系统策划等内容。

目前，国内外旅游市场竞争已从商品数量、质量、服务的竞争，逐步进入旅游企业形象竞争；突出从全方位、广角度、宽领域展开高层次、体现综合实力的竞争。旅游企业积极引入CIS战略，通过理念识别系统，在观念上革故鼎新；通过行为识别系统，充分展示旅游业风采；通过视觉识别系统，凸现旅游企业整体形象，进而使其形象深入公众心中，使企业永远立于不败之地！

第一节　什么是CIS

一、旅游CIS概述

所谓旅游业CIS（corporate identity system，形象设计系统），即旅游企业形象设计识别系统，它是将旅游企业经营理念与精神文化，运用整体传达给企业内部与社会公众，并使其对旅游企业产生一致的认同感或价值观，从而达到形成良好的企业形象和促销产品的设计系统。从理论上讲，旅游业 CIS 由三大要素，即理念识别（mind identity，MI）、行为识别或活动识别（behaviour identity，BI）和视觉识别（visual identity，VI），构成相互联系的统一整体，在企业经营管理实践中共同发挥着重要的作用。

1. MI

MI 是旅游企业的精神和灵魂。它是旅游企业最高决策层的思想系统和战略系统，是企业经营理念与精神文化的体现，是企业生产经营过程中设计、科研、生产、营销、服务、管理等经营理念的识别系统。其内容包括企业宗旨、企业价值观、经营方针与策略、市场定位、产业构成、组织体制、社会责任、发展规划等。MI 是企业的灵魂，是 CI 设计的根本依据和核心。行为系统和视觉系统的设计都必须充分体现旅游企业经营理念的精神实质和内涵。

2. BI

BI 是为旅游业正常运行所做的全部策略，是旅游企业经营管理实践理念与创造企业文化的准则，是对旅游企业运作方式统一规划而形成的动态识别系统，以经营理念为基本出发点。其职责对内主要是制定完善的组织规章制度、管理规范、员工教育、行为规范和福利制度；对外需要进行新市场调研、产品开发，通过开展社会公益活动、公共关系活动、营销活动等传递企业理念，以获得社会公众对旅游企业行为识别的认同，内容包括企业准则、行为方式、管理方法、机构设置、产品研发方向、公共关系促销手段等。旅游业行为识别系统是动态的识别系统，它规范企业内部的经营、管理、教育的一切活动，实际就是企业的运作模式。通过这种动作模式，既实现了企业的经营理念，又产生了一种识别作用，即人们可通过旅游企业的行为去识别认知企业。

3. VI

VI 是指旅游业视觉识别的一切事物，是以企业标志、标准字体、标准色彩为核心展开的完整、系统的视觉感知体系，是将旅游业理念、文化特质、服务内容、企业规范等抽象内容转化成具体符号，塑造独特企业形象的完整识别系统。其内容包括企业名称、商标、标准字、标准色、象征图案、传播媒介、宣传口语、制服、旗帜、招牌等。VI 是旅游业的静态识别系统，是 CIS 中最具有传播力和感染力的部分，也最容易被社会大众所接受，占有主导的地位。其作用在于通过组织化、系统化的视觉方案，体现旅游业的经营理念和精神文化，以形成独特的企业形象，吸引旅游者。

二、旅游 CIS 形象设计的特征

1. 客观性

旅游 CIS 的导入和推广必须建立在严格的市场调查和科学评估的基础之上，实事求是地从旅游企业的实际出发，不能脱离现实凭空想象和虚构。旅游 CIS 导入产生效果的大小，在相当程度上取决于旅游企业自身的实际状况和企业长期形成的个性形象。

2. 一贯性

旅游 CIS 的应用实施是一项长期性的工作，是企业长期发展战略的重要组成部分。旅游 CIS 应以旅游企业远景规划为依据，立足长远，立足公众的社会利益，而不是自身的短期利益。因此旅游 CIS 一旦确定，不应轻易改变，即使是企业领导人更换，CIS 的基本内容也应尽可能保持一贯性和稳定性。当然，社会在不断发展变化，市场也是不断变化着的，CIS 系统的导入和实施不能不处在一个稳中求变的动态发展过程之中。如何在“变”与“稳”中寻求平衡点，达到内外、前后的“对应”和“同一”，正是旅游 CIS 策划与设计的一项重要任务。

3. 社会性

旅游企业形象只有得到社会公众的认同，才能发挥其效力。旅游企业是社会的一分子，企业的存在和发展都要依赖和仰仗社会的理解、合作和支持。旅游企业的根本利益和社会的整体利益是一致的。旅游企业的宗旨和目标应有强烈的使命感和社会责任感。因此，旅游企业的 CIS 必然有社会的特征，以便于 CIS 在更广泛的范围内被社会认知和传播。旅游 CIS 策划的社会性体现在旅游企业应把社会利益、公众利益摆在首位。

4. 统一性

旅游 CIS 的实施就是要将旅游企业的理念文化、组织管理、经营方针、发展战略、生产规模、技术实力、产品、服务、社会责任等各种信息统一整理，并将这些信息与企业标志、标准字、标准色、特定标语等形象化信息相结合，进而经过系统的科学的全面策划，通过旅游企业的各种媒体，以各种形式和各种活动，对社会公众做统一性的传达，以便获得社会公众的认同、信赖和支持。

5. 战略性

“战略”一词本是战争用语，后应用于各个领域，泛指具有全局性、长期性、关键性、重大性的谋划。旅游 CIS 及其导入本身也具有这一特征。旅游企业理念是企业的指导思想，本来就事关企业的全局，是企业的关键之所在。因而，旅游企业应将 CIS 的实施及所要树立的良好形象，从战略的高度来认识。它是一项长期而艰巨的任务。

6. 独创性

当今时代是一个个性化的时代，从个人的生活，到组织的运行都在不断地塑造个性特征。CIS 就是要突出企业与众不同的个性，使其在茫茫商海中脱颖而出。如今市场竞争十分激烈，对手如林，旅游企业如不能因势利导，标新立异，就可能在发展中处于劣势，甚至会被淘汰出局。

三、旅游业 CIS 的作用

CIS 是现代旅游企业大规模化经营而引发的企业对内对外管理行为的体现。如今，国际旅游市场竞争越来越激烈，旅游业之间的竞争已经不仅仅是产品、质量、技术和服务态度等方面的竞争。旅游企业要求得生存就必须从管理、观念、形象等方面进行调整和更新，制定出长远的发展规划和战略，以适应市场环境的新变化。

1. 可提高旅游企业整体形象

现在的旅游市场竞争，首先是企业形象的竞争，推行企业形象设计，实施企业形象战略，已成为现代旅游企业的基本战略。为统一和提升企业的形象力，使企业形象设计表现出符合社会价值观要求的一面，旅游企业就必须进行其形象管理和形象设计。

CIS 是以企业定位或企业经营理念为核心的，包括企业内部管理、对外关系活动、广告宣传以及其他以视觉和音响为手段的宣传活动在内的各个方面的内容，可通过组织化、系统化、统一性的规划与设计，使企业所有 CIS 内容以一种统一的形态显现于社会公众面前，产生良好的企业形象。

2. 可提高旅游企业运营能力

CIS 作为企业形象一体化的设计体系，是一种建立和宣传企业形象的完整和理想的方法。旅游企业可通过 CIS 设计对其办公系统、生产系统、管理系统、营销系统、广告系统等形象形成规范化设计和管理，调动企业每个员工的积极性和参与企业发展战略研究的热情。通过 CIS 划分企业的责任和义务，使企业经营在各个职能部门中能有效地运作，建立起与众不同的个性形象，使旅游企业产品、服务与其他同类产品区别开来，在竞争者中脱颖而出，迅速有效地帮助企业创造出名牌效应，占领市场。

3. 可提高旅游企业生产能力

CIS 的实施，对企业内部，可使企业的经营管理走向科学化和条理化，趋向符号化，根据市场和企业的发展有目标地制定经营理念，制定一套能够贯彻的管理原则和管理规范，以符号的形式参照执行，使企业的生产过程和市场流通流程化，以降低成本和损耗，并有效地提高产品质量。对外部传播形式，则事实上利用各种媒体作为统一性的推出，使社会大众大量地接受旅游企业传播的信息，建立起良好的企业形象来提高企业及产品的知名度，增强社会大众对旅游企业形象的记忆和对企业产品的认购率，使旅游企业产品更为畅销，为其带来更好的社会效益和经济效益。

四、旅游业 CIS 策划的意义

1. 可以完善旅游企业内部管理机制

多角化、集团化、国际化经营旅游企业为对各下属成员企业进行统一管理，以协调它们之间的行动，树立统一形象，需要引进 CIS。而就所有旅游企业而言，它们面对与日俱增的产品及各种应用设计，需要制作一套方便作业的管理系统，而 CIS 能够简化管理系统的作业流程，缩短新员工培训和适应作业的时间，使管理更加便捷、规范和富有成效。

2. 可以塑造旅游企业独特文化，增强企业凝聚力

CIS 的导入，有助于旅游企业文化的塑造和更新，从而使其持续保持生存和发展的活力。企业文化是企业员工所追求的固有价值观、思维方式、行为方式和信念的综合，是企业成员在企业长期生存竞争中逐渐吸取经验教训而发展起来的。它作为企业生命力的一个要素，对企业生存能力有着重大的影响。旅游企业如果没有属于自己的良好的企业文化，在发展中就会缺少后劲。企业文化的作用是强调企业目标和企业成员工作目标的一致性，强调群体成员的信念。价值观的趋同，强调企业成员之间的吸引力和成员对企业的向心力，因此它对企业成员有着巨大的内聚作用，使企业成员团结在企业组织周围，形成一致对外的强大的生存发展力量。所以适时导入 CIS，是旅游企业重塑企业文化的重要途径。

3. 可提升旅游企业形象与知名度

导入 CIS，通过组织化、系统化和统一化的企业形象策划，可以提升旅游企业形象与知名度，消费者对于有计划的识别系统易产生组织健全、制度完善的信赖感和认同感，同时对于有优秀的行为识别和独特的理念识别的企业也较容易产生良好的印象。旅游企业为了提高在公众中的形象和知名度，需要积极引进 CIS，进行企业形象策划。

4. 可强化旅游产品、服务的市场竞争力

旅游企业导入 CIS，通过给人印象强烈的视觉识别设计，有利于创造名牌，建立消费者的品牌偏好。现代旅游企业的竞争，是新技术、新产品的竞争，只有不断地进行技术革新，不断开发出新产品，才能使自身抢先占领市场，赢得更多的旅游者。而旅游者对新旅游产品的认识、理解、接受以至形成一种新的销售习惯，都需要经过很长的一段时间。良好的企业形象可为新产品的开发铺平通向消费者的道路，因为旅游者对旅游企业的信赖使其对企业的产品也有种信得过的感觉，由此增强了旅游企业产品的竞争力。

5. 可吸引社会优秀人才进入旅游业

优秀的员工队伍是旅游企业生存和发展的坚实基础，在招聘员工时，能否吸收优

秀人才，储备高质量的人力资源，以及能否保证企业经营的持续性，避免人事频繁变动，均有赖于旅游企业形象的好坏。导入 CIS，通过塑造有个性的企业形象，可使旅游企业形象有一定的倾向性和针对性，从而与受其吸引而来的应聘者具有了比较一致的目标和要求。同时由于避免了不确定性，吸收新职员的程序会变得简单，更易吸收到优秀人才。

6. 可提高旅游企业广告效果

旅游企业传达信息如果出现的频率与强度充分，广告效果必然提升。旅游企业形象策划的统一性与系统性的视觉要素设计，可加强传达信息的频率与强度，产生倍增的宣传效果。

第二节　旅游企业 CIS 策划

旅游企业引进 CIS 策划的内在动力在于提升旅游企业整体形象，解决旅游企业在管理发展中遇到的实际问题，增强企业活力，为其今后的发展创造新的发展机遇。

一、旅游企业 CIS 策划概述

旅游企业引进 CIS 策划的内在动力在于提升旅游企业整体形象，解决旅游企业在管理发展中遇到的实际问题，增强企业活力，为其今后的发展创造新的发展机遇。总的说来，旅游企业 CIS 策划是一种循序渐进的计划性工作，整个计划的开展与进行，其工作流程大约可分为下列五个阶段。

1）旅游企业实态调查阶段。具体把握旅游企业的现状，外界认知和设计现状，并从中确认企业给人的形象认知状况。

2）形象概念确立阶段。以旅游业形象实态调查结果为基础，分析旅游业内部、外界认知、市场环境与各种设计系统的问题，来拟订旅游企业的定位与应有形象的基本概念，并最终作为 CIS 形象设计的原则和依据。

3）形象设计工作展开阶段。根据旅游企业的基本形象概念，转变成具体可见的信息符号。并经过细致工作与测试调查，确定完整并符合旅游业的形象识别系统。

4）完成与导入阶段。重点在于排定导入 CIS 实施项目的优先顺序、策划旅游企业的广告活动及筹建 CIS 执行小组和管理系统。并将设计规划完成的识别系统加以制成标准化、规格化的手册或文件。

5）监督与评估阶段。旅游业 CIS 的设计规划仅是前置性的计划，如何落实建立旅游业的形象，必须时常监督并加以评估，以确保符合原先设定的企业形象概念，如发现原有形象设计规划有缺陷，应提出相应的修改意见。

二、旅游企业 CIS 策划流程

1. 旅游企业 CIS 策划准备阶段

（1）旅游企业经营现状分析

旅游企业现状分析主要包括企业内部环境和外部环境分析两个方面，这是 CIS 策划的前提。

关于旅游企业内部环境的分析，必须先进行意识调查，旅游企业决策层负责人必须与各职能部门主管进行会谈，必要时还需和员工会谈，再进行企业形象调查、视觉审查等活动，找出旅游企业当前面临的问题及对策，使 CIS 计划中的主题明确化。

旅游企业外部环境的分析，是指对社会的分析，即旅游企业社会环境的分析，如当前旅游市场状况的分析、其他行业的形象分析等相关分析活动，以掌握旅游企业在社会中的地位，并探索企业今后的出路及发展方向。

（2）旅游企业经营理念和领域的确定

根据对旅游企业经营现状的把握，重新审视企业经营理念和未来发展领域。以企业的经营意志和社会、市场背景等为基础，预测十年后、二十年后的情况，以确定旅游企业将来的业务发展领域。同时，将现存的企业理念与未来经营理念相互对照，据此规划出企业的业务经营范围，并开始着手改善旅游企业形象素质。在外界公共关系公司以及旅游企业内部公共关系部人员的协助下，设定企业内的组织体制，以及信息传递系统，以塑造新的企业形象素质。

2. 旅游企业 CIS 实际调查与分析

建立旅游企业 CIS 的过程，是一连串相当细密的工作。在这一过程中，必须确立旅游企业 CIS 的施行步骤，以作为日后实施的依据；而调查与分析，就是旅游企业 CIS 导入工作的第一步。

（1）旅游企业实态调查

旅游企业 CIS 调查的第一步，就是展开“企业形象实态调查”，调查的主要内容大致有下列几个方面。

1）社会各阶层公众对旅游企业的整体印象如何？

2）社会公众对旅游企业形象的评估，是否与旅游企业的自我评估相矛盾？

3）和其他相关行业比较，旅游企业的企业形象中最重要的内容是什么？

4）与旅游企业保持往来的相关行业，最希望旅游企业提供的服务是什么？对旅游企业的活动有何意见和建议？

5）目前，旅游企业整体形象有何缺点？未来应塑造出何种形象？

6）旅游业各行业目前的市场竞争力如何？

7）当地的旅游行政主管部门对旅游企业未来的发展有何计划？

对于旅游企业的实态调查工作，可从企业内部与外部两方面着手。有关旅游企业内部的调查工作，包括企业经营理念、营运方针、产品开发策略、组织结构、现有企业形象等，都需要逐一加以校对、研究、分析，整理出企业经营的理想定位。再由外部方面进行调查。旅游企业内部调查的重点，主要是和企业主管人员的交流沟通，将企业经营的现状、内部的组织管理等正反两方面问题深入探讨，将产品开发设计导入正确的方向；外部方面，有关消费市场与特定对象的分析研究，尤其是竞争对手情报的收集与分析，是旅游产品开发前调查工作的重要内容。

前期调查工作是否客观、准确，是决定旅游企业 CIS 策划成败的关键。因此对于旅游企业而言，应先确定优良的形象调查系统，选拔工作作风正派的员工担任调查员，以调查结果作为依据进行产品设计开发，确定相关方针政策。

（2）旅游企业形象调查

塑造旅游企业良好的组织形象，是 CIS 的主要任务之一。旅游企业在展开形象调查前，必须首先确定，到底什么样的企业形象才算是公众欢迎的？而塑造和维护企业形象具体需要做哪些方面的努力？

此外，对目前旅游市场的发展情况及特色，也应仔细研究、分析，进行广泛的调查研究。准确而客观的事前调查，将有助于了解企业未来 CIS 工作的方向，既可增加工作效率，也是提高 CIS 工作成效的有力保证。

3. 制定旅游企业规划方案

旅游企业应根据形象调查及分析的结果，重新评估企业理念，构筑新的企业经营战略，即形成 CIS 形象策划的方针，以指导旅游企业的发展。

旅游企业 CIS 企划书，主要是根据企业的客观事实，找到适合于企业的经营理念，也可以说是对旅游企业管理层的建议书，因此必须具有解决实际及突发问题、改善经营管理体制和引导企业未来发展方向的功能。

旅游 CIS 企划方案必须能针对调查结果，表达出正确的判断，进而提供有关 CIS 的活动指针和改良建议，深入浅出地指出未来企业应该具有的形象，并明确今后一系列的 CIS 形象策划工作和实施办法。

（1）旅游 CIS 企划方案的重心

CIS 企划方案具体由以下三大部分构成。

1）旅游企业实态的调查和分析，也就是事前调查阶段。

2）根据调查结果，开展企划和规划的工作。CIS 形象策划也属于这部分。

3）实施管理作业。

旅游企业经营者在推行 CIS 时，应按照上述的三大部分，循序渐进，扎实执行，才能真正发挥 CIS 的效果。

在提出 CIS 策划方案的构想之前，应先明确引进 CIS 的真正目的及旅游企业本身存在的问题。因此，企划方案的内容应该清楚地标示出“问题”和“解决办法”两大重点，并且对具体的实行步骤、方法和预期成果加以说明，如果能列出旅游企业目前的问题，

并加以精彩详细的说明，相信就更能打动管理者的心。

（2）确定CIS工作大纲

1）明确工作主题。每一个具体CIS企划方案都必须有其主题。在拟定方针时需有充分周密的思考与研讨，千万不要因为追求时髦而导致判断错误，影响旅游企业整体性的发展。

2）拟定CIS具体实施办法。经研讨分析后，如认为有必要导入CIS时，则需将主题、着眼点、背景等予以评估，因为在导入CIS实施的每一阶段，每项工作的联系都非常紧密，因此在全盘工作大纲确定后，需拟定各种不同活动方式来配合企业CIS工作。

3）编制旅游业CIS形象设计导入时间表。CIS导入工作不是短期的事情，同时在进行中也必须有许多事项的配合，因此要将工作阶段进行的项目与日程时间，进行充分的掌握分配，才能推动CIS工作的进展。

另外，CIS导入工作，不妨聘请外界公共关系专家协助参与，因为旅游企业形象的塑造是希望获得社会公众的认同与接受，如果全部由内部员工推动的话，有可能会受到企业本身主观偏好的制约，使CIS工作偏离正常的轨道，影响旅游企业形象的塑造。

4）编列CIS形象设计经费预算。通常在CIS策划阶段，对实施作业经费的多少不容易确定，但如果提案对成本没有具体的预算，实施的可行性更是微乎其微，因此需要先行编制CIS的作业项目与经费，做到心中有数。

一般来说，旅游业CIS策划所需经费包括调查费用、视觉设计费用、项目实施作业费用、内外沟通信息费、评估与管理费等，可由上述各项工作内容预估出大概的金额。但通常在进行CIS策划时，具体项目的增加或减少是避免不了的事，所以在编制经费预算时要保留一定的弹性。

整体来说，旅游业CIS形象策划的费用大致可分为以下四个方面。

① 旅游企业实态调查及规划费用。

② 设计开发费用。

③ 实施管理费用。

④ 其他费用，如推行CIS计划时的花费，旅游企业内部信息传递的经费等。

CIS是创造企业形象，使企业再生的活动。所谓CIS，是指控制、调整企业形象的经营技术；但是换一个角度来说，仅是改变企业形象而未设定发展方向，也绝非可行之道。根据CIS策划，找出引导旅游企业迈向成功的形象要素，然后加以培养、发挥，最后再展开控制旅游企业形象的工作，才是最完整、最有效的概念。

4. 设计开发

由于旅游CIS策划是以塑造旅游企业形象为主，彻底掌握视觉上设计系统的一种技法，因此在以往所做的调查、策划，最后若不能以视觉开发计划的方式来表现，将会失去意义。

在旅游企业负责人批准CIS企划方案后，即可展开CIS的工作。此时旅游企业内部最关心的，当然是导入 CIS 后，现存问题能否解决，以及用什么方法来推行 CIS 等。

进入 CIS 的设计开发阶段后，前面各项工作所设定的识别概念、经营理念，都将在这个阶段中转换成系统化的视觉传达形式，以具体表现旅游企业精神。

（1）基本要素与应用设计

1）旅游企业标志。企业标志应代表企业。对生产、销售商品的服务行业而言，是指商品上的商标图样，包括有抽象性的企业标志、具体性的标志、字体标志等，在经营过程及商品销售活动中代表企业形象。

2）旅游企业名称标准字。通常是指旅游企业的正式名称，应以中文及英文两种文字命名。一般情况下用全名表示，或是省略为“××股份有限公司”、“××有限公司”。具体需要依据旅游企业具体的使用场合，来决定是使用略称还是通称的命名方式。

3）旅游企业品牌标准字。旅游企业标准字原则上要求以中文及英文两种文字来设定，要足以代表旅游企业经营产品及提供服务的品牌及特色。

4）旅游企业的标准色。企业的标准色主要用来象征企业的特定色彩（如富士胶片的绿色，柯达的黄色，百事可乐的蓝、白、红色等）。旅游企业的标准色通常可采用 1～3 种色彩为主，也有采用多种颜色的色彩体系。可以考虑让这种借以传达旅游企业气氛的色彩常常出现，或利用辅助色彩制造更佳的色彩效果。

5）旅游企业标语。企业标语是用以对外宣传企业的特长、业务、思想等要点的短句。与企业名称标准字、企业品牌标准字等附带组合使用的情形也很多，能起到很好的宣传效果。

6）旅游企业专用字体。企业专用字体包括企业主要使用的文字（中文、英文）、数字等专用字体，也包括选择主要广告和产品促销等对外印刷情报所使用的字体，并规定为宣传用的文体；商品群、品牌、公司名称，对内对外宣传、广告的文字等。

至于 CIS 形象策划的应用设计，则包括企业 LOGO（如名片、旗帜、徽章等）、文具类（如文件、信封、信纸、便条纸等）、车辆运输工具等、服装制服、旅游企业广告、宣传、招聘广告等。

（2）设计与开发

CIS 的设计与开发内容，包括下列三个要点。

1）设计开发的委托方式。包括总体委托方式、指名委托方式、指名设计竞赛方式、公开设计方式。

2）设计开发的作业分配方式。包括基本设计要素及基本设计系统，应用设计要素及应用设计系统。

3）CIS 设计开发的程序。也就是制定详细的开发程序。

最后进行测试与打样，并开始新设计的应用，编辑设计旅游企业 CIS 策划应用手册。

5. 问题及应注意的事项

很多企业相信 CIS 是企业活动所不可或缺的，但是在实施 CIS 的同时，却发现并没

有产生相对的效果，究其主要原因，可能有以下几点。

（1）旅游企业CIS形象策划和决策层的管理有密切的关系

当员工按部就班地推行CIS计划时，会发现CIS活动中所发现的企业缺点越多，得罪企业主管的危险性也越大，因此自然会使推行CIS策划的阻力加大。

一般而言，旅游企业管理层不会拒绝员工的建设性意见。任何企业的领导，在了解CIS的重要性后，是不会责怪提案者的建议或批评的。因此，要使CIS策划取得成效，首先要得到企业领导层的了解与赞同。

（2）旅游CIS策划涉及多种不同性质的科学技术的结合

旅游企业在决定经营方针、方向、战略之后，活动领域立刻会衍生浓厚的感性问题，因为包括视觉性的设计开发和判断、选择、调整公司内部员工的工作情绪等，都是需要投入大量精力的工作。因此，新的CIS提案要得到大家的接受与认同，须花费一番工夫。

因此，要使工作能顺利进行，并逐渐强化，最后达到使旅游企业内外甚至竞争企业也一致赞美的成功境界，就必须依靠高度的管理技术。

（3）旅游企业CIS计划阶段的注意事项

CIS导入计划有其预定的实施期限，其中包括许多复杂的项目，因此必须循序渐进，才能得到合理有效的结果与良好的视觉设计系统。所以，旅游业CIS策划计划阶段应注意下列事项。

1）不可仓促进入CIS实施阶段。在旅游企业确认CIS的导入方针前，如果仓促而机械地勉强排定实施计划，反而会产生反面效果。

2）设计开发工作的时间必须留有弹性。旅游企业CIS的设计开发工作中，在基本设计开发期间，需要特别注意的是参加设计的人员必须充分地加以验证，以检验CIS形象设计的操作性。为了能提出优秀的策划构想，在旅游业CIS设计开发工作的最初阶段中，必须预留足够的时间，以便检验其可行性。

3）重视逻辑性，循序推进CIS策划工作。在进行CIS策划时，有关旅游企业问题的探究、调查工作及根据调查结果作判断的过程，如果进行得不理想，容易在今后内部人员与外界沟通时产生偏差，也会使得CIS的成效不佳。因此，不论时间如何紧迫，CIS策划作业都必须步步为营，重视逻辑性、整合性，循序渐进地推行。

4）变更公司名称、品牌、商标时，必须赶办法律手续，预留充足的作业时间。由于各种法律手续烦琐程度不一，又常常容易被忽略：尽早办理，正可避免进行CIS作业的延误。

5）发现旅游企业CIS策划不合理时，应尽快重新制定。CIS计划的流程安排，必须考虑前后工作间的关联性，因为前面的工作必然会影响到下一步的工作。因此若发现CIS计划中有任何一个环节不合理时，应尽快重新制定。

第三节　旅游地 CIS 策划

一、旅游地 CIS 概述

要了解旅游地形象必须首先考察一个国家或地区旅游的发展历程。现代旅游实际上是背离现代城市而产生的，随着城市工业化进程的迅速发展，导致了诸如环境污染、工作紧张、身心疲惫等所谓“城市病”的蔓延，推动着越来越多的人逃离城市，去寻找乡村、绿野、海滨、温泉疗养地等，追求绿色的、生态旅游方式等。旅游地的旅游保健功能将随着旅游的发展得到进一步的强化，并将进一步带动某些独具特色旅游资源的开发与发展，如山水旅游资源、历史文化旅游资源等。

旅游地形象指的是旅游目的地，包括其内部旅游活动、旅游产品及服务等，在旅游者心目中形成的总体印象。旅游地形象策划受旅游企业 CIS 策划的启发和商业广告的影响，在国内旅游业的迅速发展等综合因素的作用下，在对旅游地和旅游资源的传统意义的认知基础上形成的一种全新的形象识别和营销系统。目前，国际旅游发达的地区十分注意研究、设计、推广国家、省（州）或城市的旅游形象，通过旅游地形象的定位、主题口号的提出、视觉形象的设计与推广等基本形象战略可以极大地促进旅游业的发展。

1. 旅游地 CIS 形象定位要以资源分析和市场分析为依据

旅游资源分析包括硬性资源分析和软性资源分析。硬性旅游资源需要分析旅游地旅游资源的种类、数量、知名景点及数量、景点风格、气候、地形地貌特点、动植物种类与数量、珍禽异木种类及数量、矿产资源种类及数量、宾馆饭店的数量及档次、主要航线、铁路干线、轮船班次、旅游业总产值、旅游企事业机构数量、服务业从业人员数量、学历、旅游网站数量、服务内容及模式等；软性旅游资源需分析旅游目的地的历史悠久性、当地著名历史名人、高等院校数量、高科技企业数量与总产值、文化艺术团体种类及数量、传统活动的种类与数量、目前具有的节庆活动类别与特点、运作方式、经济效果等。

旅游地市场分析包括国际旅游市场分析、国内旅游市场分析、竞争市场分析。分析的内容主要有旅游经济发展速度、旅游经济总额占经济收入的比重、人均旅游消费额、总人次、总收入、停留天数、出游时间特点、出游次数、出入境人数、入境旅游者流向特点、国籍或省份、收入、种族、旅游者交通方式选择、获知旅游地信息的方式等。

2. 旅游地 CIS 形象定位要遵循的基本原则

1）优势集中原则。就是说，当旅游地具有多种优势时，优势一定要集中，聚焦到某一点上凸显，让其他优势围绕它并为它服务，而不能抵消和削弱它。如九寨沟的自然风光十分独特，当地的藏族文化也因围绕这一优势，为它服务。

2）观念领先原则。观念领先是指思想超前，而不是旅游实态的领先。旅游实态的竞争首先是观念的竞争，即在设计定位时，要有“第一”的思想和创新观念。深圳市的旅游资源相对缺乏，但其人造景观十分领先，主题公园的建设国内领先，如锦绣中华、世界之窗等，也为当地旅游的发展带来了大批的旅游者。

3）个性专有原则。在同一旅游地的不同旅游景观不可只有同一个定位点，否则容易失去个性，引不起旅游者的特别关注，不利于其旅游的发展，而因分别定位，分别设计形象标识。

4）多重定位原则。这是指旅游地主要形象定位下的不同层面旅游景观的形象定位。如海南定位旅游基地，三亚则定位为风光旅游城、文昌为文化旅游城、五指山市为风情旅游城、海口为商贸旅游城等，这样的旅游定位相互补充，起到了很好的效果。

5）反映时代特色原则。旅游地形象的主题口号在表述方面还要反映时代特征，要有时代气息，即要反映旅游市场需求的热点、主流和趋势。大多数旅游地将在很长一段时间内要面对以本地旅游者和区域性旅游者为主体的客源市场，特别是发展旅游地周边旅游、开展大旅游圈等项目，就更需密切关注客源市场旅游者的兴趣。当前，康体休闲、亲近自然、郊野派对、康复养生等都是城镇旅游者追逐的旅游形式，也是建立旅游地旅游形象可加利用的时代特征。

6）相互借鉴原则。从旅游地市场营销的要求来看，旅游地口号必须首先能够打动旅游者的心，激发旅游者的旅游欲望，要被旅游者永久而深刻地记忆，要能够广泛迅速地加以传播，即要产生商业广告的宣传效应。因此，旅游地形象口号要具备广告词的凝练、生动和影响力。旅游地形象的口号创意也要借鉴广告艺术，用浓缩的语言、精辟的文字、绝妙的组合等形式构造一个有吸引魅力的城市旅游形象。例如，四川省旅游口号是“雄、秀、奇、幽看四川”，不失为一句经典的广告语，十分精练地概括了四川最具特色的旅游资源，起到了很好的宣传作用。

二、旅游地 CIS 形象设计探讨

如今，旅游地形象对于旅游者已不陌生，但旅游业工作人员对其理解仅限于通过旅游日的地的良好景观建设，特别是环境卫生、安全保卫以及相关的服务和管理工作，给予旅游者正面、美好的印象和感受，这种观点只是对旅游地形象的表面理解，而将旅游地 CIS 形象提升到战略的高度加以系统认识的新观念尚未普及。事实上，国际旅游业发达的地区越来越重视对旅游目的地及旅游资源的形象规划，像澳大利亚、新加坡、中国香港等地是最早推广旅游地形象的国家及地区，取得了很好的效果。“无限的新加坡，无限的旅游业”、“魅力香港，万象之都”等形象口号已深入人心，极大地促进了当地旅游业的发展。

1. 旅游地旅游形象设计的核心

旅游地形象设计的核心应首先解决旅游地旅游的基本定位问题，即旅游目的地将在旅游者心目中树立并传播怎样的一种形象，它到底是怎样的一个景区，这种形象如何成为吸引人们前来旅游的动力源泉等。

关于旅游地形象定位的方法，不同类型的景区有不同的方法，形象定位的最终表述，往往应以一句主题口号加以概括。

2. 旅游地 CIS 形象的视觉设计与推广

旅游地视觉设计的基本要素应包括图案、色彩和字体。旅游地口号主要解决旅游形象的基本定位问题，如何将其体现在旅游目的地中，以强化旅游地实际旅游形象，是影响旅游地重游率与形象传播的关键。旅游地标志的设计可结合标志性景观，例如，上海的东方明珠就可完整无误地概括其旅游形象。此外，旅游地形象的视觉设计还包括吉祥物，甚至旅游大使的选择。例如，香港旅游地形象的设计中就特别选出香港著名演员成龙、郭富城为香港旅游大使。所有这些相关设计都可通过旅游地的宣传广告、地名、路名、景区门票、导游图、宣传手册、旅游纪念品等加以表现，营造并强化旅游形象。旅游地 CIS 视觉设计的效用在于推广，只有将其广泛用于旅游地的各个方面，才能形成视觉形象的冲击力和传播力。

3. 旅游地形象定位语言要准确

旅游地形象定位的最终表述，往往以一句主题口号加以概括。如何确定主题口号，并不是一件简单的事情，需要综合考察，并需结合当地旅游资源特点，以凸显当地特色。比如，在开发海南省旅游资源的时候，有人提出“把海南岛建设得像夏威夷一样”的建议，这就意味着海南岛永远超越不了夏威夷；还有把博鳌亚洲论坛定位为“水城”的，这会让人马上想到意大利威尼斯水城，也等于是给别人做广告，贬低了自己，抬高了别人。这是得不偿失的宣传。

4. 旅游地形象定位要充分体现个性

旅游地形象的个性是指一个旅游地区在形象方面有别于其他地区的高度概括的本质化特征，是区域自身多种特征在某一方面的聚焦与凸显。这种特征往往是透过文化这个深层面折射出来的。它可以是历史的、自然的或社会的，也可以是经济的、政治的或民族的。比如法国巴黎的旅游定位就是时装之都，意大利威尼斯就是水上乐园，瑞士就是钟表王国等。一个地区或景区的多种特征的聚焦和凸显不是以人们的意志为转移的，它是历史遗留、社会需求等多种因素的沉淀。现在国内许多地区因为旅游形象定位不准确遭受到的失败教训太多。

5. 旅游地形象定位要随时代的变化而更新

旅游地形象确定之后就具有一定的稳定性和持久性，成为当地旅游业在一个较长时期传播形象和进行营销反复使用的主题口号。但是，旅游地形象定位并不是一成不变的，

时代在变，旅游竞争环境在变，旅游消费者的消费心理和需求在变，旅游地自身也处在变化发展当中。因此，旅游地也必须在考察旅游业发展趋势和竞争环境、旅游者消费心理和消费需求与旅游地自身的发展情况后，对形象定位做出相应的更新。如杭州准备采用“爱情之都”的形象口号，取代以前的“上有天堂，下有苏杭”口号。杭州对其旅游形象的重新定位酝酿已久，出炉“爱情之都”口号，是因为西湖文化的核心是爱情。“上有天堂，下有苏杭”口号，曾经发挥过巨大作用，但在新的环境下，对杭州形象的宣传作用已经显得不够。爱情是美好的事物，是人类永恒的话题，同时又是杭州最鲜明的地方性特征，这个富有人情味和时代气息的形象定位口号，诉求力极强，确实是明智之举。

6. 旅游地形象定位需要群众参与和认可

旅游形象定位是个比较复杂的问题，要准确定位，仅靠几位专家学者是很难做到十全十美的，还必须要有群众的参与。在定位前的调查工作中，需要充分了解社会各界的意见和看法，这样的形象定位才能准确反映市场的需求。

7. 旅游地形象宣传要抓住表现时机

旅游地形象的表现时机很重要。抓住良机，展现与推广旅游地形象往往可取得事半功倍的效果。比如重要旅游活动、节假日就是旅游地形象表现的最佳时段。旅游地形象往往是一种心理感知的抽象事物，而重要旅游活动、节假日、娱乐演出、重大庆典活动等都可将其变成可视、可听、有形、有声、有色的具体事物。例如，云南紧紧抓住“世博会”的时机推出了“万绿之宗，彩云之南”的形象定位，加大对自身旅游形象的宣传，极大地推动了当地旅游业的发展。

总之，旅游地 CIS 形象可提升旅游地整体形象，应将旅游地 CIS 形象规划提高到旅游发展战略的高度加以研究与应用。今天，旅游目的地旅游的进一步发展已不能单纯依赖孤立的旅游景点（区），而必须推出旅游地整体的旅游形象，通过旅游地形象的定位、主题口号的提出、视觉形象的设计与推广等基本形象战略来全面发展地区旅游。

小　　结

旅游业 CIS 是将旅游企业经营理念与精神文化，运用整体传达给企业内部与社会公众，并使其对旅游企业产生一致的认同感或价值观，从而达到形成良好的企业形象和促销产品的设计系统。

旅游业 CIS 策划的内容包括理念识别系统、行为识别或活动识别系统和视觉识别系统，旅游业 CIS 策划在实际中有着重要的意义，可以完善旅游企业内部管理机制、塑造旅游企业独特文化，增强企业凝聚力；可提升旅游企业形象、知名度与市场竞争力；可吸引社会优秀人才进入旅游业等。

旅游企业 CIS 策划的基本步骤有旅游企业实态调查阶段；形象概念确立阶段；设计工作展开阶段；完成与导入阶段；监督与评估阶段。旅游企业 CIS 策划的重点是企业实态的调查，通过形象实态调查工作确定旅游企业未来发展的整体形象，促进旅游业发展。

旅游地 CIS 策划的基本原则有优势集中原则、观念领先原则、个性专有原则、多重定位原则、反映时代特色原则、相互借鉴原则等。其核心应首先解决旅游地旅游的基本定位问题，即旅游目的地将在旅游者心目中树立并传播怎样的一种形象，这种形象如何成为吸引人们前来旅游的动力源泉等，为今后旅游业的发展奠定良好的基础。

本章重点：旅游业 CIS 的作用以及策划的意义，旅游地 CIS 形象设计。

典型案例

安徽旅游促销团出访俄罗斯、波兰

为更广泛地开拓入境旅游市场，进一步拓宽国际旅游者源渠道，2006 年，安徽省旅游局派出安徽旅游促销团出访俄罗斯、波兰，开展旅游促销宣传活动，取得了初步成果。

一、概况与特点

安徽旅游促销团由安徽省旅游局、合肥市旅游局、安徽省中国旅行社、安徽大学等单位组成，人员构成合理，工作队伍精干。全团齐心协力，发扬不怕疲劳、连续作战的精神，圆满完成了各项工作任务，表现出以下特点。

（一）高度重视，准备充分

俄罗斯是仅次于韩国、日本的我国旅游业第三大客源国，也是安徽省未来极具潜力的入境客源市场。早在 2002 年安徽省就向俄罗斯派出了第一个旅游促销团，2003 年又邀请了俄罗斯“独立”电视台和“中心”电视台来安徽省访问，其中“独立”电视台专题拍摄了黄山旅游风光片，并在俄罗斯全国播放。安徽省还与莫斯科旅游委员会和莫斯科旅游协会签订了合作协议。2002、2004 连续两年邀请俄罗斯旅行商来安徽考察，收到了很好的宣传效果。今年以来俄罗斯旅游者开始关注安徽，俄罗斯前总理基里延科年内即两次率团来安徽开展气功等旅游活动。此次赴俄促销，安徽省政府分管领导、省旅游局党组非常重视，要求促销团要进一步促进两地的交流与合作，广泛推介安徽旅游。为此，安徽省旅游协会会长亲自安排各项任务，不辞辛劳，加班加点地工作，频繁与中国驻莫斯科旅游办事处联系，请求办事处为我省在俄罗斯开展旅游促销提供最大限度的支持和帮助。为了有效开拓俄罗斯旅游市场，旅游局副局长亲自编撰宣传材料，设计广告语，短时间内赶制了安徽省第一份内容丰富、图片精美、色彩鲜艳的俄文旅游宣传画页，深受俄罗斯旅行商的喜爱，并获得国家旅游局驻莫斯科办事处的好评。安徽省中国旅行

社精心编排了旅游线路和产品报价单，为境外旅行商了解安徽旅游产品提供了基础资料。

（二）任务明确，内容丰富

安徽旅游促销团在12天内，拜访了中国驻俄罗斯大使馆，探讨安徽省如何开拓俄罗斯高端旅游市场事宜；拜会国家旅游局驻莫斯科办事处，了解俄罗斯旅华市场信息，洽谈安徽省进一步开拓俄罗斯旅游市场工作；举办安徽旅游产品推介会，构筑安徽省与俄罗斯旅游市场的合作平台；考察俄、波著名旅游产品，进一步探讨两地与安徽省旅游产品的差异性和互补性等。促销团通过多种工作形式，把推介和考察、宣传和促销、外事和旅游等有机结合起来，取得了很大收获。

（三）加强联系，增进合作

促销团此行所到之处，每名成员都充分发挥了安徽旅游宣传员的作用，浓郁多彩的安徽旅游文化、精彩纷呈的安徽旅游宣传片、丰富齐全的宣传资料和旅行社产品线路报价材料，全面展示了魅力安徽的形象。政府搭台、企业跟进，体现了合作发展、企业为先的新理念。通过为期12天的促销和考察活动，促销团全体人员与俄、波两国的旅游企业、新闻媒体等方面进行了多方的沟通与交流，增进了解，加深了安徽与境外的业务联系，为下一步加强合作奠定了的基础。

二、工作与收获

（一）在莫斯科召开安徽旅游说明会

9月25日，安徽旅游促销团在俄罗斯莫斯科唐朝大饭店召开安徽旅游说明会。说明会由中国驻莫斯科旅游办事处主任主持。Century Tours、Mageian-M.RU等10多家旅行社和有关新闻记者、文人学者出席了说明会。安徽省旅游协会会长发表了热情洋溢的致词，生动地介绍了安徽省情、秀美的皖山皖水及灿烂的历史文化，热情地邀请与会客人到中国安徽领略无与伦比的迷人风光，感受安徽人的纯朴与好客。会上放映了《天上人间——中国安徽》DVD风光片，向客人赠送了安徽旅游的俄文宣传资料。

曾多次访问中国的欧华作协理事Bay Sykhun教授汉语流利，是位名副其实的“中国通”，他曾于2004年考察黄山。在会上他现身说法，生动地介绍了安徽迷人的山水和人文景观，并告诉我们：俄罗斯对华旅游模式并非仅为商贸和海滩旅游，文化观光将日益成为主流，安徽黄山与其周边的文化古迹完全足以对俄罗斯旅游者构成强烈的吸引力，在这方面我们合作的潜力很大。

另一位俄方记者也曾于2004年到过黄山，他至今痴迷于黄山的景观，在致词中仍吃惊于黄山松扎根于泥土皆无的悬崖峭壁上，焕发着勃勃生机，一如当地人民顽强的生命力。该记者曾在俄罗斯两种杂志的封面发表了黄山松图片，引起了较大反响。说明会气氛活跃，取得了非常好的效果。不少俄罗斯客人对安徽省绚丽多彩的山水风光和丰富的历史文化表示神往，对会议成功的举办和精心周密的安排表示赞赏，纷纷表示要尽快去安徽考察。

（二）拜会中国驻俄罗斯大使馆

9月25日下午，中国驻俄罗斯大使馆文化参赞赵力勤会见安徽旅游促销团一行。安徽省旅游协会会长向赵参赞汇报了促销团此行的工作情况和安徽近年来旅游发展情况。赵力勤向促销团表示热烈欢迎，对安徽省在俄罗斯举办安徽旅游产品说明会表示衷心祝贺。他说，俄罗斯人的文化素质较高，安徽不仅是旅游资源大省，也是文化大省，要进一步加深旅游促销的文化内涵。明年是俄罗斯的“中国年”，建议多邀请俄罗斯的主流媒体来宣传安徽，借船出海，加大宣传促销力度，深度开拓俄罗斯客源市场。促销团向大使馆赠送了安徽特色旅游工艺品和宣传品，希望他们继续对安徽旅游的发展给予支持和帮助。

（三）拜会中国驻外旅游办事处，调研俄、波旅游市场

在俄罗斯出访期间，促销团通过与中国驻莫斯科旅游办事处交流和与俄、波两国旅行商的沟通，对俄、波出境市场尤其是旅华市场开展了细致的调研。中国驻莫斯科旅游办事处主任助理介绍，2005 年有 222 万俄罗斯人来中国，今年从发展趋势看一定会超过 250 万，紧随韩国、日本之后，稳居我国入境市场第三位。俄罗斯人来华过去以边境贸易为主，近年来文化观光人数不断上升。2006 年是中国“俄罗斯年”，明年是俄罗斯“中国年”，中俄两国建立的战略协作伙伴关系，揭开了中俄关系发展的新篇章。俄罗斯一年有几个旅游节庆活动，其中以每年 3 月份的规模最大。国家旅游局邵琪伟局长初步定于明年 3 月份率团出访俄罗斯，希望安徽省旅游局届时派员前往俄罗斯促销宣传。

（四）邀请俄罗斯联邦旅游署署长考察黄山

据国家旅游局驻莫斯科办事处介绍，俄罗斯联邦旅游署署长斯特尔扎尔克夫斯基将于今年 11 月份出席在上海举行的国际旅游交易会，为此，安徽旅游促销团恳请中国驻莫斯科旅游办事处向署长介绍和推荐黄山，宣传安徽旅游，邀请其于旅交会期间考察黄山。办事处主任表示，俄罗斯是一个以平原地区为主的国家，黄山的山野风光和徽州古村落非常适合该国旅游者的旅华观光需求，办事处将继续做工作，转达安徽方面的邀请，尽量争取安排俄罗斯联邦旅游署署长今年在上海参展后来我省黄山考察访问。

（五）与波兰旅行社初步建立了联系

波兰加入欧盟后经济起步较快，国民的旅游意愿进一步增强，对中国也比较友好，近年来旅华旅游者人数不断增长。在访问该国期间，促销团与波兰经营对华旅游最大的一家旅行社——波兰中国之旅进行了业务洽谈，探讨了合作组团来安徽等事宜，初步建立了业务合作联系，并邀请该旅行社负责人在参加今年上海国际旅交会期间来黄山考察踩线。

分析提示：

1. 俄罗斯、波兰人民整体文化素质较高，尊重历史，崇尚传统。俄罗斯境内保存了大量前苏联标志性建筑，虽然其政体、国体已发生了变化，但前苏联的许多传统节日都延续了下来。两国都注重对历史文化遗存的保护。圣彼得堡城市建筑在“二战”中大多毁于战火，但战后迅速恢复。华沙古城 85%毁于战火，但英勇的波兰人民凭借历史遗留的照片按原样复原，修旧如旧，两座“二战”中沦为废墟的名城修复后均被联合国教科文组织列入“世界文化遗产”名录，这很值得我省各地在开发旅游业时学习和借鉴。

2. 俄罗斯、波兰市场潜力大，但开发难度不小，应选准切入点，下大力气开发。

俄罗斯、波兰是安徽省极具潜力的客源市场，尤其是俄罗斯，全国人口1.4亿多，每年旅华旅游者有200多万，且逐年攀升，但2005年来安徽的只有不到两千人，占旅华总人数尚不足百分之一，市场增长空间极大。安徽省黄山、古民居世界遗产旅游产品对这一市场具有一定的吸引力。同时，两国50岁以上的老人，都怀有很深的历史情结，这种用鲜血和真情凝成的友谊，牢牢铭记在两国人民心中，成为中俄关系发展的重要力量源泉，也是发展两国人民民间交往的“助推器”。虽然开拓该市场的经济成本和人力资源要求都很高，而且对这一市场的开发也存在一定的难度，但一旦市场打开，就有希望保持较长时间的稳定增长。

3. 安徽省的旅游促销经费十分有限，如果通过在境外有影响力的媒体投放广告提高知名度很不现实。而旅游推介会是很好的旅游广告载体，也是旅行商聚会与交流的绝佳场所。通过这样的活动，促销团体会到，举办旅游推介会不仅能起到宣传安徽省旅游整体形象的作用，对旅游企业来说，也是开展公共关系活动、拓展营销的最佳机会，促销人员不仅可以与客户面对面地洽谈和交流，解决实质性的问题，还可以结识新客户，开拓新市场，推出新产品。建议以后组织实力强的国际旅行社，挑选外语好、熟悉营销的业务骨干不断到主要旅游者来源国开展促销、召开旅游推介会，结识新客户，开拓市场。这样，安徽省的入境游将会有更好的发展。

4. 加强与中国驻俄罗斯、波兰使馆的联系，通过他们帮助宣传安徽，提高安徽省的知名度。借助他们的力量邀请国际高官、重要商务客户来皖，开拓高端市场。

5. 大力发挥安徽省国际社作用。国际旅行社是安徽省开拓入境旅游市场的主体。多年来安徽省一直坚持政府搭台、企业跟进的旅游营销战略。建议鼓励和督促重点国际社充分利用此次赴东欧促销的成果，抓紧跟进，与俄、波客户建立更加紧密的联系，不断扩大对东欧市场的外联招徕。

6. 建议加快安徽省俄语人才培养。此次出访得到了安徽大学的倾力支持，选派该校外语学院俄语系石洪生教授担任全程随团翻译，其优秀的专业素质和职业精神为安徽旅游促销团在俄罗斯成功开展宣传促销提供了语言保障，受到安徽促销团全体成员的肯定和赞扬。目前安徽省俄语人才紧缺，随着中俄两国战略协作伙伴关系全面开展，安徽省俄语人才培养将面临“瓶颈”。为此，建议通过与高校、教育厅、外专局等部门联合制定俄语市场开发项目，加快安徽省俄语人才培养，更好地服务于对俄经济文化交往和旅游宣传促销。

实务训练

任选学校所在地的一处旅游景点，先调查其旅游形象，然后根据所学内容为其重新设计形象，并制订出实施计划。

思 考 题

1．简述旅游业 CIS 策划的内容及意义。
2．旅游业 CIS 策划有哪些作用？在旅游经营过程中应如何发挥其作用？
3．旅游业 CIS 形象策划的费用包括有哪些？
4．简述旅游企业 CIS 策划的基本流程。
5．简述旅游地 CIS 策划要遵循的基本原则。
6．试述应如何对旅游地进行 CIS 策划。

第八章

旅游危机公共关系处理

学习目标

通过本章的学习，要了解旅游公共关系危机产生的原因与危害，掌握旅游公共关系危机处理的原则与策略、旅游危机公共关系的预防等内容。

在旅游业不断发展的今天，市场竞争日趋激烈，各种突发的危机威胁着旅游业的生存与发展，公共关系塑造企业形象的作用更为突出。在面临危机时，有的旅游企业能化险为夷、转危为安；有的企业却束手无策、无能为力。其主要原因是对危机缺乏全面有效的认识导致的。其实，对于旅游企业来说，除了不可抗拒的自然灾害以外，几乎所有人为原因造成的危机都是可以预防的。旅游企业危机有很多种，在企业出现危机的时候，一定要正面积极应对，巧妙地与媒体、旅游者及相关部门沟通。

第一节　旅游公共关系危机产生的原因与危害

所谓旅游公共关系危机，是指在旅游业经营过程中，以及旅游活动中突然发生的、能严重损害组织形象、会给组织带来严重损失的各类事件，如旅游活动中突发的自然灾害、人为恶性事故等。危机的发生会使组织面临重大的考验，会使旅游企业陷入巨大的舆论压力中，处理不当，会给组织形象带来十分严重的后果。旅游业危机事件主要有以下几种。

1）旅游活动意外灾难危机，指由不可抗力引起的自然灾害以及意外事故引起的人为灾害。

2）旅游业经营危机，是指组织决策失误或管理不善，导致企业无法正常运行的危机。

3）旅游企业信誉危机，是指旅游企业商业信誉下降使企业形象严重受损的事件。如旅游服务过程中出现严重的质量问题，会使旅游企业遭受信誉危机。

4）金融信贷危机，是指旅游企业失去银行、信用社等金融机构的信任，得不到必要的生产资金，导致其运行处于恶性循环。

5）旅游业人员素质危机，即由于员工素质低下，竞争力下降而形成的经营危机和商誉危机。旅游业人员素质过低主要表现在以下方面：决策能力低、企业管理及生产管理人员能力低、职工技术水平低、设备销售效率低、产品质量低、成本高、消耗大。

此外还有环境危机、政策性危机、反面宣传引起的危机等。

一、旅游公共关系危机产生的原因

公共关系危机发生后，在着手处理前，应首先分析危机产生的原因。实际中，旅游业所面对的内外环境千差万别，旅游业内部各企业面对的公众类群也多种多样，因此造成公共关系危机事件的原因不尽相同。因此，充分调查危机发生的真相是正确处理危机的前提条件，在危机处理中十分重要。总的说来，旅游公共关系危机产生的原因主要有两个方面，即内部原因和外部原因。

1. 旅游企业内部原因

旅游企业内部原因，即危机产生的主观原因。一般是指社会组织自身存在的、潜在的、在今后可能会损害公众利益的问题及事件，如组织行为不当、产品及服务质量不佳等造成的危机事件。由组织自身原因造成的危机完全属于企业的责任，容易引起内外公众的高度关注，很容易激起公愤，引发舆论强烈的抨击，严重危及组织形象。这类危机在处理过程中较难得到公众的谅解，企业要扭转不利的社会影响，需要做较多的公共关系努力。

（1）从业员工职业素质低下

从业员工的职业素质，主要表现为两个方面。一方面，是指企业领导者素质不高，无法驾驭复杂多变的外部环境，缺乏公共关系意识，致使企业人心涣散，以至导致公共关系危机的发生。在旅游业当中，出于企业自身服务业的特点，领导者具有特殊的地位，发挥着独特的作用。从企业经营目标是否实现考察领导者，他们往往成为影响企业经营成败的重要因素；从员工利益角度看，领导者是员工获得利益的重要影响者。领导者效力、人格魅力的缺失，将使企业面临巨大的潜在危机。另一方面，员工素质低下、玩忽职守，如导游员在带团过程中违规操作，以及旅游车司机疲劳驾驶等，也会导致公共关系危机。员工是旅游业经营成败的重要因素，旅游业产品、服务的最大特点是它的无形性，其产品在质量上有很大的不确定性，在服务程序上也较难监控，较大程度上需要依靠员工的工作积极性克服这类问题。因此，从业员工职业素质的高低，也是企业能否避免危机的重要影响因素。

（2）决策不当造成失误

旅游企业在决策、商品销售过程中存在较大的失误，如提供的产品和服务质价不符、以次充好、社会效益意识淡薄等，会损害公众的利益，引发公共关系危机；在旅游资源的开发建设过程中，没有环保意识，对当地的自然、生态环境造成重大破坏，也会导致危机的出现。

（3）旅游企业应对有关风险事件的行为不当

随着市场经济的不断发展，相关的法律法规不断完善，消费者法律保护意识越来越强，在商品消费活动中，已经开始运用法律武器保护自身的合法权益。因此，企业在处理一些潜在危机事件时，需要充分照顾各方的利益，减少不必要的摩擦与纠纷。如果忽视公众及社会群体的利益，应对过程中采取漠视、拖延行为，或者干脆不作为，都会加剧事态的发展，造成更大的损失。

（4）旅游业相关部门的恶意竞争行为

由于市场竞争的恶性循环，旅游业内部各相关企业，为争夺客源、抢占市场，相互之间采取压价、大打价格战、降低服务标准等行为都会有损组织及消费者的利益，影响行业形象，引发危机。

（5）旅游业公共关系活动本身存在失误

旅游业公共关系活动的主要目的是通过宣传与公共关系策划，宣传和塑造旅游业整体形象，如一些新开发的景观，就需要借助相关公共关系活动，向旅游者源地推销自己，建立与公众的良好社会关系。但在相关公共关系活动中，不能存在严重失误，一定要针对目标市场或潜在目标市场，只有这样，才能起到宣传的作用，否则也会引发不必要的危机，使员工对企业失去信心。

2. 旅游企业外部原因

旅游企业外部原因，即危机产生的客观原因。具体是指除企业自身原因外的所有原因，即外部客观环境的变化及影响，如自然灾害、有关媒体不负责任的报道等导致危机的产生。外部原因引起的危机虽不是企业自身失误造成的，但也不能忽视，需要高度重视，否则也会造成一系列的影响。组织应充分利用这类危机带来的机遇，积极开展公共关系活动，进一步宣传组织自身形象。

（1）自然环境突变引起的重大事故

自然环境如气候状况、地形地貌等的变化是不以人的意志为转移的，往往给旅游业组织带来意想不到的打击，对旅游企业的经营管理影响很大。例如，在旅行社经营过程中，由于天气、地质结构等原因引发的地震、泥石流等自然灾害，会给旅游者带来巨大的精神和物质损失。在应对这类事故时，旅行社员工及各级旅游行政管理部门应积极配合事故的处理工作，各负其责，做好旅游者安抚及善后工作，不能事不关己，采取袖手旁观的态度，否则也会对整个组织的形象造成严重损害。在应对这类突发事件时，我们需要好好学习全国旅游行业的楷模文花枝导游。2005 年 8 月 28 日下午，她所带的旅游团一行 28 人赴延安旅游，当车行至洛川县境内时，发生严重交通事故，造成 6 人死亡，14 人重伤，8 人轻伤的重大事故。事故发生后，文花枝全身多处受伤，腰部以下还被卡在座位里。危急关头，她从容镇定，一边大声呼救，一边安慰客人，积极组织游客自救，把事故的损害降到最小，极大地挽回了旅行社及旅游者的损失。

（2）相关媒体的失实报道

这主要是指新闻媒体对企业危机事件的失实报道，这些报道能错误地引导舆论，特别是一些权威新闻媒体的报道，会误导公众，造成公共关系危机。实际当中，一些新闻单位在不了解事实的情况下所做的报道，特别容易引起公众的误解，影响组织的形象。在日常经营中，旅游企业应有意识地加强与新闻媒体的沟通与联系，以争取其对组织的支持，通过正面的报道引导舆论。

（3）外来的恶意行为

这主要是指一些潜在的不安全因素，如某些犯罪分子针对旅游饭店的恶意盗窃行为，针对国内外旅游者的刑事犯罪等，都不可避免地会影响到整个旅游行业的形象，使旅游企业及旅游者遭受危机。

（4）政策体制原因

国家的经济管理体制和经济政策是旅游业组织难以控制的外部因素，这些体制和政策的改变会对旅游企业的经营和发展产生一定的影响和制约作用。任何社会组织都希望国家的经济管理体制和经济政策有利于行业的生存和发展，但这种希望在某种特定情况下又是不可能完全达到的。如果体制一直不顺，政策发生变化，那旅游业组织就有可能在经营活动中遭受很大风险，出现严重的问题，甚至使某些经营活动陷入窘境，这会导致旅游业组织出现暂时的公共关系危机。

（5）旅游者自身行为原因

在旅游业经营过程中，因旅游者自身错误行为而引发的对旅游业组织声誉造成不利的危机事件时有发生。比如旅游者因在酒店住宿不遵守酒店的规章制度而遭受人身或财产损失，如果酒店方不加以妥善解决，一经有关媒体宣传，也会给酒店造成一定负面影响。

二、旅游公共关系危机的特征与危害

1）普遍性。公共关系危机普遍存在于旅游业社会组织中，任何旅游业组织都不可能完全避免公共关系危机的发生。公共关系危机是普遍存在的、不可避免的、客观的，作为旅游业组织的管理者及经营者要时刻保持危机意识，迎接危机的挑战。

2）突发性。由于内外原因的共同作用，组织公共关系危机的发生往往有很大的突然性，常常使人措手不及。一般来说，由旅游业内外因素所导致的危机在爆发前都会有一些征兆，但由于人为疏忽，对某些事件习以为常，视而不见，因此危机的爆发经常出乎人们的意料，对危机爆发的具体时间、实际规模、具体态势和影响深度，也都始料不及，造成极严重的后果。

3）破坏性。由于危机常具有突然性的特点，公共关系危机发生后，对社会及旅游业的生存与发展都会构成巨大的威胁。无论什么性质和规模的危机，都会不同程度地给旅游企业形象造成破坏，引起恐慌和混乱，再加上决策的时间以及信息有限，往往会导致决策失误，从而给企业造成不可估量的损失。而且危机往往具有连带效应，会引发一系列的连锁反应，从而扩大事态。因此，对于旅游业来说，危机不仅会破坏正常的经营管理秩序，还会严重破坏企业持续发展的基础，威胁旅游业的未来发展。

4）不确定性。旅游业的有关行为及决策等是否会引发公共关系危机，事前人们很难预测，危机发生的时间和破坏性，也有着很大的不确定性。此外，旅游业属于服务行业，本身也有着很大的不确定性，因而对于可能造成危机的事件需要小心防范，危机产生后，需要谨慎应对，以消除危机带来的负面影响。

5）紧迫性。危机具有较大的破坏力，对于组织形象有着很大的冲击和影响。对企业来说，危机一旦爆发，其破坏力会立即得到释放，并迅速蔓延，如果不及时加以控制，危机会急剧恶化，使旅游企业遭受更大的损失。此外，由于危机的连锁反应以及新闻的传播，企业处理危机的过程如果给公众留下反应迟缓，漠视公众利益的形象，将会使企业失去公众的同情、理解和谅解，损害行业的整体形象。因此，危机发生以后，其紧迫性特点决定了留给企业思考与决策的时间十分有限，一定要当机立断，积极处理，不能有丝毫的迟疑。

6）矛盾性。任何事物自身都包含着对立统一的矛盾关系，矛盾双方互相排斥、互相斗争，又相互依存，并根据一定的条件相互转化。对于危机而言，也同样存在着相互矛盾的两个方面，机遇与危机是并存的。一方面，危机中孕育着机会；另一方面，机会当中暗含着风险。因此，对于危机事件，不应盲目担心害怕，处理得好，反而能给企业的发展提供新的契机，能进一步提升企业实力和品牌形象，进一步巩固和重塑市场信心与品牌信誉。

总之，由于公共关系危机自身的特点，决定着危机发生后其影响会在很短的时间内迅速扩散蔓延，会在旅游者心目中以及社会各界产生极坏的影响，极大地影响旅游业的形象及声誉。

第二节　旅游危机公共关系处理的原则与策略

一、旅游危机公共关系处理的原则与程序

1. 旅游危机公共关系处理的原则

危机事件种类十分繁杂、危害严重，每种自然灾害及人为事故都有特定的发展阶段，且每个阶段也都有着不同的特点。正因为如此，危机处理必须把握积极正确的处理原则。

公共关系危机的处理是否妥当，对于维护组织良好的形象至关重要，这直接关系着社会组织能否在激烈的市场竞争中继续生存和得到发展。在实践中，旅游企业处理各类有可能影响新闻媒体、社会群体、消费者等改变对企业形象评价的事件时，一定要站在公共关系大局的角度来衡量自身得失，绝不能以一时的利益来衡量，应优先考虑消费者的利益以及事件对于企业公共关系的重要性，以积极的态度赢得时间，以正确的措施赢得顾客，创造妥善处理危机的良好氛围，积极主动地维护消费者利益，建立起关心和维护消费者权益的积极形象，只有如此才能重塑消费者对企业的信心。公共关系危机常见的处理原则有以下几点。

1）勇担责任原则。企业公共关系危机发生后，应坦诚地向社会公众及新闻界说明造成危机的原因。无论危机是由内部原因还是外部原因引起，企业自身都不能推卸责任。在危机发生后的处理阶段，企业需要肩负起自己应当承担的责任，尽力满足受害者所提出的赔偿要求，以求得他们的谅解。

2）真诚沟通原则。在制定危机处理程序及措施时，企业应把自身所做的、所想的各种努力及方案，积极坦诚地与公众沟通，争取公众对于自身处理方案的支持。

3）效率第一原则。危机事件通常都具有突发性、蔓延性的特点，来势凶猛。事件的发展变化过程十分迅速，因此，危机处理领导小组应在事件发生的第一时间赶赴现场，控制事态的进一步恶化，这是处理危机的关键。

4）系统运行原则。在处理具体危机事件时，不能忽视潜在的危险因素。企业在进行危机管理过程中应系统运行，以免顾此失彼，产生一系列不良反应。

5）权威证实原则。在发布事件真相时，企业应尽力争取政府主管部门、有关方面的专家或权威机构以及消费者代表的支持，不得自顾自地解释或者干脆自吹自擂。

2001 年 11 月，全国九运会上，有媒体报道安利生产的钙镁片含有兴奋剂。安利公司在处理这一事件时，为消除消费者的顾虑，在新闻发布会上邀请了相关体育官员和专家，通过权威专家向外界证实服用钙镁片不会使血浓度超标，取得了很好的效果。

2. 旅游危机公共关系处理的程序

公共关系危机的处理是组织公共关系工作的一项重要内容。公共关系危机发生以后，旅游企业公共关系部门人员应在第一时间，会同有关职能部门，充分调查分析，掌握事件真相，明确危机事件的性质及责任，多方收集公众对事件的态度、意见及要求等反馈信息，采取有效措施按照事先拟定的处理程序及时处理，做好善后工作，使损失降至最小。

公共关系危机的处理程序，一般而言包括以下几步。

1）成立危机处理领导小组，并视情况设置危机控制中心。危机的发生往往出乎意料，在极短的时间内，能在社会公众中产生爆炸性的影响。因此，应立即成立由企业主要负责人牵头的危机处理领导小组，着手开展事故调查，迅速收回不合格产品，负责制定应急方案及处理办法，减轻事件对企业的危害，挽回不利影响。

2）集中精力，采取有效行动，全面开展工作。这是危机处理的中心环节。负责处理危机的领导小组到达现场后，依据确定的处理方针、对策，迅速开展工作。危机事件发生以后，会给企业各部门造成巨大的压力，有很多的问题需要及时去处理，危机处理小组应集中精力，全面开展工作。首先，需要认真了解受害者的情况；其次，对事故所造成的不利影响表示诚挚的道歉，安抚受害者，以获得公众的宽容、谅解。在危机处理工作中，工作人员要富有耐心和同情心，处事要谨慎、冷静，避免不必要的争执。具体的工作内容有以下几点。

① 深入事故现场，查明事故真相。主要是要掌握危机第一手资料，为危机管理提供事实依据。无论应急程序制定得多么完善，也不可能完全适用于所有具体危机事件。危机处理领导小组应及时赶赴事故现场，深入到公众当中，尽力查找目击者和当事人，搜集事件综合信息，迅速展开工作，重点了解事故发生的时间、直接原因、有无人员伤亡及发展趋势等内容，查明真相，在此基础上写出事故调查报告，为迅速正确处理危机提供参考依据。

② 保护事故现场，控制危机，维持企业正常秩序。危机处理小组在深入事故现场查明真相，并对受害者进行适当补偿后，需要对事故现场进行保护，避免事态的进一步恶化。企业其余各部门应维持企业的正常工作秩序，避免受到危机的冲击，加大损失。

③ 对受害者予以损失补偿。找寻到事件受害者后，需要及时予以必要的赔偿。旅游企业出现严重异常情况，特别是出现重大责任事故，使公众利益严重受损时，企业必须承担责任，给予公众一定的精神补偿和物质补偿，以赢得公众的理解与支持。如导游员在带团过程中，由于自身责任事故造成旅游者利益严重受损，应追究导游员的直接责任，并扣除导游员的服务质量保证金，用于对旅游者的赔偿工作。

④ 确定新闻发言人，向媒体负责相关信息的发布。危机事态控制以后，危机处理小组还需选定工作人员充任新闻发言人，由其代表企业向公众及社会各界发布事件的处理过程，公布真相。需要注意的是，选定的新闻发言人必须首先熟悉危机事件的总体情况，其次对企业的内部情况也要有一定的了解，最好是由企业公共关系部的高层领导担任。

⑤ 利用媒体召开新闻发布会，通过正确舆论引导公众。新闻发言人确立后，应该迅速行动起来，尽快将收集到的事件的真相等信息资料，通过新闻发布会的形式告知社会各界，向公众介绍事故真相以及正在进行补救的措施，做好同新闻媒体的联系工作使其能及时准确报道事件处理过程，以此去影响公众，引导社会舆论，使不正确的、消极的社会舆论转化为正确的、积极的社会舆论，并使持观望态度的公众消除顾虑。同时，当与受害者意见出现分歧、矛盾、误解甚至对立时，企业应该本着以诚相待、先利他人的原则，利用有影响的权威媒体发布正确信息，引导公众，消除误会与隔阂。

3）认真处理善后工作，写出书面报告。危机妥善处理完毕后，需要认真处理善后工作及遗留事宜。为继续获得公众对企业的支持，应选派工作人员上门回访，了解公众的需求与合理化建议；为挽回社会影响，应利用报纸及相关媒体刊发道歉启事，向公众公开表示道歉。最后，就事件产生的原因、发展情况、处理过程及相关改进措施等写出书面报告，以预防此类事件的再度发生。

4）重塑企业良好的公众形象。公共关系危机的出现，或多或少地都会使企业的形象受到不同程度的损害。虽然公共关系危机得到了妥善处理，但并不等于危机已经结束，企业还必须恢复和重建良好的公众形象。要针对组织形象受损的内容和程度，重点开展弥补形象缺陷的公共关系工作，密切保持与公众的联络与交往，欢迎公众参观和进一步了解企业经营状况，通告公众企业新的工作进展和经营状态，拿出质量过硬的产品和一流的服务公之于世，从根本上改变公众对企业的不良印象。

只有当企业的公众形象重新树立时，企业的公共关系工作才能谈得上真正的转危为安，公共关系危机处理才谈得上圆满结束。

二、旅游危机公共关系处理的方法与策略

危机公共关系不仅是衡量旅游业公共关系综合实力的标准，也是任何企业的立足之基、发展之本。公共关系危机的处理是企业公共关系工作的一项重要内容。企业一旦出现公共关系危机，公共关系人员应迅速根据具体情况做出反应，协助企业负责人调查危机或事故的原委，做好善后工作。危机如火，但危机公共关系处理的重点不仅仅在于消除影响，重塑形象，还需要关注危机发生前、中和后的全过程，采取一套行之有效的方法和策略正确处理。

1. 有效利用危机管理，善于把坏事变好事

这主要取决于组织对消费者的负责、诚意和良好的服务延伸态度。旅游企业在经营中能利用好公共关系危机管理，就可把一切有利的和不利的事情都变为公共关系和营销的手段，使种种热炒的负面新闻同时也为旅游业的宣传省去大笔的广告费。

2. 防患于未然

对于一个企业来说，培育敏锐的公共关系危机意识和建立公共关系危机的预警机制是非常重要的，最好最完善的危机公共关系就是把公共关系危机“扼杀在摇篮中”。危机的出现，大多都是有预兆的，当内外环境发生变化时，一定要多加留意。企业的危机好比是飞来横祸，随时随地都可能暗藏着。然而，一些企业往往等到危机无法收拾的时候才出面调解，但往往大势已去，再也难以扭转乾坤，这样是无法有效避免危机的。

3. 巧妙应对

企业在采取有效措施取得与消费者、公众及媒体的良好沟通交流之后，应灵活制定危机公共关系策略，分步骤地进行危机处理，对所有危机事件的正确处理办法都应该是积极面对，尽快解决，这是处理危机的最高宗旨。

可以说，危机不管发展到什么程度，解决的根本办法都仍然是从寻找源头开始，应先找寻受害者及将事件曝光的媒体。只有及时找寻到危机源头才能将危机处理在萌芽状态。找到源头之后的处理办法很多，目的只有一个，就是尽快控制源头或者堵住源头。旅游业各部门在接到旅游者投诉时，要及时安抚，并与之进行一系列耐心的沟通，充分表达企业是充满爱心和责任感的，从而从根源上对危机进行化解。如果一些媒体已经刊登出相关报道，给企业已然造成了不良影响，旅游业公共关系部门一定要说服其进行跟踪报道，这样，前期报道的影响无形中就会被瓦解，能较好地挽回影响。

4. 正确评估危机

旅游企业任何一次危机的发生，受害者或旅游者都会有过激的反应，不可能全部都按照企业的意思理解。所以危机公共关系的一个重要原则，就是了解公众，倾听公众的意见，特别是事件的直接受害者，确保企业能把握公众的抱怨情绪，做出准确的判断。不管事态发展如何严重，只要有准确的评估，根据评估的结果，就能衡量其危害性并制定相应的策略。

5. 直面危机

旅游企业在危机处理中要时刻牢记互动性、谅解性、真诚性的原则。当出现危机的时候千万不要惊慌，首要的问题就是及时成立危机处理小组，保持宣传口径的一致，以免给媒体和旅游者落下口实。在处理危机时一定要有礼有节，不失形象，防止个别旅游者以此事件为突破口进行动机不良的行为，给企业造成更大的损失。同时要适时采取果断、正确的处理措施，及时与产生危机的旅游者进行良好沟通。其次，危机处理过程中要一直保持良好的态度。哪怕不是企业（如旅行社）的责任，也要留有余地，以免引起公众的误解，要体现企业的大度。企业在声明中如果没有一种负责任的态度，很容易令消费者误解并给企业埋下更大危机，进一步加大双方的对立情绪。

6. 巧妙利用局势

危机发生后，对整个国家及当地旅游业的形象和品牌都会造成一定的负面影响。旅游企业除了处理好公共关系危机，还要做好善后事宜，以恢复旅游者、社会、政府对企业的信任。

借着危机前期社会各界关注较高，旅游企业可以加大与当地主流媒体的合作，进行品牌形象和企业形象的宣传，让外界了解其是一家有实力、有社会责任感的企业。企业可通过实力展示、公益活动等多角度进行报道宣传；同时可以迅速策划一个互动参与活动，活动的主要对象就是前期参加相关旅游活动的旅游者和当初参与报道的媒体，以及刚刚签订协议准备出行的旅游者，让其充分感受企业的认真、负责和对他们的关心，从而形成延续性的良好口碑效应。

7. 实施危机攻略

处理公共关系危机主要需要借助公共关系沟通的职能，只有将所有的问题定位在沟通上，保持经常性地与公众沟通，与旅游者及受害者沟通，及时传递处理意见，对面临的问题有一个全面、系统的把握，公共关系部门也就有可能用最低的成本化解公共关系危机。具体体现在以下几个方面。

1）迅速收回不合格的产品及服务。旅游业经营中由于产品及服务质量问题所造成的危机是最常见的，一旦出现这类危机，旅游企业应不惜一切代价，立即收回所有的不合格产品及更换让旅游者不满意的工作人员，并利用大众传媒告知旅游者如何退回这些产品及服务的方法。

2）对旅游者的损失予以补偿。旅游企业出现严重异常情况，特别是出现重大责任事故，使旅游者利益受损时，企业必须承担责任，给予受害者一定的精神和物质补偿。旅游企业在经营过程中，应加强对责任事故的管理，完善危机管理机制，进一步完善旅游质量保证金制度，如在服务中出现责任事故，相关人员应对自身的服务负责，向受害者做出赔偿。

3）利用权威意见处理危机。在处理某些特殊的危机事件中，组织与公众的看法往往不相一致，难以调解。这时，必须依靠权威机构发表意见，以消除公众的误会。

处理公共关系危机的权威主要有两种：一是权威机构，主要是指政府相关职能部门、专业机构、消费者协会等；二是指权威人士，如公共关系专家、行业专家等。很多情况下，权威意见往往对公共关系危机的处理起决定性的作用。

4）利用法律调控危机。这是指运用相关法律手段来处理公共关系危机。法律调控手段处理危机主要包括两个环节：一是依据事实和有关法律条款来处理；二是遵循相关法律程序来处理。运用法律调控处理公共关系危机有两个作用：一是可以维持处理危机事件的正常秩序；二是可以保护旅游企业和旅游者的合法权益。在企业信誉受到侵害时，运用这种方法，会收到较好的效果。

5）公布造成危机的原因。组织发生公共关系危机以后，应坦诚地向社会公众及新闻媒体说明造成危机的原因。如果是企业自身的责任，应当勇于向社会各界承认；如果是其他竞争对手的故意陷害，则应通过各种手段公布真相，最主要的是要随时向新闻媒体说明事态的发展和澄清无事实根据的“小道消息”及流言蜚语。

公共关系是一门艺术，而处理危机的公共关系则是更高超的艺术。企业在处理危机时，千万不能感情用事，否则会令事情更糟。

第三节　旅游危机公共关系的预防

组织公共关系危机的出现一会危害企业，二会危害公众，三会危害国家，应引起组织的高度重视。一般来说，除了不可抗力引发的危机无法避免之外，其他方面的危机只要预防得当是可以避免的。企业应完善危机预防机制，以安全防范各种公共关系危机。

1. 设立应付危机的常设机构

危机处理常设机构一般由以下人员组成：决策层负责人、公共关系部经理、人事部经理、保卫部经理等。这些人员应保证其畅通的联系渠道，日常应考虑的主要问题是：组织应变能力如何；对于最有可能产生的危机内容是否有相应的准备；如果所预测的危机一旦爆发，有无具体的应对措施。

2. 树立全员危机防范意识

首先，企业应经常组织员工开展有关安全生产、行业竞争等方面的教育，使全体员工产生一种危机感，但不能危言耸听。使全体员工关心企业的命运，将国家、企业、个人利益统一起来，形成命运锁链。其次，还应完善规章制度和责任制度，完善基础管理工作，制定企业行为准则和职工守则，通过这些措施防范公共关系危机。

3. 悉心研究传媒

旅游企业要自觉地承担一项重要任务，就是在广大媒体群体中收集一切与企业和行业有关的信息，将信息进行分类整理，并加以分析和研究，从而为企业制订公共关系工作计划提供依据。事实上，大多数危机的产生都会使许多人受到利益伤害，这些伤害产生的矛盾冲突最容易被新闻媒体获知，或者最先被媒体察觉到。因此，旅游企业通过研究新闻媒体，可以了解行业的政策变化与企业的事件变化，然后进行有效处理，将内外矛盾尽可能减到最低。

4. 保持与新闻媒体沟通，建立与媒体的良好关系

旅游企业，特别是大企业应该组建公共关系部门，把和各种媒体的沟通定为一种经常性工作。经常和媒体沟通，可以把所有不利或者有利的公共关系素材显现出来，使企业能掌握有利时机。企业要做到乐意和媒体打交道，平常要善于与各种新闻媒体打交道。旅游企业需要始终一贯地奉行四海媒体皆是客的待媒体之道，这样不仅能深受媒体朋友的好评，更重要的是在危机中能引起新闻媒体的同情和支持。

5. 留意公共关系危机发生前的信号

组织公共关系危机是组织与社会环境互动的失调所导致的，因此在危机爆发之前，必然会显示出一些信号。一般来说，当企业员工以及公共关系人员在工作的过程中发现企业存在特别容易受到政府、新闻界或特定人士的“关注”时，如企业的各项财务指标不断下降、企业遇到的麻烦越来越多、组织的运转效率不断降低等问题时，就有必要提请企业决策部门注意，应进一步加强监测。

6. 建立完善的报警系统

公众对组织的不满情绪、反对意见、迫切要求与愿望，是构成公共关系危机的前兆，因此，企业要建立完善的报警系统以及时收集和捕捉这些信息。应着重加强对社会公共信息与企业经营信息的收集、整理和分析工作，及时掌握公众对企业的反应和评价。加强与旅游者的联系与沟通工作，稳定旅游企业与旅游者的关系，及时了解和掌握旅游者的要求变化情况。此外，还应开展多种形式的调查研究活动，分析和研究可能引发危机的突发事件，将危机消灭在萌芽状态。

7. 强化员工公共关系意识

旅游企业应通过有效的公共关系活动，增强旅游者对企业的理解和支持，保持企业与公众的良好关系是防止公关危机的重要条件。同时，还应重点加强全体员工的公共关系意识。公共关系危机的处理，必须依靠全体员工的工作和努力，全体员工的工作必须与公共关系工作相结合，团结协作，自觉代表旅游企业组织向外界传播、宣传组织形象，才能尽可能挽回损失，以最小的代价处理好公共关系危机。

8. 提高企业整体管理素质

提高企业整体管理素质主要需要提高领导者的决策水平，以避免管理决策失误，克服企业中的短期行为，坚持按客观规律组织生产和经营活动。突出以人为本的管理思想，重点抓好旅游企业全体员工素质的改善和提高，提高企业整体危机预防的能力。

9. 制定危机问题管理方案

对于旅游企业来说，有效的危机问题管理可以防止危机的出现或改变危机发生的过程。在实施危机问题管理时，组织应检查所有可能对企业与社会公众产生摩擦的问题；评估这些问题对企业的生存与发展的潜在问题；决定对一些需要解决的问题采取的行动方针；实施具体的解决方案和行动计划；不断监控行动结果，获取反馈信息，根据需要修正具体方案。

旅游业公共关系危机在旅游企业整个生命周期中是不可避免的。对于危机，最重要的是要预防它的发生，并预见可能发生的危机；旅游企业越早认识到危机存在的威胁，越早采取适当的行动，就越有可能控制住问题的发展，为其创造良好的内外经营环境。

小　结

旅游业公共关系危机是指在旅游业经营过程中，以及旅游活动中突然发生的、会严重损害旅游业形象、会给组织带来严重损失的各类事件。旅游危机的发生会使企业面临重大的考验，会使旅游企业陷入巨大的舆论压力中，处理不当，会给组织形象带来十分严重的后果。

旅游业危机事件主要有意外灾难危机、旅游经营危机、信誉危机、信贷危机、素质危机等。在旅游业经营过程中公共关系危机发生的原因主要有内部原因和外部原因。不论何种原因引起危机，都要认真对待，挽回不利的影响。

旅游业公共关系危机的特征主要有突发性、破坏性、不确定性、紧迫性、矛盾性等特点，其破坏性极强，对旅游业形象的危害也极大，不能等闲视之。

公共关系危机发生之后，旅游企业员工及管理层应引起高度重视，按照正确的程序及处理原则积极应对，化危机为机遇。在日常管理中，应完善危机预防机制，以安全防范各种公共关系危机。

本章重点：旅游业公共关系危机的处理原则与策略、旅游公共关系危机产生的原因与危害。

典型案例

蒙牛 OMP 风波

2009 年 2 月 2 日，国家质检总局指出蒙牛特仑苏牛奶违法添加了安全性尚不明确的 OMP（中文名称：造骨牛奶蛋白），并责令蒙牛禁止这一添加行为。国家主管部门叫停知名乳企热卖的高端牛奶产品，特仑苏 OMP 安全风波骤起。此前，OMP 是蒙牛特仑苏高端牛奶的主打卖点，现在却被主管部门叫停，蒙牛该如何应对？

2 月 11 日，当事件被媒体曝光后，蒙牛方面坚持“速度第一”原则，借助媒体发布《蒙牛关于 OMP 牛奶的回应》，坚持“OMP 安全”观点，称其安全性受到了 FDA（美国食品药物管理局）等国际权威机构的认可。但蒙牛的单方回应并没有扭转被动局面，而自特仑苏上市以来对于 OMP 安全性的质疑声，在事件的助推下成了舆论的主流，尚未完全走出“三聚氰胺”行业阴影的蒙牛面临很大的舆论压力。此时，家乐福超市、沃尔玛超市等各地终端卖场对特仑苏采取了下架、退货等应对措施，特仑苏销售受阻。

作为知名企业，蒙牛在进行危机应对时坚持系统运行原则，在迅速回应的同时，也与有关上级主管部门进行积极沟通，以期获得第三方的权威证实。经过一系列努力，2 月 14 日，卫生部就该事件回应，称经六部委专家联合认定 OMP 并不会危害健康，从而为特仑苏牛奶平反。与此同时，蒙牛方面也得到了多个有关国际组织的声援与支持，特仑苏 OMP 的安全性得到了多方的权威证实，至此事件得到平息，产品销售得到恢复。

分析提示：

蒙牛特仑苏 OMP 风波是一起典型的食品安全危机事件，主打高端产品被国家主管部门叫停，这对于任何一家企业来说都是致命的。蒙牛对于事件的应对策略可圈可点，抓住了“OMP 安全性”的关键点，坚持系统运行原则，在做好媒体沟通的同时，积极与有关主管部门沟通，最终得到了权威证实，事件得以圆满解决。

（资料来源：中国网络公关网）

实务训练

培养应变能力训练——以教学班为单位，选出部分同学，分成若干组。由其中的一部分同学扮演旅游者，一部分同学扮演导游员，另外的同学扮演旅行社工作人员，演练实际带团过程，拟定各种可能发生的场景，试操作如何处理旅游过程中出现的公共关系危机，并写出心得体会。

思考题

1. 试述旅游公共关系危机的产生有何原因及危害。
2. 简述旅游危机公共关系处理的原则。
3. 旅游公共关系危机发生后，正确的处理程序应是怎样的？
4. 简述旅游危机公共关系处理的方法和策略。
5. 试论应如何预防旅游危机公共关系的发生。

第九章

旅游公共关系实务

学习目标

通过本章的学习，了解公共关系专题的类型和基本要求；理解庆典、展览会、联谊会、赞助、对外参观等活动的组织与策划；理解旅行社、饭店公共关系的特点、任务；掌握饭店公共关系的策划；理解旅游节庆地类型、现状及存在问题；掌握旅游节庆的组织程序、策划中应注意的问题。

1999年，以“穿越天门，飞向21世纪”为主题的“1999张家界特技飞行大奖赛”吸引了全球200多家媒体的竞相报道，张家界也因此知名度大大提高，同时“飞机穿洞秀”也带来了巨大的经济效益。2000年张家界旅游人数达到514万人次，比“穿越天门”之前翻了一番，旅游业总收入19.5亿元。2006年，张家界借助2006～2007中俄文化年之俄国年，再次策划飞机穿越天门洞，因取消穿洞计划，整个事件运行过程中，只卖出计划售票10万张中的2万张，远远不能弥补5000万元的投资。为什么在同样的地方，策划同样的事件，效果会出现如此巨大的差异呢？这就是公共关系主题活动的奥妙。公共关系主题活动的策划应具有新奇的特点，才能吸引公众的注意，激发公众的兴趣，否则如上简单的重复，理所当然达不到预期的策划效果。

近几年，饭店、景区、旅行社等旅游组织对公共关系专题活动的运用越来越多，特别是对节庆活动运作有了长足发展，这一方面说明旅游组织对于公共关系实务活动的重视，另一方面也体现了公共关系主题活动对于旅游组织宣传自我、塑造形象的重要作用。

第一节　公共关系专题活动的类型与基本要求

所谓公共关系专题活动，是指社会组织为了某一明确目的、围绕某一特定主题而精心策划的公共关系活动。公共关系专题活动是社会组织与广大公众进行沟通、塑造自身良好形象的有效途径。

公共关系专题活动要求公共关系人员不仅要有广博的知识，而且还应具有专题活动的组织策划能力。

一、公共关系专题活动的类型与特点

1. 公共关系专题活动的类型

（1）按公共关系专题活动的规模可分为小型公共关系专题活动、大型公共关系专题活动和系列公共关系专题活动

小型公共关系专题活动是在某个机构场所和人员范围内举行的或人数在百人以下的活动。大型公共关系专题活动是有目的、有组织、有计划地吸引众多人参与的协调行动。如中央电视台庆祝 2008 年北京申奥成功大型演唱会。系列公共关系专题活动是以同一目标为出发点，形成不同内容、不同形式、不同场所的多项活动，或者由不同机构组织众多人参加多项活动。如大连服装节、北京申办奥运系列活动。

（2）按公共关系专题活动性质可分为公益性活动、社会性活动、专业性活动、商业性活动和综合性活动

公益性活动主要有环保活动、慈善活动、敬老活动、救灾活动等。社会性活动主要有文明礼貌、道德教育、公民教育等属于社会性范畴类的活动。专业性活动主要有科技、文学、艺术、体育等专业内容十分突出的活动。商业性活动主要有与消费者沟通的活动、商业促销活动、商业推广宣传活动。综合性活动主要是集各种性质的活动为一体，例如旅游节、服装节、文化节、美食节等。在这些活动中，既有商业性活动又有公益性活动，既有社会性活动又有娱乐活动，其特点是融多种活动为一体。

（3）按公共关系专题活动的内容可分为庆典型、会议型、展览型、新闻传播型、联谊型、竞赛型的活动

庆典型包括有奠基典礼、落成典礼、开业典礼、签字仪式、剪彩仪式、就职仪式、周年贺庆、庆功会、颁奖会、节庆、庆祝宴会、大型文艺演出等。会议型活动包括研讨会、洽谈会、鉴定会、演讲会等。展览型包括展览会、展销会、促销会、交易会等。新闻传播型活动包括公共关系新闻传播、策划新闻事件、新闻采访接待、记者招待会等。联谊型包括对外参观、联欢会、联谊会、宴会、舞会、座谈会、交流会等。竞赛型活动包括以企业名称命名的体育比赛、歌咏比赛、摄影比赛、征文比赛、演讲比赛、绘画比

赛、智力竞赛等。

公共关系专题活动的分类方法没有固定模式，也不仅仅限于以上几种，但公共关系人员参考上述分类方法，可以掌握不同类型公共关系专题活动策划的侧重点，如庆典型活动侧重喜庆的构思，会议型活动侧重会议环境和会议内容，展示型活动侧重视觉传播效果，新闻传播型活动侧重新闻的新、奇、特、真。

2. 公共关系专题活动的特点

公共关系专题活动是公共关系实务的重点，被许多社会组织广泛运用，成为其开展公共关系活动的重要方式，但不容易掌握。其主要特点包括以下几个方面。

（1）针对性强

公共关系专题活动是社会组织在审时度势后，根据某种特殊需要而举办的，也就是说活动的目标很明确，能够较好地解决某一特殊问题。

（2）感染力强

公共关系专题活动使特定的公众对象或耳闻目睹组织的情况，或与组织直接交往沟通。这种亲身体验会给公众留下深刻的印象，再加上情境气氛的烘托，具有较强的感染力。

（3）活动时间和方式灵活

公共关系专题活动是组织根据需要而举办的，可不受时间限制。在举办的时间上可长可短，既可短小精悍，只用一两个小时；也可周密策划，持续数周时间。举办时间也可选在需要的任何时候。

公共关系专题活动除了活动方式很多之外，活动内容、活动规模也可随需要而定，并且在活动举行的过程中还可以随时作出一些调整，以求更好地达到活动的目的。

（4）弥补遗缺

社会组织在制订公共关系计划和进行日常公共关系工作时难免有疏忽和遗漏。这些疏忽和遗漏在工作中或多或少会给组织造成一些麻烦，给公共关系工作带来不利影响。公共关系专题活动的开展则可以灵活地拾遗补缺，弥补日常工作之不足，使组织的整个公共关系活动更加完美。

二、公共关系专题活动的基本要求

公共关系专题活动的上述特点能使公共关系活动具有很好的效果。为了使公共关系活动达到这种效果，社会组织要掌握专题活动的一些基本要求。

1. 明确目标

目标是公共关系专题活动的灵魂和统帅，其直接控制着公共关系专题活动的整个过程，不仅可以提高专题活动的工作效率，而且可以增强专题活动对公众的影响，扩大专题活动的工作效果。所以，社会组织在开展专题活动时首先要明确目标。

2. 精选主题

公共关系专题活动的主题是目标的生动体现，主题的恰当与否将直接影响专题活动的成败。所以，社会组织开展专题时需要精选主题。

公共关系专题活动主题的选择，要求社会组织围绕公共关系专题活动的目标考虑社会组织、公众及社会环境三方面的因素，使活动主题既适合社会组织的公共关系目标，又适合公众的心理承受力和兴趣爱好，同时还与社会环境相吻合。

3. 周密筹备

公共关系专题活动涉及面广、工作量大，所以，社会组织在开展专题活动时需要周密筹备。具体筹备工作有：确定活动名称，选择日期和地点，选择来宾，如何接待等。

4. 策动宣传

为了扩大公共关系专题活动的影响范围，造成公共关系专题活动的轰动效应，使公共关系专题活动取得更大的成功，社会组织在开展专题活动时需要策动宣传。

5. 灵活驾驭

公共关系专题活动内容丰富，方式灵活，所以社会组织在开展专题活动时，需要灵活驾驭。每个公共关系专题活动，都需要有一个负责人，这个负责人必须具备较强的组织能力和驾驭能力，既能使专题活动忠实于原订计划方案，按照既定的基本程序进行，又能及时利用专题活动过程中出现的各种机会，活跃专题活动的气氛，使整个公共关系专题活动过程都盎然有趣、轻松活泼而又井然有序，提高专题活动的艺术感染力。

第二节　公共关系中的各类专题活动

公共关系专题活动的具体形式很多，现就展览会、庆典活动、赞助活动、对外参观、联谊会等活动的组织与策划予以介绍。

一、展览会

展览（或展销）会是一种综合运用各种媒介推广产品，宣传组织形象和建立良好公共关系的大型公共关系专题活动。一个成功的展览会所取得的效果是多方面的，其意义是深远的。例如，1999 年的昆明世界园艺博览会使云南旅游业突飞猛进，旅游地形象也成功塑造。

展览会的特点主要有：生动直观，能给公众留下深刻印象；具有一定的知识性和趣味性，能广泛吸引公众参加；便于新闻媒介采访报道；在展览地能充分与公众进行双向

交流，并且展览会能使社会组织了解行业动态和趋势，了解客户需求，摸清行业对手的情况，并提供商机。

有专家指出："在为期几天的展览会上，你所接触到的客户，比你所有雇员在一年内所见到的顾客还要多。"香港商品展览会执行主席德瑞克·狄更斯提醒说："展览会将给企业开辟新的渠道，寻找新的代理商和发展新的客户提供机会。"

展览会为组织开展公共关系活动提供了一个良好的机会，组织应该充分利用这个机会展示自己的产品，传递必要的信息，加强与社会公众的直接沟通。为使展览会办得卓有成效，组织应认真做好以下几方面工作。

1. 分析参展的必要性和可行性

在举办展览会之前，首先要分析其必要性和可行性。展览会需要投入较多的人力、物力和财力，如果不进行科学的分析论证，就有可能造成两个不良后果：一是费用开支过大而得不偿失；二是按时盲目举办而起不到应有的作用。

2. 明确主题

每次展览会都应有一个明确的主题，并将主题用各种形式反映出来，如主题性口号、主题歌曲、徽标、纪念品等。必须弄清楚是要宣传产品的质量、品种，还是要宣传组织形象；是要提高组织的知名度，还是要消除公众的误解。

3. 构思参展结构

组织经营生产的产品，其组合的深度、广度、密度各不相同，项目和品牌差别也很大。哪些产品参展，其参展产品的深度、广度和密度如何确定，参展产品项目和品牌怎样搭配，都需要认真构思。

4. 选择地点和时机

地点的选择要考虑三个因素：交通是否便利？周围环境是否有利？辅助系统如灯光系统、音响系统、安全系统、卫生系统等是否健全？如果自己组织的展览会，宜选在交通方便、环境适宜和设施齐全的地方。

5. 准备资料、制定预算

准备资料是指准备宣传资料，如设计与制作展览会的会徽、会标及纪念品，说明书、宣传小册子、幻灯片、录像带等音像资料，包括展览会的背景资料、前言及结束语、参展品名目录、参展单位目录以及展览会平面图等资料的撰写与制作。举办展览会要花费一定的资金，如场地和设备租金、运输费、设计布置费、材料费、传播媒介费、劳务费、宣传资料制作费、通信费等。在做这些经费预算时，一般应留出5%～10%作准备金，以作调剂之用。

6. 培训工作人员

展览会工作人员素质的好坏、掌握展览的技能是否达到标准，对整个展览效果起着关键作用。因此，必须对展览会的工作人员，如讲解员、接待员、服务员、业务洽谈人员等进行培训，培训内容包括公共关系技能、展览专业知识和专门技能、营销技能、社交礼仪等。

二、庆典活动

庆典活动是指组织在其内部发生值得庆祝的重要事件时或围绕重要节日而举行的庆祝活动。庆典活动往往给公众留下"第一印象"。它对内营造和谐氛围，增强员工凝聚力；对外协调关系，扩大宣传，塑造形象。它可以是一种专题活动，也可以是大型公共关系活动的一项程序。

组织庆典活动总的要求是喜庆的气氛、隆重的场面、热烈的情绪、灵活的形式，需要较高的规范性和礼宾要求。

1. 庆典活动的类型

庆典活动在形式上，一般有开幕庆典、闭幕庆典、周年庆典、特别庆典和节庆活动等五种。

开幕庆典即开幕式，就是指第一次与公众见面的、展现组织新风貌的各种庆典活动。

闭幕庆典是组织重要活动的闭幕式或者活动结束时的庆祝仪式。

周年庆典是指组织在发展过程中的各种内容的周年纪念活动。

特别庆典是指组织为了提高知名度和声誉，利用某些具有特殊纪念意义的事件或者为了某种特定目的而策划的庆典活动。

节庆活动是指组织在社会公众重要节日时举行或参与的共庆活动，这里的重要节日可以是传统的节日，还可以是改革开放后源自西方的节日。

2. 庆典活动的组织

庆祝也好，典礼也好，都应有充分的准备，因天时、地利、人和等条件而开展。现代社会组织可利用庆祝的机会越来越多，组织的决策者们应适时地选择一些对组织和社会都有利的重要事件或重大节日来开展活动。在充分准备的情况下，一般每年搞 2～3 次就够了。活动要搞一次成功一次。

组织的庆典活动代表着组织的形象，它体现着一个组织和其领导者的组织能力、社交水平和文化素质，往往会成为社会公众取舍、亲疏的标准，因而，组织在进行这类活动的组织过程中，一定要注意以下几方面问题。

1）要有计划。庆典活动应纳入组织的整体规划，应使其符合组织整体效益提高之目的。组织者应对活动进行通盘考虑，切忌想起一事办一事，遇到一节庆一节。

2）要选择好时机。调查研究是组织开展公共关系活动的基础，庆典活动也应在调查的基础上，抓住组织时机和市场时机，应尽可能使活动与组织、市场相吻合。

3）科学性与艺术性相结合。公共关系活动是科学地推销产品和形象的过程，但要赋予其艺术性的化身，使其更具有魅力，这样会有更好的宣传效果，使企业形象更佳。

4）要制造新闻。公共关系活动应能够为公众的代表——新闻媒介所接受，它的反应是衡量活动成功与否的标尺，也是组织形象能否树立的重要环节。所以，庆典活动应尽量邀请新闻记者参加，并努力使活动本身具有新闻价值。

5）要注意总结。组织的公共关系活动应讲求整体性和连续性，作为整体公共关系一部分的庆典活动，应与其他公共关系活动协调一致。为保持组织形象的一体化，保证今后开展活动的连续性，对每一次庆典活动的总结，就显得十分必要了。

3. 庆典活动组织中应注意的事项

当然，要把庆典活动办得圆满成功却又不是那么容易的，尤其是大型的庆典活动，其牵涉面广，且具体而复杂，公共关系人员一定要精心策划、周密实施。具体地说，要办好一次庆典活动，应认真做好以下一些工作。

1）精心选择对象，发出邀请，确定来宾。庆典活动应邀请与组织有关的政府领导、行政上级、知名人士、社区公众代表、同行组织代表、组织内部员工和新闻记者等前来参加。

2）合理安排庆典活动的程序。庆典活动的程序，一般由以下几方面内容组成：安排专门主持人宣布活动开始，介绍重要来宾，由组织的领导和重要来宾致辞或讲话；有些活动，需要有剪彩和参观的安排；安排交流的机会（或座谈、宴请，或安排喜庆、余兴的节目，席间进行交流）；重要来宾的留言、题字（该项活动，也可安排在活动开始前）。

3）安排接待工作。庆典活动开始前，应做好一切接待准备工作。接待和服务人员要安排好，活动开始前所有有关人员应各就各位。重要来宾的接待，应由组织的首脑亲自完成。要安排专门的接待室或会议室，以便在正式活动开始前，让来宾休息或与组织的领导交谈。入场、签到、剪彩、留言等活动，都要有专人指示和领位。

4）物质准备和后勤、保安等工作。庆典活动的现场，需要有音响设备、音像设备、文具、电源等。需要剪彩的，要有彩绸带。鞭炮、锣鼓等在特殊场合，也要有所准备。宣传品、条幅和赠与来宾的礼品，也应事前准备好。赠送的礼品要与活动有关或带有企业标志。另外，为活动助兴，可以安排一些短小精彩的文艺节目，这些节目可以组织内部人员表演，也可以邀请有关文艺团队或人员表演，节目力争要有特色。

总之，要做到认真充分，热情有礼，热烈有序，就会使庆典活动取得成功。

三、赞助活动

赞助活动是社会组织通过资助一定的实物或者承担全部或部分费用，赞助兴办文化、体育、社会福利事业和市政建设等向社会表示其承担的责任和义务，以扩大组织影响，提高知名度和美誉度的公共关系活动形式。赞助属于信誉投资，赞助比较适合于有经济实力的企业。

1. 赞助的作用

赞助活动由于其独特的效果被越来越多的社会组织所认可并广泛应用。其作用主要有：完善社会组织的道德人格形象；沟通与培养同目标公众的情感关系；展示社会组织的实力；增强广告的说服力和影响力等。

通过赞助活动来做广告，一方面可以通过赞助活动作为广告宣传的载体，在公众获益的过程中产生对组织的好感和心理倾向；另一方面可以通过赞助所获得的“冠名权”和优先宣传提高广告的效果。

2. 赞助的类型

赞助的类型有体育活动赞助、文化活动赞助、社会福利事业赞助、教育赞助、学术活动赞助、某一职业性奖励基金赞助、宣传品制作赞助等。

对体育事业的赞助不仅可以带动人民体质的提高，而且可以最大限度地提高企业的知名度。企业赞助社会文化事业，不仅可以培养公众的情操，提高民族文化素养，而且可以大大提高企业美誉度和社会效益。赞助教育事业是百年大计，它体现了企业对社会的责任，也为企业提供了长期发展的后备力量。赞助福利和慈善事业，为社会分忧解难，是企业的义务，是企业谋求与政府和社区两大公众的最佳关系的手段。

一般情况下，赞助活动能够在公众中形成良好口碑。但是，赞助活动的公共关系效果不一定与赞助金额成正比，这其中的奥妙就在于巧妙地赞助。具体选择何种类型的赞助，需经过精心谋划的赞助活动才能达到“随风潜入夜，润物细无声”的良好效果。

3. 赞助的开展

为了使赞助产生良好的效果，公共关系人员应按照以下步骤和方法开展赞助活动。

（1）进行赞助研究

企业的社会赞助活动并不是无计划无目的的大把扔钱，也不是谁找上门来就给谁赞助，而是要减少被动和盲目，主动地开展赞助活动。

主动赞助的前提是进行赞助研究和策划。公共关系人员应该从企业的实际情况和经营政策入手，根据企业的公共关系目标，制定企业的赞助方向和赞助政策，在落实每一项赞助资金之前，要分析赞助成本和赞助效果。

（2）制订赞助计划

根据赞助前的研究和企业的赞助政策，组织的公共关系部应该在上年年底或本年初制订出年度赞助计划。计划中应包括赞助类型的选择、赞助对象的范围、赞助费用的预算，并把赞助计划向有关人员通报。

（3）审核赞助项目

按照年度赞助计划，每进行一项具体的赞助活动之前，都应由公共关系人员或企业赞助委员会对此项目进行审核，充分论证此项目赞助的可行性及赞助方式是否合适，赞助款项是否合理，此项赞助是不是组织的最佳选择。

（4）实施赞助活动

在对赞助项目进行审核的基础上，公共关系人员按照赞助计划具体实施赞助活动。在实施过程中，公共关系人员应充分选用各种传播媒介做好宣传，从而使企业通过赞助活动尽可能地扩大社会影响。

（5）测定赞助效果

一项赞助活动完成之后，企业应对赞助效果进行调查与测定，看一看企业的知名度是否提高了，企业的公众关系是否改善了，是否产生了良好的社会效益和经济效益。并且根据所得结果写出报告，归档储存，以备日后参考。

4. *应注意的原则*

1）社会效益原则。要优先考虑赞助社会福利事业、教育事业及公共设施，这样容易获得社会各界的好感，而且意义深远。

2）实力原则。社会组织开展赞助活动应当量力而行，根据社会组织的经济实力和利润额，支出合理的赞助经费。

3）相关原则。社会组织赞助的活动对象应当与公众生活或社会组织的经营内容相关联，以获得直接的公共关系宣传效果。面对当前社会上盛行的摊派之风，组织或企业应保持清醒的头脑，对各种明显不符合企业赞助政策的征募者应拒之门外。

国外企业在提供赞助时，多遵循如下原则：赞助的对象是非营利性组织；被赞助的活动或团体，要有利于本企业的生存和发展；视企业的经营情况，量财政预算支付赞助费用的额度和范围。

四、对外参观

对外参观活动是社会组织组织社会公众或员工进行的参观学习活动和旅游观光活动。参观的公众可以是员工家属、新闻工作者、主管部门领导人、学校师生和其他对本组织感兴趣的公众等。

通过组织公众参观，不仅有助于公众认识社会组织，而且有助于相互交流思想和情感，增加本组织的透明度和扩大本组织在社会上的知名度，争取公众的理解和支持，表明它的存在是有利于社会和公众的。同时，开放参观有助于消除人们对本组织的某些不解和疑虑，改善社区关系。

举办参观活动通常要做到：安排社会组织的领导人陪同，并建议他们和蔼可亲地向公众介绍情况、交流看法；参观社会组织与游览近距离的风景胜地相结合；游览时间不宜过长，通常半天为宜，如果条件允许，可安排公众用餐；做好安全工作和组织工作，务必避免人员遗失和伤亡情况的发生。

1. 参观活动的组织工作

参观活动虽然比较简单，但是组织的效果有天壤之别，因此，组织的公共关系人员，要认真做好参观活动的组织工作。

（1）明确参观活动的目的和主题

常见的主题有：强调企业的优良工作环境，表明企业是社区理想的一员，给社会和周围的公众造福。

（2）确定邀请对象

参观活动的邀请对象主要有三类：员工家属，让他们了解自己亲人所从事工作的重要性，以便在以后的工作中给予大力支持。逆意公众，改变他们对社会组织的态度，从而影响更多的公众。新闻媒介，借助新闻媒体及时扩大社会组织的影响。

（3）确定参观时间

除了政府要员的时间不能由组织安排外，其他公众参观时间都可由组织决定。一般来说，开放参观宜安排在一些特殊的日子，如周年纪念日、逢年过节，或者大型的项目投入运营等。还要注意季节、气候，如暮春、初秋气温较好，是理想的参观时间，太热、太冷都不宜安排参观，同时还应避免一些对有关公众更有吸引力的社会活动日期等。

（4）搞好接待工作

应有专门的接待人员负责登记、讲解、向导等工作。安排合适的休息场所和茶水饮食，赠送有意义的纪念品。有关部门负责人或组织负责人必要时要亲自出场热忱地迎送参观者，介绍本组织的发展情况，感谢来宾光临，竭诚征求大家的意见。

（5）拟定参观活动路线

参观活动不是一种自由、随便的活动，不能任由参观者到处乱走动，要提前拟定好参观路线，制作向导图及标志，标明办公室、餐厅、休息室、医务室、厕所等有关方位。如有保密和安全需要，应注意防止参观者越过所限范围，以免发生意外的伤亡事故和影响正常的工作秩序。

（6）做好宣传工作

为了使参观活动起到应有的效果，还应准备一份简单易懂的说明书或宣传材料。在参观之前，先放录像片或幻灯片进行介绍，帮助参观者了解组织的主要概况。然后再由向导陪参观者沿参观路线作进一步解释和回答问题。最好将参观者分成十人以内一个小组，这样既便于组织，又能让参观者听清讲解。公共关系人员的解说词要写得简明扼要，主要配在图表、数字、模型、样品下方，标语一般写在前面或后面，还可用照片来增加展览的形象性。

（7）其他工作安排

参观活动结束后，还需要进行一系列的公共关系活动，如致函向来宾道谢，登报向各界鸣谢，召开参观者代表座谈会，听取意见和建议，以改进管理。

2. 参观活动的注意事项

参观活动的主要注意事项有：要依据客人的要求和组织的实际情况，既要有针对性，又要能适合客人的兴趣爱好；要恰如其分地介绍组织情况，在不泄露机密的前提下，使参观者对组织有较为深入的了解；要妥善安排好参观活动的每一个细节，防止出现不必要的失误；要虚心征求客人意见，使参观活动收到更好的效果。

五、联谊会

联谊会是指组织为了同公众增进了解，加深感情，促进信息沟通、经济联系与合作而举行的公共关系专题活动。

联谊会的形式很多，主要有联欢会、联谊会、文艺演出、交际舞会、招待会等。各种类型的联谊会可以是参加者自娱自乐，也可以邀请文艺界专业人士参加。各种形式的联谊会，既能给人以美的享受，又能加深组织与各类公众的感情。所以，联谊会是组织重要的公共关系活动，是创造组织内外人和的好方法。例如，万绿湖旅行社举办首届“魅力万绿湖，情系宾客心——万绿湖旅行社 2006 新年客户联谊会”，充分体现了万绿湖旅行社“以顾客为本”的经营理念。客户联谊会的嘉宾对整个联谊会的策划、组织、接待工作感到非常满意，在新年茶话会上，嘉宾们畅所欲言，纷纷掏出心里话为万绿湖旅行社的发展出谋献策，河源日报、河源晚报记者对这次联谊会作了全程跟踪报道，该联谊会取得圆满成功。

1. 公众联谊会的基本要求

（1）把握联谊原则

联谊会应把握真诚性、互利性、效益性三项原则。

（2）选择联谊对象

不同的组织需求，不同的公共关系目标，选择的联谊对象不同，但要遵循互助互利的原则，联谊的双方或多方都要有联谊的要求、内容和能力，这三者应该是缺一不可的。

（3）确定联谊会的层次

联谊会由低到高有以下三个层次。

第一层次：感情型。以联络感情为主要内容，使双方互相建立对对方的良好印象，为今后进一步加强团结联系或合作奠定基础。

第二层次：信息型。以互通信息为主要内容，具体来说就是就各自所掌握的与双方有关的市场信息和其他信息，进行沟通交流，努力使双方在市场变动中，能够保持联系，共同获利。

第三层次：合作型。合作型联谊会是以经济合作为主要内容的，是高层次的联谊，是联谊会成果的最终体现。

（4）把握联谊会的组织工作

无论是哪一种形式的联谊会，都需要把握好以下基本的组织工作：明确联谊目的，围绕目的去策划活动；提出活动预算，筹措必需的经费；确定活动的时间、地点和场所；确定应邀对象，发出请柬；安排活动程序，并印刷成节目单；布置活动场地，并安排专人负责接待。

2. 联谊会的程序

联谊会的形式不一，规格也不等，要想成功地举办联谊会，可以参考以下程序。

1）明确联谊会的主题，并确定联谊会名称。

2）安排活动程序，并印刷联谊会节目单。

3）确定时间、地点、活动场所。

4）确定应邀对象，发出请柬，别忘了邀请新闻记者参加。

5）购买活动所需要的物资，如礼品、奖品等。

6）布置活动场地，并安排专人负责。

7）安排礼仪人员负责导游、接待、解释有关询问等工作。

8）派专人摄影、录像等。

9）准备好讲话稿、座谈会的讲话提纲等。

10）准备好需要穿插的文艺、体育节目。

3. 联谊活动的策划和组织应注意的事项

公共关系人员在策划和组织公众联谊活动时，应注意以下事项：选择合适的联谊形式；进行独特的联谊创意；充分应用联谊技巧，如正式场合配以正式的服饰；及早发送请柬和通知；选择合适时间，精心布置联谊场所，等等。

第三节　旅行社公共关系实务

随着2004年度全国国际旅行社百强的出炉，2005年度的旅行社座次之争在一片争议之中尘埃落定，国旅、中青旅、康辉位居三甲。而一个非常奇特的现象是，所有旅行社包括位次靠前、被消费者熟知的国、青、中三大社，却没有一个在全国性比较有影响的媒体上露过面，真正的“电视无影、电台无声、报纸无名”。同时在最近中央电视台的“品牌中国”栏目中发布的众多品牌中，旅行社品牌无一入选。

当前，我国旅行社业可谓是大者不强，小者差、散：企业规模小、实力弱、管理差、经营散，已成为我国旅行社参与国际竞争的弱势所在。至今几乎没有驰名商标，这明显不利于我国旅行社业国际竞争力的提高。因此，旅行社应灵活运用公共关系，扩大传播，

塑造形象，提高自我。

一、旅行社公共关系的特点

1. 公共关系工作的依赖性

景区、饭店等旅游组织都是直接销售自己的产品和服务，而旅行社是购买别人的产品和服务，整合之后进行二次销售。旅行社提供的是纯粹的服务，所以旅行社的相关产品严重依赖于别的旅游组织。旅游者在评价服务质量时，是对旅游的全过程的综合评价，而旅行社仅仅对自己的服务质量有完全的控制权，但对住宿、饮食、购物、交通、娱乐场所等仅有部分影响权，这对于旅行社控制旅游产品的质量来说无疑增加了难度。所以，旅行社在公共关系工作中，提高自身服务质量的同时，也得对景区、饭店、交通等旅游组织进行宣传与监督、建议与合作等，形成一种相互“依赖共生”的关系。

2. 公共关系工作的交际性

旅行社接待服务中，面对的是不同需求目的、不同文化背景的旅游者。旅游者对于旅行社形象的认识，主要是通过面对面、人对人的服务工作，而这些服务性的工作本质上就是工作人员与旅游者的交际互动。再者，旅行社对外宣传中，面对众多的诸如景区、饭店、交通等的相关公众，需要一定的交际活动，通过交际互动建立一个良好的网络关系系统。旅行社作为旅游产品的组织者，需要针对各类型公众组织活动，这一特性决定了旅行社的公共关系工作有更多的交际性。

二、旅行社公共关系的任务

根据公共关系的基本职能和旅行社公共关系的特点，旅行社公共关系的任务可以概括如下。

1. 监测环境

通过对旅行社内部与外部公众的调查，掌握其状况和趋势，为公共关系工作提供第一手资料。调查内容主要包括：内部的人力资源、运行状态、竞争优势及发展趋势；旅游者的分布、年龄、职业、学历、收入、需要、动机、偏好、舆论影响方式；客源国政治、经济、风俗、消费习惯、假期长短等情况；景区的品位、资源的组合、交通状况等，探讨各种资源整合的可能性；公众对旅行社的形象评价与其他旅行社形象评价之间的差距，以及与自身期望形象之间的差距。

2. 参与决策

旅行社公共关系人员搜集了大量信息以后，要进行整理和分析，向决策层提供咨询、建议、可行性方案，参与决策。从旅游者的需要、动机、偏好，旅游资源提供的可能性，以及二者可能的整合方式等方面提供基本资料；使旅游者利益进入决策，使旅游组织在每一次决策时都能充分考虑旅游者利益。对于旅行社的重大决策，公共关系人员应提出可行性方案，供决策层选择，并对方案的实施效果予以评估。

3. 塑造形象

旅行社是以“人”为经营对象的特殊行业属性，决定了旅行社企业的形象在其经营中的战略意义。同时，由于旅行社的组织管理和产品生产链的特殊性，以及生产与消费过程具有的同步性、产品具有的易复制性，等等，旅行社企业的形象塑造具有更大的难度。旅行社应借助传播媒介，在旅游者心目中树立良好形象，特别是树立品牌形象，为旅行社运作凝聚人气。旅行社也可通过策划各种专题活动来塑造形象。

4. 协调沟通

内部协调沟通的任务是通过沟通协调，以求员工团结，建立和谐的内部工作环境，增强组织的凝聚力和向心力，为旅行社的对外接待工作努力。

外部协调沟通的任务是借助传播媒介，以及交际互动，加强与外部公众的双向交流，争取得到外部公众的认同或共识。旅行社运作过程中存在有各种“玄机”，一般旅游者不识其“门道”，难以琢磨，这就为各种矛盾和摩擦的产生留下了隐患。要解决这些矛盾和摩擦，避免投诉，协调沟通就显得至关重要了。但如何与旅游者进行良好的协调沟通，依据公共关系的基础理论，就是“公众必须被告知”，即增加透明度，让旅游者明明白白旅游，这是旅行社公共关系最经常的工作任务，也是成败的关键。

三、旅行社公共关系的传播

1. 传播媒介的选择

旅行社公共关系首先要根据传播对象和目的，对传播媒介进行选择。选择传播媒介必须事先有所准备，要熟悉传播规律，了解传播组织及产品的工作特点，掌握与其搞好关系获得支持的方法等。

旅行社对于传播媒介的选择，可以选择传统的大众传播媒介，如报纸、杂志、广播、电视、书籍等，但对于新兴的媒介应高度关注。特别是互联网作为一种新兴媒体的出现，震动了旅行社业。上海携程旅行公司对于互联网的运用，就是其中的典型。

2. 传播资料的准备

传播资料是旅行社提供给大众传播媒介、宣传组织的准备资料。

（1）旅行社背景资料

旅行社的背景资料包括旅行社名称、企业性质、特点、规模、组织结构以及旅行社的服务宗旨、质量规定、主要线路、特色线路等。

（2）旅游景区的资料

由于旅行社和旅游景区休戚相关的关系，旅行社不但要塑造自身形象，还要塑造景区形象，所以要向大众传播媒介提供景区资料。景区资料要注意形象，文字要简洁，尽量提供图片、音像资料。

（3）专题活动的资料

前两类资料不易进入大众传媒的视野，而专题活动则是传播的机会。借助专题活动，更易被旅游者知晓。旅行社举办公共关系专题活动时，一定要利用机会广泛传播，向大众传媒提供专题活动策划背景、策划方案，让媒介有更多的报道选择点，进而顺势引导媒体对于旅行社进行有利方面的报道。

四、旅行社公共关系人员的素质

素质是指人的气质、风格、修养、才华、学识等方面的基本品质。旅行社公共关系人员的素质除了要具备一般公共关系人员应具备的素质外，还应具有以下几方面的更高要求。

1. 良好的职业道德

实事求是、作风严谨、为人正派、不牟私利是旅行社公共关系人员最基本的职业道德要求。强烈的民族自豪感和爱国激情则是旅行社公共关系人员素质要求的首要条件。

2. 广博的知识阅历

旅行社公共关系人员首先应掌握新闻、传播、广告等公共关系方面的专业基础知识；其次，掌握旅行社的业务、市场、管理、营销等旅行社业务方面的知识；最后，还应掌握中国和客源国（地区）的历史、文化、地理、民族风情、礼仪禁忌、经济发展、政策法规等相关知识。

3. 较强的工作能力

（1）组织协调能力

旅行社的交际性质对公共关系人员的组织协调能力有更高的要求。旅行社公共关系活动的依赖性要求有较强的组织能力，活动牵涉的部门很多，要求有较强的协调能力，不但要协调内部各部门工作，还要与其他旅游组织打交道，确保旅行社业务的顺利开展。旅行社公共关系工作人员特别要求至少熟练掌握一门外语，以便更好地开展针对海外公众的公共关系活动。

（2）应对意外能力

旅行社的运行中经常会发生意外情况，这是旅行社工作的一大特点。旅行社公共关系人员应有良好的心理素质，意外情况发生时保持清醒的头脑，做出正确的判断，积极地运用各种资源应对意外。特别是与旅游者有冲突时，应具有处理突发事件、危机公共关系的能力。

（3）公共关系策划能力

能掌握公共关系策划的一般程序与方法，并针对旅行社所面临的公众，进行公共关系活动的策划。需要对特定公众进行研究，注重围绕公共关系目标进行与特定公众的双向沟通，特别是在所接待的旅游者心目中树立良好的形象。对特定公众适时策划，往往会有出奇制胜的效果。例如，东南亚发生“海啸”后，国内一些旅行社打出“赈灾旅游”，进行公共关系宣传活动，使得我国旅游者很快恢复了对于泰国等东南亚国家的旅游。

第四节　饭店公共关系实务

饭店公共关系是饭店为了在社会公众中树立良好形象，取得公众理解、支持、信任和各种沟通、展示、关系协调而组织实施的活动。它是企业“内求团结，外促发展”，塑造形象的一种手段，是一种以推荐和销售饭店产品，提高饭店知名度和经济效益的管理活动。

饭店公共关系人员肩负着树立品牌、创建品牌知名度、提高顾客群体对自己饭店品牌的认知程度的重任。饭店公共关系人员不仅要懂得怎样创立品牌、开创知名度，还要懂得怎样保护品牌。饭店公共关系人员要脚踏实地地、不断地做好每项公共关系宣传工作，如将饭店内的高层管理人员的任命、慈善助学活动、新的促销价格、新的菜单推广、员工生活、专题活动等有价值的新闻信息，通过自己的喉舌，通过各种媒体渠道，生动具体地呈现给广大公众。

一、饭店公共关系的特点

1. 公共关系工作的直接性

饭店向顾客提供的产品是有形的设施设备与无形的劳务服务的结合，其生产与销售几乎同时进行，不需经过任何中介，这决定了饭店公共关系活动直接作用于顾客。饭店可以通过服务性工作，把公共关系理念和组织形象直接向顾客公众传播。

2. 公共关系工作的复杂性

光顾饭店的顾客，有吃、住、行、游、购、娱等多种需求，而这些需求又不是靠饭店自己就能全部解决的，所以饭店就必须与相关旅游组织建立良好关系，如旅行社、景区、旅游局、地方行政部门等。如何与这些企业和部门建立协调的关系，就对饭店的公共关系工作提出了更高的要求，这也使其变得更为复杂。另外，饭店公共关系工作还表现在所接待的顾客构成上的复杂性和可能出现的各种问题处理上的复杂性。到饭店消费的人可以说是形形色色，同时，各种意外情况都有可能随时发生，这样一来，也势必导

致饭店公共关系工作的复杂化。

二、饭店公共关系的任务

饭店公共关系工作的任务是帮助饭店实现目标，具体体现在以下几个方面。

1. 监测环境

调查和预测影响饭店目标实现的公众情况和其他社会环境变化情况。这些环境信息主要包括：公众对饭店产品的需求；公众对饭店产品形象的评价；公众对饭店信息的评价；饭店行业及政策变化等。调查公众对饭店的意见和反馈，分析评估饭店的知名度、美誉度，整理之后报告给饭店决策者，让领导及时掌握。

2. 参与决策

向饭店决策层提供有关饭店环境问题、公众关系问题的咨询或方案，参与饭店决策全过程。具体包括提供决策信息，确定决策目标，拟定决策方案，组织实施决策方案。从公共关系的角度评议饭店方针、各项政策以及计划的合理性和可行性，研究是否符合公众利益和社会利益，以及对饭店形象的潜在影响，并提出建议。

3. 塑造形象

塑造享有盛誉的饭店形象，扩大饭店的知名度、美誉度，这是饭店公共关系的根本任务。饭店的良好形象必须建立在自身做得好的基础上，这首先需要设计饭店形象。设计饭店形象时要综合考虑两大方面：公众对饭店的要求；饭店的条件和优势。也就是在公众希望饭店怎样与饭店擅长为公众做什么之间，找到饭店形象的落脚点，并引申出个性特征。除此之外还需大力向公众推广饭店设计出来的形象，要通过各种方式和媒介，比如图片、模型、录像、宣传资料及各种社交活动，推广出来，使广大公众了解和熟悉，进而吸引更多的支持者与合作者。

4. 协调沟通

通过对外联络沟通、接待应酬、社会服务和社会赞助等各种各样的公共关系活动，为饭店广结人缘、发展友谊、赢得公众；避免或减少饭店与公众的摩擦和冲突，一旦发生了冲突，也能在沟通的基础上迅速予以协调。

三、饭店公共关系的方式

1. 保持直接接触

饭店公共关系人员要保持和顾客的直接接触，通过面对面的交流掌握第一手资料。面对面交流在饭店公共关系工作的资料搜集中占有特别的地位。有一些资料顾客认为不值得说或者不愿意说，但对提高饭店服务质量，提供个性化服务极为有用，公共关系人员往往可以通过交谈和倾听获得。

2. 书面搜集资料

通过评议书、征求意见表、调查表等形式向顾客搜集资料，通过报表由前台等服务人员搜集顾客的个人资料，或通过客户关系管理（CRM）系统了解顾客的情况。向顾客搜集的主要是对饭店环境和服务质量的评价。向服务人员搜集的主要是客史档案。客史档案除顾客个人基本情况以外，还需要有以下内容：入住次数及时间、喜欢的号码（如房号和餐桌号）、经常要求的特种服务、个人偏好、给予的折扣等。

3. 维持密切关系

饭店公共关系部门要与常客、长住客、大客户、知名人士维持密切关系，具体做法有：定期发信通告饭店的最新情况，如服务项目的增设、服务时间的变动、价格变动、新业务推广、专题活动等；在生日和重要节日以适当的形式向他们表示祝贺；定期向常客、长住客赠送鲜花或其他的礼品。

4. 重视信息反馈

对顾客提供的信息，如来电、来信、电子邮件等，应及时反馈。其中提到的问题，要迅速调查了解，不管情况与来信是否相符，都要及时将调查与处理结果告知顾客，并对其关心饭店工作表示感谢。对于外界对饭店的评价要积极关注，必要时通过媒体予以说明。

四、饭店公共关系策划

公共关系策划一般程序为确定目标、选定公众、选择方案、预算经费、编制方案、评定成效。这里就饭店策划过程中，应注意的一些问题予以介绍。

1. 确定目标

确定正确的公共关系目标，必须对本企业有一个正确的评估。企业形象如何，信誉如何，不能由企业领导的主观印象或期望来决定，而是要依据外界对该组织拥有的真实印象决定。通过多种途径收集形象反馈，确立本饭店的公共关系目标，是饭店公共关系工作的关键所在。

公共关系目标是动态的，随着饭店客源结构的改变，软、硬件的改善，市场的拓展，应不断完善或改变公共关系目标。动态的公共关系目标，是指公共关系目标应该不断地在动态的经济和政治形势下完善，而不是将目标不断地改变。如果领导变了，目标也变了；今天重视公共关系，明天不重视或不需要公共关系，企业没有一个相对稳定的形象，则将造成公共关系的彻底失败。

2. 抓住契机

（1）适时捕捉机遇，制造最佳效果

饭店为顾客提供食、宿、娱等服务，在不断流动的客源之中，储存着大量的信息，孕育着各种机遇。饭店的公共关系有不少机遇可利用，一部分是通过信息采集去发现，而后争取到本饭店；另一部分则是在平平常常的工作中去发现、去琢磨、去制造的。抓住契机策划公共关系，将会产生事半功倍的效益。

例如，洲际饭店集团麾下的中成天坛假日饭店开张营业之际，公共关系部策划的“出租车司机连线两个饭店的活动”，让出租车司机找出宣武门附近的中环假日饭店和永定门附近的中成天坛假日饭店的最佳路线和到达的最快速度，奖励踊跃参加的出租车司机。此项活动不仅达到了同时宣传两家新开业饭店的目的，也同时宣传了两个同一品牌的饭店，并且新开张的这两家饭店也得到了广大出租车司机的认知。

（2）“制造新闻”，吸引公众

“制造新闻”带有浓厚的人为色彩，它既表现出公共关系活动的计划性，又体现出专业人员的策划能力。但实际操作中应该注意：“制造新闻”必须依据客观事实，这些事实通常是偶然事件或突发事件；挖掘出其蕴含的与公共关系目标有某种联系的新闻价值，然后再对其进行有效利用。

（3）利用名流公共关系，竭力影响公众

利用名流进行公共关系，不仅能为饭店创造良好的舆论气氛，而且还可以通过名人疏通各种公众关系，扩大社会关注，提高饭店在公众心目中的地位。饭店利用名流公共关系，费用比较节俭，有时只是提供些超常服务就会达到惊人的效益。利用名流公共关系一般可分为三个步骤：一是收集名流的信息资料并加以整理；二是对名流进行超常服务，以获得其对饭店的最佳印象；三是通过新闻媒介大力渲染传播，影响公众。

有一次，世界著名艺术大师朱宾·梅特率纽约交响乐团到泰国演出，住在泰国曼谷东方宾馆。宾馆公共关系部早已从各种渠道了解到大师喜欢吃芒果、玩蟋蟀。经理们四处奔波，在芒果早已下市之际，送来了芒果；还动用外交途径，得到了一盒新出版的蟋蟀比赛录像带，赠送给大师。结果朱宾·梅特喜出望外，新闻媒介大加渲染，使曼谷东方宾馆的美名不仅在泰国，在美国，而且在全世界得到了张扬。

3. 策划创新

创新是公共关系工作取得最大成功的重要因素。在公共关系活动的策划中，要富有创造性，产生新、奇、绝的效果。公共关系策划有两种截然不同的做法，一种是依葫芦画瓢，别人怎么做我怎么做，处处效仿，照搬照套；另一种则事事别出心裁，既刻意求新，又不放过一个机会，其结果是不言而喻的。例如，中国大饭店精心策划了照全家福“中”字相，从几千名员工的身上，树立了饭店的良好形象，显示了员工的士气，产生了公共关系效果，堪称一绝。这一活动之所以引起了公众的关注和赞叹，缘于它前所未有。

创新的公共关系来源于加倍的投入。在饭店的公共关系中，凡属有创意的事，要去想他人没想到的，干他人没干过的，因而在策划和实践上往往要花上两三倍的气力。但创新的公共关系活动更能让社会公众感到有所启迪，有所得益，进而使本饭店的形象得以美化，更深入人心。

第五节　旅游节庆活动的组织与管理

2006 年第十六届青岛国际啤酒节，短短 16 天，接待了 428 万中外旅游者，消费了 1300 吨啤酒，让旅游者亲身感受了“体验旅游”这一旅游最高境界。旅游节庆作为一种动态的文化旅游吸引物，满足了旅游者多层次的需求，丰富了旅游产品的结构，极大地促进了旅游地的经济增长，并进一步弘扬了民俗文化和民间艺术，等等。总而言之，旅游节庆充满了激情，充满了魅力。

一、旅游节庆的分类与内容

旅游节庆是依托一定的旅游资源，以吸引大量旅游者的主题性节日盛事。简单地说，就是具有旅游价值的节庆。旅游价值包括两个方面，一方面是旅游文化价值，另一方面是旅游市场价值。

旅游节庆是有组织的、正式的、规范的、严密的旅游策划活动，其内容是综合性的，既包括旅游活动，又包括商贸活动、文化活动等多方面内容，所以旅游节庆不同于一般意义的节日和节庆。

1. 旅游节庆分类

我国旅游节庆大大小小，种类繁多，数量庞大。根据国家旅游局公布的信息，2001 年我国的国家级旅游节庆已达到 133 项，中小型的旅游节庆几乎每个县市每年都有一个。根据旅游节庆活动所反映的主题内容，大致可以分为以下几类。

1）文化艺术类，如绍兴乌篷船风情旅游节、哈尔滨之夏音乐节、舟山中国国际沙雕节、曲阜国际孔子文化节、浙江省国际黄大仙旅游节、四川江油李白文化节、浙江宁海徐霞客旅游节等。

2）自然景观类，如中国国际钱塘江观潮节、吉林雾凇节、淳安千岛湖秀水节、哈尔滨冰雪节、张家界国际森林节、崇明森林旅游节等。

3）民俗风情类，如浙江省中国开渔节、浙江省青田石雕文化旅游节、中国潍坊风筝节、中国吴桥杂技节、中国临沧佤族文化节、元宵节灯会、傣族泼水节等。

4）物产饮食类，如大连国际服装节、湖州国际湖笔文化节、绍兴黄酒节、青岛国际啤酒节、洛阳牡丹花会、广州国际美食节、菏泽国际牡丹花会、新疆吐鲁番葡萄节等。

5）民族宗教类，如五台山国际旅游月、九华山庙会、藏传佛教晒佛节、祭奠黄帝的活动、大理三月街民族节、海南黎族苗族“三月三”节等。

6）科技体育类，如中国青岛海洋节、泰山国际登山节、中国岳阳国际龙舟节、赛马节、津沽海会、中国攀枝花国际长江旅游节等。

7）会展博览类，主要有各地商品交易会、展销会、博览会等，如旅游交易会、森林博览会、杭州西博会与杭州休博会、中国餐饮博览会等。

8）大型综合类，如上海旅游节、北京国际旅游文化节、中国旅游艺术节暨广东欢乐节等。

2. 旅游节庆的内容

尽管各地各级旅游节庆内容千差万别，但其基本内容是相同的。旅游节庆的一般内容通常包括以下几个方面。

1）开幕式。开幕式几乎是我国旅游节庆必不可少的一项内容，而且也是最重要的一项内容。对主办者地方政府来说，开幕式是结交关系、联络感情、交流合作、展示形象的重要机会，因此，开幕式是旅游节庆的重头戏。开幕式通常包括领导致辞、开幕仪式和文艺演出等。

2）旅游活动。既然是旅游节庆，旅游活动当然是节庆的重要部分。我国各地旅游节庆期间的旅游活动通常包括新景点开业迎宾、旅游者参观游览景点、旅游商品展销、旅游专题研讨会等内容。

3）商贸活动。几乎每次旅游节庆都与商贸活动紧密联系在一起，商贸活动在旅游节庆的地位也不断提高，有的地方的旅游节庆甚至是“旅游搭台，商贸唱戏”。这反映了旅游节庆经济性的日益突出。旅游节庆期间的商贸活动包括经贸洽谈会、商品交易会、投资洽谈会、投资合作签字仪式等。

4）文化活动。文化是节庆的灵魂。没有丰富文化内涵的旅游节庆是没有持久生命力的。旅游节庆期间的文化活动通常有文艺晚会、文化展览会、文化交流活动等。

5）体育活动。体育活动老少皆宜，具有很强的观赏性和亲和力，大多数旅游节庆中都安排体育活动项目。内容通常包括体育比赛、竞技体育观赏、特技表演等。

6）闭幕式。大多数旅游节庆的重头戏放在开幕式，旅游节庆一开始就是高潮部分，高潮后逐渐衰退，到最后通常悄然收场。根据旅游节庆的总体方案，各种旅游节庆内容上演结束，最后一项节庆内容结束，整个旅游节庆也就结束。至于那些有闭幕式的旅游节庆，闭幕式往往观众寥寥，几乎变成纯粹的仪式了。

二、我国旅游节庆活动的现状及存在的问题

我国旅游节庆始于 20 世纪 80 年代，其经历短短的三十几年，已经蓬勃发展。特别是近年来，各种文化节、旅游节、时装节等层出不穷。据不完全统计，目前我国几乎每个县市都举办旅游节庆，呈现出一副热闹的节庆景象。不过，繁荣的背后蕴藏了诸多的

问题，主要表现在以下几个方面。

1. 特色不鲜明，缺乏创新意识

许多旅游目的地的节庆活动缺乏新意，从内容到形式，从招牌到口号，从举办初衷到营销对象，从宣传手段到包装技巧，每次举办都没有什么变化和创新，很难形成对旅游者和大众的吸引力。一些旅游目的地节庆活动的组织者，不能以当地的地脉、文脉及社会经济条件为依托，缺乏精心准备、科学论证的过程，仅仅停留在东施效颦般地仓促办节的阶段，从而造成旅游地节庆活动的雷同和低层次重复，没有自己的品牌和风格，缺乏永久性、垄断性和制度化。

2. 政府主办，缺乏市场化运作

政府主办节庆活动，听从行政命令。没有市场化的运作导致了旅游节庆活动缺乏现代化的管理、营销观念。例如一些节庆活动，大都是按行政方式运作，上级分配工作，下级单位领受任务。组委会成员来自政府各个部门，他们亲自参与旅游节庆活动的业务活动，从策划设计、宣传包装、出票展演到搭台布置、请人聘员等一系列具体业务都由自己操办，而较少考虑由专业公司来承办。由于单一的行政手段排斥了多元的市场操作，造成节庆活动的运作成本过高，财政负担过重，经济效益不明显等问题。

3. 节庆管理无序，缺少科学规划

我国许多旅游目的地的节庆活动基本上是“吃喝玩乐”、“晚会＋经贸”、“文化搭台、经济唱戏”的旧模式，所选取的具体活动杂、乱、档次质量参差不齐，管理混乱，缺乏统一规划和管理机制。一些节庆组织者对为什么办节、能办什么节以及怎样办节等，不作市场信息调查和可行性预测，缺乏科学的决策依据。

三、旅游节庆的组织与策划的原则

1. 旅游节庆的组织与策划的原则

（1）个性化原则

个性化是旅游节庆的生命力。国际节庆协会经济影响力顾问斯科特·内格尔先生说过，旅游节庆必须强调区域的特殊性和个体性，有自己的特色，才能吸引全球更多的观众。而地域性则是个性化的基础。

（2）文化性原则

文化性是旅游节庆中最重要的特征，它是真正吸引旅游者的深层次因素。演绎文化内涵、追求文化特色是旅游地保持永久魅力的必然选择。例如，南岳衡山为显示“寿文化”内涵，成功举办了 2000 年南岳衡山寿文化节暨庙会，在全国首次以高注意力的寿文化节庆活动突出了衡山的“中华主寿之山”的品牌形象。电视台对寿文化节开幕式、

“高空王子”阿迪力南岳高空走钢丝、巨型热气球表演、大型石壁攀岩等活动进行了现场直播，将世人的注意力引向了衡山。

（3）创新性原则

创新性是节庆成功的基石，别开生面和创新思维是节庆活动的吸引力、生命力之所在，创新乃是节庆之魂。

（4）体验性原则

满足旅游者的体验需求，使节庆活动更具生动性和参与性是节庆成功的关键所在。节庆活动的内容与形式要从旅游者体验需求出发，力求丰富和满足旅游者的娱乐体验、审美体验、学习体验、寻求新奇体验、追求时尚体验等。

（5）整体性原则

旅游节庆活动的组织既要注重经济效益，更要注重社会效益；既要重视当地居民的积极参与，又要特别注意吸引外地旅游者的参加；建立多元筹资体系，多方合力开发旅游节庆。

（6）民众性原则

民众的广泛参与是任何节庆活动蓬勃开展的基础，脱离了这个基础则一事无成。广泛的民众性是旅游节庆赖以成功的魅力所在。

2. 旅游节庆的组织与策划应注意的问题

旅游节庆策划可大致分为两类：一是节庆设计，即节庆从无到有，进行创意策划；二是节庆运作，即对已确立的节庆活动进行运作策划。一般而言，应注意以下几方面的问题。

（1）明确主题，多形式、多层次、多专题发展旅游节庆活动

明确主题是组织旅游节庆活动的核心。一个鲜明而且一致的主题往往能稳定地在人们心目中构造一个积极的形象。通过主题的塑造，人们往往能通过记住几句简单的口号、几条易记的词句就把旅游地的名字同一种直观形象联系在一起。旅游节庆活动的组织要符合市场需求，满足旅游者的心理期望，将表演性、群体性和参与性相结合，力求开发多形式、多层次、多专题的旅游节庆活动，以加深旅游者在旅游地的体验感受。

（2）采用市场化运作机制举办旅游节庆活动，促进其市场功能开发

政府应积极转变观念，用可持续发展的思路，把举办节庆活动变为经营节庆产业，加强协调监控，减少行政成本，在确保社会效益的同时，争取经济效益的增长，实现节庆活动的市场化和产业化运作，达到繁荣经济、弘扬文化、活跃生活，促进全面协调发展的目的。在实际操作中，要遵循市场化运作规律，资金筹措多元化，业务操作社会化，经营管理专业化，活动承办契约化，成本平衡效益化，管节、办节规范化。

（3）挖掘本地文化内涵，借鉴外来文化的精髓，提升旅游节庆的文化品位

文化是旅游地不变的主题，同样也是旅游节庆永恒的主题。保护与利用相结合，要求旅游节庆不仅要突显自己的地方性特色，而且还要与外来先进文化相融合，展现时代

个性与创新精神。旅游节庆本身应该是一个旅游地的身份证，只有充分挖掘本地文化内涵，借鉴外来文化的精髓，提升旅游节庆活动的文化品位，才能扩大旅游节庆的影响，形成旅游地的品牌产品，打造核心竞争力。

（4）追求创新，以立意新颖的表现方式和丰富的内容演绎旅游地文化和形象

旅游节庆要吸引世人的目光，需要不断创新，具有独特的创意。创新是旅游地保持永久生命力的源泉。对于旅游地而言，旅游节庆应走向深度开发和组织，不断推陈出新，不仅强调内容的丰富性和创造性，更着力于采用新颖的表达方式和包装手法，以多样化、立意新颖的表现方式演绎旅游地文化和形象，以内容的丰富性和形式的生动性充分挖掘和表现旅游地文化的深刻内涵，使旅游地主题明确、内涵丰富、形象突出，以独特的体验感受形成的吸引力，影响旅游者的旅游偏好，让旅游者不断产生新奇的感受。

（5）运用多种形式激发旅游者的强烈参与热情，使其获得更多的体验享受

现代旅游者已不满足于传统的将旅游者置之度外的走马观花式的游览方式，而热衷于主动参与、亲身体验的现代旅游娱乐方式。可创造性地开发出能让旅游者积极参与体验的项目和活动，如舞蹈表演、多种节气节令活动、登山节等。通过舞台表演等形式，旅游地的文化得以凸现，使之更加立体化、更加形象化、更加艺术化，从而达到深化主题，使旅游者在艺术享受中对旅游地文化有进一步的认识，提高自己的体验质量。

（6）加强旅游节庆管理，注重管理的严谨周密性

在旅游节庆活动举办之前，旅游地应该把旅游节庆活动的内容、活动安排的日程和时间、节目单、举办活动的地点、行走的路线等印发成册，发给旅游者，或者在具有影响力的报纸上（如中国旅游报）刊登广告，将具体的信息公布于众，以使旅游者做好准备。同时，在旅游节庆活动举办期间，旅游地还要加强旅游者管理，做好旅游地安全和环境管理，制定相应的管理条例，做好市场规范保障工作等。

（7）借助传播媒介，推广旅游地形象和活动，形成市场轰动效应

旅游地可以通过大型焦点事件来吸引公众传播媒介，借助报纸、杂志、网站等国内外知名度大的强势媒体，大力宣扬旅游地的传统文化、资源特色、旅游节庆活动等，以此扩大旅游节庆活动的影响范围和市场覆盖面。

四、旅游节庆组织与管理的程序

旅游节庆活动的组织与管理是一项非常复杂和消耗精力的工作，必须要由经验丰富的专业人士具体组织实施。一般应包括以下程序。

1. 成立机构

由于旅游节庆涉及面广、综合性强，举办一次旅游节庆需要调动社会各方面的资源，无论是政府大包大揽的旅游节庆，还是政府主导企业主体的旅游节庆，都应建立一套组织机构来组织与管理旅游节庆的各项事务。节庆机构是指导性、领导性的机构，它的建立与成员的选择至关重要，直接关系到节庆活动的成败。节庆机构一般由节庆活动的主

办单位、承办者和协办者组成，它要根据活动内容的大小、实际需要，设立不同的部门，承担不同的责任。这些部门一般包括办公室、策划部、公共关系宣传部、资金招募部及项目执行部等。

2. 寻求策划

大型节庆旅游活动一般由政府和大型企业主办，但是作为政府或企业不可能像专业公司那样熟悉节庆活动的组织内容、程序以及拥有相关的经验教训，所以要寻求专业公司进行合作和策划。一般采用公开竞标、拍卖的方式来寻找最佳的策划公司。

3. 选择主题

主题选择的好坏往往决定着节庆活动的成败。节庆主题一般分为两类：一类是既有性主题，另一类是创新性主题。

既有性主题多数为已有的传统节庆活动，它表现出深厚的历史文化渊源，并具有浓郁的民族风格。在策划这类主题活动中，要把握住历史文化的风韵，以符合旅游消费者的特有欣赏心理。我国有许多传统的民族节日。这些民族节日经过梳理和策划，在内容上推陈出新，能成为很好的主题节庆活动。

主题创新是节庆活动的生命力所在，是整个节庆活动的灵魂。有些地区在策划节庆活动中，经常出现主题重复、缺乏新意、文化内涵挖掘不够的问题，甚至出现主题庸俗、封建迷信色彩很强的内容。在策划创新性主题节庆活动中，首先要分析现有的旅游资源，挖掘和整理本地的历史文化、地理特色，寻找出本区域的优势和劣势；其次，在调查分析市场需求及其发展基础上，把握市场脉搏，顺应时代发展的需要，策划设计出能适应、引导、创造消费者需求的旅游节庆活动的主题。

4. 确定方案

结合资源特色评估、市场分析和竞争环境评价，确定旅游节庆的名称、宗旨、指导思想、目的、任务、类型、组织原则、组织者、规模、地点、时间、过程、目标市场、活动内容、工作人员、经费、影响、预计效果等，并根据目标的定位编写节庆活动的具体实施方案。

5. 组织准备

取得有关部门的同意和支持（如公安、交通、消防、市政、城管等）；成立组织准备工作筹备小组，明确组织者（包括主办单位、承办单位、协办单位等）的组织结构设立和内部责任分工；寻求可能的赞助者；制定旅游节庆日程（包括主题活动日程、内容和配套活动的日程、内容）；制定绩效评估体系，确定旅游节庆具体目标和经济指标；预计接待人数、收入来源和收入预测等；确定旅游节庆总体口号、标识、吉祥物；设计和开发宣传品、纪念品和配套商品；制定旅游节庆活动管理的有关条例（包括旅游者管理、安全管理、环境管理、市场秩序规范、交通管理条例等）；制定突发事件应急方案等。

6. 实施计划

节庆旅游活动的实施计划通常包括财务计划、消防及安全计划、员工培训计划、接待计划、环境整治及场地布置计划、交通管制计划、宣传促销计划、开幕式和新闻发布会计划、各主题和配套活动的日程安排等。为了有效地实施各项计划，必须制定详细的行动方案。此方案必须明确行动计划和战略事实的关键性决策和任务，并将执行这些决策与任务的责任落实到个人或小组。

7. 现场管理

节庆活动举办期间会出现很多意外情况，举办方必须不断做出调控，并对计划进行必要的修正，确保目标的实现和节庆活动的顺利开展。同时，要不断积累经验，为以后的计划提供重要的参考材料。

8. 效果评估

活动结束后，搜集旅游节庆有关的信息反馈和报道；审核经费开支；追踪、评估与赞助商的合作；分析旅游节庆举办的经济和社会影响；总结策划及实施各环节的得失；对节庆活动竞争能力、节庆活动所带来的环境改善能力、节庆活动品牌创新能力、节庆活动合同履约能力等进行评价。

【相关阅读】

由人民日报社、人民网主办，中国城市发展促进会、中国品牌建设与管理协会协办的“2010 首届中国节庆创新论坛”评出了“2010 最具国际影响力节庆”、“2010 中国十大著名节庆”品牌、“2010 中国品牌节会”、“2010 中国品牌节会”、“2010 中国品牌节会”，具体如下。

“2010 最具国际影响力节庆”

亚洲旅游金旅奖暨大中华区旅游文化盛典；
广州（国际）美食节；
第五届中国成都梅花节；
中国墨江北回归线国际双胞胎节暨哈尼太阳节。

“2010 中国十大著名节庆”品牌

中国豆腐文化节；
北京通州运河艺术节；
山西介休·中国清明（寒食）文化节；

中国（无锡）吴文化节；
七夕红豆情人节；
中国民间越剧节暨嵊州国际领带服饰博览会；
黄河文化艺术节；
云南大理三月街民族节；
中国·海南七仙温泉嬉水节。

“2010中国品牌节会”民族、民俗、文化、人物类大奖

中国（曲阜）国际孔子文化节，荣获：2010最受公众关注文化节庆；
中国（滕州）国际墨子文化节，荣获：2010最受公众关注文化节庆；
黄帝故里拜祖大典，荣获：2010最具国际影响力拜祖大典；
太炎故里·仓前羊锅节，荣获：2010最具地域特色美食节；
上海南翔小笼文化展，荣获：2010最具民族特色品牌节庆；
中国·广灵画眉驴文化节，荣获：2010最佳经典民俗节庆；
中国·大同·广灵国际剪纸艺术展，荣获：2010最具地方特色艺术节；
中国·松原伯都纳端午文化旅游节，荣获：2010最具弘扬传统节日节庆。

“2010中国品牌节会”民族、民俗、文化、人物类大奖

轮台县首届杏子文化节，荣获：2010最具地方特色艺术节；
红河哈尼梯田文化旅游节，荣获：2010最佳文化传承节庆；
怒江傈僳族“阔时节”，荣获：2010最具地方特色品牌节庆；
中国红河建水孔子文化节，荣获：2010最受公众关注文化节庆；
德宏景颇族“目瑙纵歌节”，荣获：2010最具地方特色品牌节庆；
富宁壮族“陇端节”，荣获：2010弘扬传统节日奖。

“2010中国品牌节会”旅游、休闲类大奖

中国安岳柠檬节暨巴蜀文化艺术节，荣获：2010最具特色生态旅游节；
中国达斡尔冰钓节，荣获：2010十佳休闲旅游节；
山西省柳林县·盘子会文化艺术节，荣获：2010十佳休闲旅游节；
中国（宁海）徐霞客开游节，荣获：2010最负盛名主题旅游节；
宁武旅游文化节，荣获：2010最具特色生态旅游节；
北京玉渊潭樱花节，荣获：2010最具特色生态旅游节；
中国沧源佤族司岗里狂欢节，荣获：2010最佳狂欢节；
西双版纳泼水节，荣获：2010最负盛名风情节；
中国昆明国际文化旅游节昆明狂欢节，荣获：2010最具魅力国际旅游节。

“2010 中国品牌节会”城市、物品、经贸、人物类大奖

中国（滕州）微山湖湿地红荷节，荣获：2010 最具影响力品牌节会；
厦门饮品节，荣获：2010 最具影响力品牌（经贸、物品）节会；
滕州市，荣获：2010 最具活力节会城市；
无锡市，荣获：2010 最具活力节会城市；
厦门日报社读者节，荣获：2010 最佳城市主题节庆；
武陟县，荣获：2010 最具投资价值县；
云南省西双版纳傣族自治州，荣获：2010 最佳低碳经济州。

“2010 中国品牌节会”展会类大奖

中国无锡太湖博览会，荣获：2010 最具国际影响力会展。

（资料来源：http://live.people.com.cn/note.php?id=616100429092346_ctdzb_026）

小　　结

本章从各类公共关系专题的基础入手，介绍了公共关系专题的类型、基本要求；随后逐步阐述了对庆典、展览会、联谊会、赞助、对外参观等主要专题活动的组织与策划；最后介绍了旅行社、饭店等的公共关系实务，以及旅游节庆活动的类型、组织与策划。通过由浅入深的过程，介绍了旅游企业中主要的公共关系实务活动。对于本章的把握，关键点在于对理论的理解基础之上，联系具体的企业及案例，然后在实践中应用。

本章重点：庆典、展览会、联谊会、赞助、对外参观等主要专题活动的组织与策划、饭店公共关系的策划、旅游节庆活动的组织与策划。

典 型 案 例

旅行社塑造企业形象的奇迹

——天津黄土地旅行社借助八仙山景区开业完成企业形象定位的策划

《易经》有云：“穷则变，变则通，通则久。”1996 年 6 月 1 日，刚刚成立 85 天的天津市黄土地旅行社，经过精细策划、精心设计的第一次公开亮相就在天津市旅游行业一鸣惊人，成为当时天津旅游界的焦点，引起业内广泛关注，成功地展示了“黄土地”的整体实力形象，在激烈的旅游市场竞争中漂亮地给企业形象予以定格。在此后的短期内，成功地保持和完善了已树立起的企业形象，成立第一年，就跻身于天津市国内旅行社十强行列，创造了旅游企业形象快速塑造的奇迹！

一、案例回放

1995 年 11 月，国务院批准建立天津市八仙山国家级自然保护区。在景区匮乏的那个年代，这便是天津旅游界的一件大事，引起了社会各界的关注和重视。1996 年 6 月 1 日，天津蓟县“八仙山”景区正式剪彩对社会开放。在当时，就一个景区开业典礼来说，无论是从活动的规格还是规模上，“八仙山”景区的开业都是近年来最大的一次。开业当天，天津市政府、国家旅游局、林业部的领导亲临现场，中央和津京地区的 30 多家新闻媒体应邀参加，市、区、县旅游局及天津各风景名胜区、饭店、旅行社等相关联单位的领导等也都一同汇聚在八仙山的开业现场，仅出席的领导、嘉宾和媒体记者等就有 200 多人，可谓是京、津新闻界、旅游界的一次盛大聚会。剪彩的时间定在上午 10 点整，各家媒体都提前到达了现场，蓄势待发，准备在第一时间找到一些独特的亮点来报道开业仪式的盛大场面。

北京时间 10 点整，典礼的时间终于到了。此时，在景区新建的山门前广场上，除了领导、记者、嘉宾、小学生的仪仗队和天津市旅游局委托天津金牛旅行社组织来的不足两百人的旅游团，还有一早赶来的临近村庄的一些看热闹的村民外，宽阔的广场上显得人流稀稀拉拉，开业典礼的场面遭遇始料不及的尴尬。各方嘉宾扫兴地议论纷纷，新闻记者的镜头更是找不到任何有价值的场面和画面，蓟县旅游局和主办方的领导更是无言以对、心急如焚！

突然，奇迹出现了！天津市黄土地旅行社由 27 辆大型旅游巴士组成的车队，浩浩荡荡地出现在了领导、嘉宾及众多新闻媒体面前，其场面和气势之大让所有在场的人都为之一振。车门打开了，1300 多名旅游者兴奋地涌下车，现场顿时成了一片“黄色”（黄色帽子、黄色旗子）的海洋，新闻媒体沸腾了！各级领导震惊了！每一个人的心理都与刚才略有颓唐的心境形成了巨大的变化逆差。纷纷打听是哪家旅行社这么有实力，组来了这么多“天兵救驾”的团队，解救了当时难堪的局面。而在人海、旗海上都分明清晰地写着“天津市黄土地旅行社”9 个大字。这 9 个大字，恰恰使在场的每一个人激动的心情又瞬时间浮现出诧异的表情来！当时在场的大多数人都是天津市旅游管理部门的领导以及业界的老总们，几乎还没有人听说过天津市有这样一家旅行社。所有的人都同时提出了疑问：“他们是谁？”“他们怎么能有这么大的实力？”“他们是怎么组织到了这么多人？”天津市黄土地旅行社经营史上的第一个“谜”就这样创造了！

当天的“八仙山”开业典礼非常成功，1300 多名旅游者共同见证了八仙山景区的开业，其社会效益和影响得到了各界人士的一致认可和好评。而当天的主角就是在当时还名不见经传、刚刚成立不足百天的天津市黄土地旅行社。此次活动不但给天津市八仙山自然保护区开业造声势助了一臂之力，而且也成功地完成了“黄土地”旅行社在旅游行业内的形象定位。就像王祖淦先生在活动策划之初对员工所讲：“我们就是要把‘八仙山’的开业，变成‘黄土地’的开业。我们不但不需要花钱，而且肯定还会赚钱!”

一时间，几乎所有参加活动的新闻媒体、报纸杂志等都争相报道天津市黄土地旅行社，所有旅游界的业内人士在交口称赞之余也开始认可“黄土地”的实力。所有参加活动的旅游者在此后的日子里，也都把黄土地旅行社经常挂在嘴边。时至今日，已十年过去了，谈起当年的八仙山开业典礼，人们依然还清楚地记得当年由黄土地旅行社创造的奇迹。“借八仙山开业塑造形象”的项目策划，使天津市黄土地旅行社在最困难的初创时期，差异化地在市场上成功定位，扭转了初创企业在市场中所处的追随前者的劣势，在激烈的旅游市场竞争中分得一杯羹。从此，天津市黄土地旅行社在天津市旅行社业中确定了独树一帜的实力形象。

二、“穷则变”——项目策划的背景

俗话说:“万事开头难。”通常，一个新建企业都会遇到各种各样的困难，而对于新成立的天津市黄土地旅行社来说更是难上加难。穷:困惑、无助。所以，穷则思变。

1996年3月7日，天津市黄土地旅行社正式成立。作为旅游界的一位“新兵”，企业处于“三无”的窘境。一无同行业的外联关系:哪里有什么景区、有什么好玩的地方?不知道!哪里有什么饭店和可以住宿的地方?不知道!有了旅游者到哪里去租车、怎么安排?不知道……对旅游行业内及相关联的单位一无所知。虽然上门拜访天津市的各个景区，希望能相互合作并给予优惠的折扣等方面的支持，但是，无论走到哪里都毫无例外地遭到冷遇。更沉重的打击则是天津市黄土地旅行社成立后的处女作，是以“砸团”而告终!“黄土地”人立志从实践中学习，在摸索中前进，其境遇真的是“步履维艰”。

“穷则变”!“坚决要打一个及时的翻身仗!要尽快树立企业在行业中的形象，在激烈的旅游市场竞争中占有自己的一席之地。要改变商业模式，不走同业路，以创新经营求得企业的长足发展。”王祖淦先生给企业重新定了位。

时过不久，八仙山景区即将于6月1日开业。天津市旅游局十分关注这件天津旅游界的大事，不但邀请了领导和媒体，还委托当时天津市旅行社中最具实力的天津金牛旅行社负责组织旅游者参加八仙山的开业典礼。虽然其他旅行社也都得到了通知，却没有做出任何的市场反应。策划的基础是源于对信息的认知。此时，出于一个专业策划人的敏感与直觉，王祖淦先生发现了商机，他断言这就是天津市黄土地旅行社要打的翻身仗，他要把八仙山的开业庆典变成天津市黄土地旅行社的重新开业、从头再来。于是，他一面密切关注着有关八仙山开业的一切信息，一面紧锣密鼓又不动声色地策划此次活动。这个翻身仗的目标就是要借八仙山的开业契机、要借所邀请的各大新闻媒体的版面和画面的报道、借上级领导和业界同行的眼睛和嘴巴、借旅游者参与的亲身感受来导出口碑，借与行业强者天津金牛旅行社来比较优势，借自身是新建社的劣势地位来进行负面激励管理等，打造出“黄土地”在天津市旅游市场中的实力形象，让同行认可、让社会认知，实现一举多得!

三、“变则通”——项目策划的难点

仔细分析，不难看出“借八仙山开业塑造形象”策划案的操作难度。该策划的主要

目的就是借景区开业时的各方面有利条件，来造自己新建企业之势。何以为“势”？“势”可以说是质与量的完美统一。

首先，在“量”上要解决的就是团队规模和气势问题。景区在开业之时最需要的就是人气，也就是“面子”。能组成一支在人数规模上无人可比的大团队，既可以让景区在开业之时尽显风光，又可以使“黄土地”在开业仪式上抢尽风头。这些都是在八仙山风景区开业时，聚合人气所面临的问题。

其次，在“质”上要想方设法地给所有在场的人造成一种强烈的震撼力和冲击力，才能达到留下难忘的回忆的目的；还要使参团的旅游者有一种被尊重和荣誉感，才能对天津市黄土地旅行社产生信任和忠诚度，从而才能塑造出“黄土地”的企业形象。一个旅游系列产品不过800人，而由19个单位、1300多人混编成一个共同的团队统一行动，在当时的全部是成人的团队操作中还是罕见的，团队操作难度之大当时无人可想。

虽然困难重重，然而王祖淦先生胆大细心又果断干练地操盘，使整个活动最终展现在世人面前时，进行得如同行云流水，一切尽在掌握之中。这一切都是因为有精心策划和准备，确保了活动进行的万无一失。

四、“通则久”——项目策划的效应分析

策划的成功与否在于企业是否通过该策划达到了既定目标。通过八仙山开业活动，天津市黄土地旅行社充分运用借势造势的手法，巧借各方资源成功树立起企业的形象，使旅行社业的“新生儿”成功地亮相并引起广泛关注，在天津市新闻界及旅游界都引起了长时间的轰动效应。“黄土地”在此后的经营和市场运作中也得益于此次成功策划的造势效果，达到了一箭多雕的效果。

（一）变“三无”为“三有”

1. 八仙山开业仪式的一波三折和天津市黄土地旅行社的精彩亮相，给当天参加开业仪式的领导、媒体记者、嘉宾和旅游者都留下了深刻的印象，并充分肯定了黄土地旅行社的实力。活动后，天津市各景区开始主动上门与“黄土地”联系并洽谈业务，表示愿意为“黄土地”提供最优惠的价格和宽松的合作条件，建立长期的合作伙伴关系。这不仅解决了“黄土地”在实际经营中的燃眉之急，又成功化解了新建旅行社当时不被同行了解和认可的实际困境，“黄土地”因此不但迅速建立起自己的外联关系网，还享有了同行给予更优惠的政策。

2. “借八仙山开业塑造形象”项目的策划，使天津市黄土地旅行社组织并操作了在当时实属罕见的全部由成人组成的超大团队，在设计策划和活动的组织操作上都总结了丰富的实战经验，给“黄土地”的员工以信心，不再因为没有经验和专业指导而缩手缩脚，使“黄土地”人具备了实战技能和实力，成为旅游业界操盘的佼佼者。同时，“借八仙山开业塑造形象”活动策划的成功，为“黄土地”此后举办各种主题、特色旅游活动积累了经验，奠定了坚实的基础，也坚定了“黄土地”要走创新经营之路。

3. 参加此次“八仙山”活动的旅游者受到了贵宾一般的礼遇和欢迎，亲身感受到了作为天津市黄土地旅行社旅游者的备受尊重，同时也体验了“黄土地”高质量的细心服务，认可了“黄土地”的实力。从此，天津市黄土地旅行社在消费者心目中产生了吸引力，在老百姓中形成了良好的口碑，迅速培育起自己的客户群。

（二）名利兼收且效应不断

1. 从活动的经济效益上来分析。1300多人的超大规模旅游团报价尽管很低，但保证了正常利润点，所获的盈利因量而较为丰厚。然而，这绝对不是蝇头小利。“黄土地”在没花一分钱宣传费的基础上，得到了几十家中央及地方各大媒体的密集型宣传。据权威人士的评估，从几十家媒体集中并遍地开花地报道量和效应上、从新闻宣传和广告宣传的效果等方面来分析，天津市黄土地旅行社就赚取了相当于三四十万元的广告宣传费，达到了新建企业初创时期所预期最大效果的广告宣传效应。企业实力通过在活动中充分的展示，让很多景区和相关联单位都把重点合作单位定位在了“黄土地”，在此后经营中成本的降低就成了利润的持续增长点。通过媒体文字和画面对这次活动的宣传，使更多的人认识了“黄土地”，不但企业形象在市场上予以了定位，而且还潜移默化地在目标市场中培育了潜在的顾客群，为今后的市场拓展工作做好了铺垫。至今，十年过去了，八仙山景区宣传册中使用的依然是当年开业庆典的照片，天津市黄土地旅行社的旗帜依然在飘扬，影响仍在延续，也因这张唯一保存下来的景区原始资料而永久性地载入了天津旅游史。

2. 在“八仙山”开业典礼遭遇冷场的情况下，天津市黄土地旅行社以“天降救兵”的身份出现在众人面前，使得该项目策划的目标圆满完成：即在社会心目中树立了良好的企业形象，展示了企业实力。业界同行和各级旅游主管部门充分接受并认可了天津市黄土地旅行社，为旅行社今后的经营活动创造了有利条件。从此，“黄土地”在天津市旅游局取代了天津金牛旅行社的位置，成为1996年天津蓟县山货旅游节和1997年中国北方旅游交易会的唯一指定协办单位。特别是1999年的世界体操锦标赛在天津举办，虽然天津市黄土地旅行社是国内社，也被国际大赛的组委会和天津市政府授予“定点接待单位”称号。

实务训练

1．组织学生参加旅游展览展销会，实地调查参展旅游企业的公共关系的运用，然后提出总结评估报告。

2．组织学生以班级或小组为单位进行联谊活动。联谊对象可以是本地区高校的班级学生，也可以是本地区的旅游企事业单位职工。活动形式可以是晚会、舞会、座谈会、体育比赛等形式。

3．组织为本地区的饭店、旅行社、景区策划一次庆典活动。

思　考　题

1．旅游公共关系专题活动有哪些基本要求？

2．旅行社和饭店的公共关系的特点和任务分别是什么？两者有何联系？

3．如何理解饭店公共关系策划的创新和“制造新闻”？

4．旅游节庆活动的内容有哪些？

5．旅游节庆活动的组织与策划的程序有哪些？应注意哪些问题？

第十章

旅游公共关系人员的素质与礼仪

学习目标

通过对本章的学习，熟悉作为公共关系人员所必需的道德修养、心理素质、知识涵养和能力素质。了解作为旅游公共关系人员所应有的礼貌修养和个人在接待中的仪容仪表，以及掌握在日常的旅游公共关系工作中的实际接待交际礼仪。

第一节　旅游公共关系人员的素质

旅游公共关系活动对公众有着极大的影响力，对旅游公共关系人员如果没有良好的思想素质，没有端正的品德修养，就会对旅游公共关系事业造成不利影响。所以旅游公共关系人员在从事公共关系活动时应有强烈的社会责任感、公正廉洁的品德、无私奉献的精神、热情诚实的工作态度、友善协作的团队精神。旅游公共关系人员的基本素质可以概括为以下几个方面。

1. 思想觉悟

旅游企业公共关系人员要有明确的政治方向和高度的政治觉悟，善于分析形势，敏感地把握社会环境变化发展趋势。

2. 政策水平

对旅游企业公共关系人员的政策水平要求，主要有以下两项内容。

1）掌握党和国家的方针政策，使旅游企业公共关系工作始终与国家的方针、政策保持一致。

2）熟练运用旅游企业内部的有关方针、政策，努力使每一次公共关系活动都能为企业总目标服务，有利于企业的生存和发展。

3. 职业道德

旅游公共关系职业道德的内容包括对旅游公共关系职业道德的思想认识、感情培养、意识锻炼、理想树立，以求最终养成良好的旅游公共关系职业的行为习惯。

诚实是旅游企业公共关系人员首要的职业道德，即要求公共关系人员在公共关系活动中，讲实话、办实事，对组织和公众以诚相见。

4. 精湛的业务水平

旅游公共关系人员应掌握专业知识、管理科学知识和一般知识，利用这些知识再加上自己的沟通和交际等综合能力，这样才能开创公共关系工作的新局面。

除此之外，旅游公共关系人员还要在公共关系工作中守信用、讲正气、坚持原则、不谋私利，积极维护企业组织与公众的利益。

一、旅游公共关系人员的道德修养

1. 旅游公共关系人员的职业道德素养

旅游公共关系人员职业道德的内容包括对旅游公共关系职业道德的认识、感情的培养、意志的锻炼、理想的树立，以最终养成良好的旅游公共关系职业行为和习惯。旅游公共关系人员直接代表他们所服务的组织，他们的行为和品德被视为组织形象的缩影。因此，无论是在职业活动中还是在个人生活交往上，都要始终如一地表现出良好的个性心理和高尚的思想品德。

诚信是旅游公共关系工作的核心，具体表现在以下几个方面。

1）对所服务的旅游组织忠诚、不谋私利。忠实地为实现组织目标工作、维护旅游组织的形象。为了维护旅游组织的正当权益。旅游公共关系人员应该道德地、有效地为旅游组织的行为进行正当辩护，但不应该遮掩或粉饰缺点或错误，不能文过饰非。

2）应对公众诚实，不向公众传播虚假信息。公共关系人员要站在公众利益的立场上阐明公众的意愿和要求，全心全意地维护公众的正当权益。

3）对同行业尤其是对同一公共关系组织的成员要诚实。这主要表现在对其他成员持公正态度，相互之间要诚挚、坦率、通力合作，不能互相拆台。

旅游公共关系人员在公共关系工作中要公道正派，坚持原则。旅游公共关系人员是旅游组织和社会公众的中介人，如果只考虑个人或本组织的利益，最终必将有损组织形象和声誉。旅游公共关系人员应不谋私利、不见利忘义，这样才能发挥自己的胆识和才能，勇敢地同各种形式的不正之风作斗争，赢得组织及公众的信任和支持。

旅游公共关系人员还应具备豁达大度的美德，集思广益，制定正确的适应各种条件变化的公共政策，最有效地实现组织的公共关系目标和整体目标。

世界各国都十分重视公共关系人员的职业道德建设，较著名的行业准则有《国际公共关系协会关于公共关系的行为准则》、《美国公共关系协会关于公共关系业务的职业道德准则》等。这些准则所规定的精神主要有：公共关系人员应认真地了解和遵守社会道德、法律、政策等基本规范，真实地进行信息收集、整理、分析和传播，公正地对待公共关系活动中的各方群体，持久地保持廉洁的作风，坚持公共关系的理想追求而不迎合社会中的某些低级趣味，保护组织和公众的有关秘密，不提供有损公众利益和组织信誉的服务，不同时为竞争双方服务，不屈服于不正当的压力，不在业务中谋取个人利益。不损害同行的业务信誉。

2. 旅游公共关系职业道德的特点

（1）职业意识的自觉性

旅游公共关系职业道德既不具有社会法律的强迫性，又不具有组织规章制度的强制性，它是旅游公共关系人员自觉遵守的职业规范。只有道德意识强烈，并且自觉树立了旅游公共关系职业道德观念，全心全意为公众服务，敢于同各种不道德的行为作斗争的人，才能成为一个职业道德高尚的人。

（2）职业行为的规范性

旅游公共关系职业行为的规范性是指在道德观念和道德意识的支配下所形成的职业道德标准，具有约束旅游公共关系人员的行为的作用。旅游公共关系职业道德的规范性，主要通过道德舆论、道德信念、道德习惯和道德榜样的作用来调节旅游公共关系人员的行为。旅游公共关系职业道德和旅游组织的规章制度、劳动纪律、操作程序等融合在一起，共同发挥作用。旅游公共关系职业道德的这一特点，要求旅游组织必须十分重视道德舆论、道德信念和道德习惯的力量，树立先进典型、制定行为标准。要在旅游组织内部形成一种人人关心职业道德，人人遵守职业道德，自觉抵制和反对不道德行为的团体气氛。

（3）作用范围的广泛性

旅游公共关系职业道德基于社会上层建筑，是一种思想境界、信念、情感和道德愿望，因此具有广泛的作用。

二、旅游公共关系人员的心理素质

1. 基本的心理素质

旅游公共关系人员首先必须自信，自信是对每个行业从业人员职业心理的最基本要求。古人云：“自知者明，自信者强。”一位法国哲学家也说：“自信心对于事业简直是奇迹，有了它你的才智才会取之不尽、用之不竭。一个没有自信的人，无论有多大才能

也不会有成功的机会。”其次是热情，热情能使公共关系人员兴趣广泛，对事物的变化反应敏感，且充满想象力和创造力。最后是开放，开放型的人能宽容各类与自己性格不同、风格不同的人，能海纳百川，异中求同，与各类人员建立良好的关系。这正是公共关系工作所特需的一种优良品质。

2. 旅游公共关系人员的心理素质

旅游公共关系人员长期从事人际关系协调工作，形成了职业性的特殊品质。旅游公共关系活动具有多样性、复杂性和高度创造性等特点，因此一位称职的旅游公共关系人员必须具备良好的心理素质。这些素质主要包括以下几个方面。

（1）良好的认知素质

这一素质主要指观察、注意、记忆、想象等方面的能力。

1）观察力。观察力是有意知觉的能力，它直接影响旅游公共关系人员对客观事物认识的范围和程度。旅游公共关系人员的观察力应客观、全面、敏锐。旅游公共关系人员观察力的培养与锻炼，要依赖强烈的观察意志和正确的观察方法，有顺序、有系统、不间断地进行。

2）注意力。注意力是随意注意的能力，即按预定目标在特定时间将心理活动指向特定对象的能力。旅游公共关系人员为了适应复杂多变的公共关系活动，应具有稳定、广阔和转移性良好的注意力。

3）记忆力。记忆是过去经历过的事物在头脑中的重新反映，包括识记、保持、重现、再认识这四个基本环节。旅游公共关系人员应识记敏捷、保持持久、迅速回忆和再认识。

（2）情感意志素质

旅游公共关系人员的情感意志素质主要包括情绪和意志。

1）情绪。旅游公共关系人员必须善于保持良好的情绪，保持积极的心境，控制消极的情绪，在各种意外变故面前保持临危不乱、从容自如的良好应激状态。

2）意志。意志就是自觉确定目的，且根据目的来支配、调节行为，实现预定目的的心埋过程。旅游公共关系人员应具备果断、顽强的意志品质，善于选择时机，把握时机，随机应变，坚持不懈地克服困难，圆满地实现和完成旅游公共关系的目标及任务。

（3）个性心理特征

1）气质。气质是人们与生俱来就具有的比较稳定的心理特点。目前心理学还不能编拟出构成气质类型全部特性的完整方案，但根据已有的研究，一般将气质类型分为多血质、胆汁质、黏液质和抑郁质四种。多血质气质的人通常具有以下特点：感受性低而耐受性较高，不随意的反应性强；具有可塑性和外倾性；情绪兴奋性高，外部表露明显；反应速度快而灵活。胆汁质气质的人通常具有以下几个特点：感受性低而耐受性较高，不随意的反应性高，反应的不随意性占优势；外倾性明显；情绪兴奋性高，抑制能力差；反应速度快，但不灵活。黏液质气质的人通常具有以下特点：感受性低而耐受性高，不随意的反应性和情绪兴奋性均低；内倾性明显，外部表现少；反应速度慢，具有稳定性。抑郁质气质的人通常具有以下特点：感受性高而耐受性低，不随意的反应性低；严重内倾；情绪兴奋性高而体验深，反应速度慢；具有刻板性，不灵活。

应当指出，并不是所有的人都可按照四种传统气质类型来划分，只有少数人是四种气质类型的典型代表，多数人是介于各类型之间的中间类型。因此，在判断某个人的气质时，并非一定要把他划归为某种类型，主要是观察和测定构成他的气质类型的各种心理特性以及构成气质生理基础的高级神经活动的基本特性。

作为旅游公共关系人员应善于调整自己的心理状况，根据不同的工作场景。对自身气质扬长避短。

2）性格。性格是一个人表现在态度和行为上的比较稳定的心理特征和行为方式，心理学将人的性格分为理智型、意志型和情绪型三类。从旅游公共关系工作的角度出发，旅游公共关系人员应用理智的分析和坚定的意志客观冷静地、实事求是地作出正确的判断决策。此外，还要有探索精神与热情、广泛的兴趣与较强的求知欲、善于诱发并倾听他人意见、对挫折具有较强的承受能力等。

3. 旅游公共关系人员在心理素质方面的主要要求

1）对紧张心理的控制能力。旅游公共关系人员应能够很好地控制自己的急躁情绪，通过直接行动比对问题匆忙地进行抽象分析更容易得出较为客观的结论。

2）好奇心与求知欲。由于在解决公共关系问题时要采用一系列的方法，所以旅游公共关系人员应具强烈的好奇心与求知欲，不能放松学习，并在关键形势下及时地“调出”平时储存的有益于解决问题的信息。

3）过人的追求精神及雄心大志。成功的公共关系人员一般都具有过人的精力、追求精神及雄心大志。他们能够迅速地进行工作，不怕承担风险。这一点对于公共关系经理尤其是一种非常重要的内在素质。

4）具有弹性的态度。旅游公共关系人员应具有从其他人的角度观察问题的能力，例如从管理经理、报社编辑或敌对公众的角度观察问题，这有助于找到协调双方利益与观点的“接合点”。

三、旅游公共关系人员的知识素质

1. 旅游公共关系人员的具体知识素质

旅游公共关系工作涉及的知识面极广，要求旅游公共关系人员具备广博的知识。旅游公共关系人员的知识从总体内容上来分，应包括专业知识、管理科学知识和一般知识三部分，这三部分知识及其相互关系，构成旅游公共关系人员所应具有的知识结构。

旅游公共关系专业知识是指与旅游公共关系工作相关的理论和实践知识及操作技能。旅游公共关系理论知识包括旅游管理和公共关系这两个方面。旅游管理方面的知识

范围主要包括旅游学概论、旅游管理学、旅游经济学、旅游市场营销学、旅游心理学、旅游文化学等，公共关系方面的知识主要包括公共关系学、组织公共关系学、公共关系心理学、公共关系实践及应用领域的知识技能。旅游公共关系人员必须将这两个体系的知识技能有机地结合起来，并创造性地运用到旅游公共关系实际工作中去。

旅游公共关系人员必须熟知旅游组织各职能部门的一般情况、旅游组织的经营管理状况、旅游企业主要竞争对手和客户关系情况、国家有关旅游政策法规及对旅游组织的影响等，同时要有效地协调和管理来自各方面的信息和情报，为旅游组织的管理和经营工作当好参谋。旅游公共关系工作就其实质来说是一种组织协调和管理活动，因此旅游公共关系人员必须具有扎实的现代管理科学知识。

由于电子计算机等技术的介入和国际交往接触的增多，旅游公共关系人员要过硬地掌握外语、计算机操作和各种宣传技能。掌握外语是为了适应国际旅游发展的趋势，便于涉外公共关系工作中的交流，迅速了解国际旅游发展及相关的信息、拓展视野；掌握计算机应用知识和技能是信息载体的网络化趋势及办公自动化的要求。与此同时，旅游公共关系人员还应掌握与公共关系工作相关的录音、摄影、摄像和影音编辑技术，以及现代广告、通信传播等方面的知识与技能。

旅游公共关系人员处理的是错综复杂的公共关系问题。旅游公共关系业务要求公共关系人员的知识构成具有多学科、多门类的优势，知识背景越丰厚，处理事务能力就越强。其中，市场经济和人文科学两大方面的相关知识对旅游公共关系人员的意义尤为突出。市场经济方面的知识包括经济学、营销学、贸易学、工商管理、企业管理、会计学、统计学等方面的知识，人文科学方面的知识应包括社会学、国际关系学、管理学、社会心理学、政策学、行为科学、法学、大众传播学、新闻学等方面的知识。此外，还应较全面地学习文化史、社会生活史、宗教民俗学等。所有这些知识都能帮助旅游公共关系人员建立较全面的社会知识体系，拓宽观察社会的视野，加深对社会的认识和理解，对做好旅游公共关系工作极为有益。

旅游公共关系工作所需的技能主要是写作、演讲，所以也应掌握相关的学科知识。

2. 旅游公共关系人员知识的特征

旅游公共关系人员的知识是理论与实践的结合体，其知识结构具备专业性、综合性、实践性和层次性的特点。

1）专业性。旅游公共关系人员的知识与旅游公共关系工作的专业特点相联系，以旅游公共关系工作的需要为出发点和归结点。因此，专业知识是旅游公共关系人员知识结构的核心。

2）综合性。旅游公共关系涉及社会的各个阶层、各个领域，所以旅游公共关系人员必须拥有多方面的知识并善于捕捉各方面的信息。一名出色的旅游公共关系人员应该是“通才”。

3）实践性。旅游公共关系人员学习积累和更新相关的知识都离不开公共关系实践，并通过公共关系工作的实践经验，将理论知识进一步上升、概括、提炼，再转而指导实践工作。

4）层次性。构成旅游公共关系人员知识结构的各个部分的侧重程度应有所不同。旅游公共关系人员在学习的过程中，应根据工作的性质、特点，有重点地安排学习计划，并不断地更新原有的知识。

四、旅游公共关系人员的能力素质

旅游公共关系人员的角色身份要求是多重的，他们有可能被看作公共关系专家，但大多数情况下则是与他人沟通的实施者和问题解决过程的推进者。但不管是什么角色，旅游公共关系人员要积极树立现代思想观念和意识，积极学习现代知识，同时要求具备以下方面的能力和相应的素养。

1. 判断决策能力

旅游公共关系人员应根据旅游组织的目标制定切实可行的发展战略和策略，从战略的角度去策划目前的公共关系活动，保障旅游组织根本利益与目标的实现。首先要站在全局观念的基础上，全面客观地考虑各种因素，善于在整体和全局中把握公共关系的时机和策略，综合考虑组织、公众、传播方式等各个环节因素。其次需要敏锐而又准确地判断工作主旨、要解决的问题、要研究的课题。最后制定出合理并切实可行的公共关系计划方案。

2. 交际能力

旅游公共关系人员的工作中包含有与他人打交道的过程，因此在向对方展露自己的立场观点、价值观念、志趣爱好、生活事业信念的过程中，旅游公共关系人员应给人以热情、开朗、真诚、直率、豁达、坦荡、渊博、深邃的印象，以达到在交往中启发对方、感染对方、吸引对方的效果。旅游公共关系人员往往要接触大量的、不同社会地位和社会背景的各类公众，他们必须学会与各行各业，各种不同层次、不同水平和素质的人友好相处，保持合作共事的稳定联系。在具体交往中要善于理解他人、尊重他人、信任他人、关心他人、帮助他人、容忍他人，要严于律己、宽以待人，并能及时为他人出谋划策、排忧解难。

3. 表达能力

旅游公共关系基本的工作内容就是向旅游组织内部和外部公众宣传自己，诱导公众改变态度，这就要求旅游公共关系人员具有较强的口语表达能力，通过宣讲使得听众接受你的观点。旅游公共关系人员要善于运用口头的、文字的、视觉的、体态的、行为的等多种方式传播信息，特别是口语表达能力、写作能力，实现最佳的宣传效果。

4. 应变能力

旅游公共关系人员需要与各种公众打交道。在与各方面联系、沟通中一定要抱着豁达、大度、宽厚、谦和的态度，在解决公共关系问题时要十分耐心，充分容忍公众的误解和不恭，甚至特殊场景中的无理和蛮横的态度。对公众要细致地劝说、诱导，尊重对方意愿，要善于与不同性格、不同习惯、不同爱好、不同观点的人求大同存小异，合作共事。能够适应不同的工作场景，从容应对各种变化。

5. 组织能力

旅游公共关系人员的工作庞杂、烦琐，面临的公众千差万别，很难采取标准化、程序化、条理化的方式去开展工作。因此在旅游公共关系工作中，公共关系人员要能纵观全局制订出周密详尽的通盘计划，将不同职业、层次、特点的人按工作任务和相互作用机制组合成一个彼此协作的整体。在具体活动中，公共关系人员应具有较强的指挥、协调和应变的能力。

6. 创新能力

从事旅游公共关系工作要善于开动脑筋，不断创新，开拓新局面、走出新路子，哪怕是一次平凡的集会、一则报道、一次展览、一幅广告，公共关系人员都要充分发挥自己的创造力，刻意求新，这样才能使公共关系活动生动活泼、有感染力。旅游公共关系工作的多样性给旅游公共关系人员留有极大的创新余地。公共关系人员应时刻注意培养自己思维的开放、求异，积极观察动态环境，活跃自己的想象力和思维灵感，争取创造出优秀的公共关系业绩。

第二节 旅游公共关系人员的礼貌与礼仪

5000年的历史长河孕育了中华民族悠久的文化，逐渐形成了大家共同认可的道德规范和行为方式。在改革开放的今天，文明礼貌风尚在影响和促进国际交流、推进社会的文明与发展方面发挥了极其重要的作用。做好服务就必须学会以“礼”待人，以优质周到的礼貌礼仪服务，为各方面公众提供舒适愉快的服务，从而展示组织的文化氛围和民族的传统美德，树立组织的良好形象。

1. 礼的基本概念与作用

（1）礼

《辞海》中对礼的解释是：本谓敬神，引申为表示敬意的通称。礼的含义比较丰富，它既可指为表示敬意而隆重举行的仪式，也可泛指社会交往中的礼貌与礼节，是人们在长期的生活实践中约定俗成的行为规范。

（2）礼貌

礼貌是人与人之间在接触交往中相互表示敬重和友好的行为准则，它体现了时代的风貌与道德品质，体现了人们的文化层次和文明程度。礼貌是一个人在待人接物时的外在表现，它通过言谈、表情、姿态等来表示对人的尊重。

（3）礼节

礼节是人们在日常生活，特别是在交际场合中，相互问候、致意、祝愿、慰问以及给予必要的协助与照料的惯用形式。

（4）礼仪

礼仪是一个复合词语，包括“礼”和“仪”两部分。“礼”指“事神致福”（即敬神）；“仪”指“法度标准”。在礼学体系中，礼仪是有形的，它存在于社会的一切交往活动中，其基本形式受物质水平、历史传统、文化心态、民族习俗等众多因素的影响。因此，语言、行为表情、服饰器物是构成礼仪最基本的三大要素。

礼貌、礼仪各有其自身的特殊含义和要求。礼貌是表示尊重的言行规范；而礼仪则是表示敬意而举行的隆重仪式和程序。

2. 礼仪的作用

1）尊重作用。人际交往中尊重是相互的，当你向对方表示尊敬和敬意时，对方也会还之以礼，即“礼尚往来”。

2）约束作用。礼仪作为行为规范，对人们的社会行为具有很强的约束力。礼仪一经制定和推行，便成为社会的行为规范和习俗，人们都应遵守和服从，都将自觉或不自觉地受到约束。如果一个人我行我素，不能遵守社会上普遍的礼仪要求，他就会受到道德和舆论的谴责。

3）教育作用。礼仪作为一种道德习俗，对全社会的每一个人都在施行教育。礼仪一经形成和巩固，就成为社会传统文化的重要组成部分，世代相传。在人类社会的发展和进步中，礼仪的教育作用具有重要意义。

4）调节作用。人际关系是人类社会中极为重要的关系。一个人如果没有良好的人际关系，就无法满足个人的归属感，受尊重感，就会怅然若失甚至惶惶不安。如果一个单位或者整个社会人际关系混乱、紧张，就不会有安定团结的局面。礼仪作为一种规范、程序，作为一种凝固下来的文化传统，对人们之间的相互关系模式起着固定、维护和调节的作用。

在日常生活中，当人们发生矛盾冲突时，如果能够讲究礼貌，相互尊重，通过礼仪相互谅解，矛盾就容易得到化解，生活就会充满友好和温馨。讲究礼貌礼仪是一个国家、一个民族的社会风貌、道德水准的重要标志之一，是人们思想觉悟、文化教养、品德修养程度的重要标志之一，也是人们正常地进行社会生产和社会生活的起码条件。

一、旅游公共关系人员的礼貌修养

礼貌礼仪修养，简单来说就是一个人在待人接物方面的素质和能力；也是指在个人交往中，自觉地按照社会公共生活的准则要求，不断地进行自我锻炼、自我养成、自我提高的行为活动，并经过努力形成自己的一种在待人接物时所特有的风度。

礼貌修养不是先天就有的，而是后天磨炼的结果，是通过人们有意识的学习、仿效、养成而逐步形成的，每个人都可以通过自己的努力学习和实践磨炼而获得良好的礼貌修养。对于旅游公共关系人员，可以通过以下途径来加强礼貌礼仪修养。

1. 在学习中加强修养

我国有着悠久的礼貌礼仪传统，古代、近代、现代的典籍中，有卷帙浩繁的礼貌礼节知识；世界其他国家也有着各不相同的礼节风格。随着世界交往的扩大，礼仪既形成了共同遵守的国际准则，又各具民族特色。作为对外联系频繁的旅游公共关系人员，应该注意搜集和学习礼仪知识，不但在礼仪方面博闻多识，而且在自身礼仪修养的实践上也能提高到新的高度。同时，对于礼貌礼仪知识懂得越多越全面，在待人接物时就越能应付自如。在公共关系工作中经常会遇到各种不同的工作对象或不同场合的接待工作，这就要注意他们是否会有一些不同的礼貌习俗和礼仪要求。比如，在一些正式的场合（会议、宴会）上必须要按个人的身份来安排座位等。如果不懂得这其中的礼仪知识，而凭自己的想法去办事，轻则闹笑话，重则影响工作，造成不良后果。

2. 在实践中加强修养

实践是动机和效果由此及彼的桥梁，仅仅从理论上掌握了礼仪知识还不够，还要到实际社交活动中去加以运用。有的人谈起礼仪来头头是道，可一到社交场合，就害怕出“洋相”或者紧张、羞怯，这都是缺乏实践锻炼造成的。只有积极投身到实践之中，才能发现自己的优势和弱点，也才能对症下药，弥补不足之处。只要在社交活动中多听、多看、多想、多学，自己的礼貌礼仪修养就会不断提高，在社交活动中也会越来越受人们的欢迎。

3. 在向同行学习中加强修养

三人行，必有我师。向同行学习也是旅游公共关系从业人员加强礼貌礼仪修养的一条直接途径。有经验、有修养的同行是学习的典范，这比理论知识和实践摸索所带来的启发更为直接和有效，你可以从他们的言行举止、待人接物、处理问题上学到实际的服务规程、应变技巧等，学到如何与客人更好地沟通，如何为客人提供更优质的服务。向同行学习要虚心，谦虚真诚才能赢得别人的以诚相待。在学习的过程中，通过不断地对照别人，检查自己，发现差距，及时完善，从而提升自身的礼貌礼仪修养，争取成为别人的榜样。

二、旅游公共关系人员的接待交际礼仪

1. 公共关系交际礼仪的概念

礼仪是指人们在公众场合应该遵守的行为规范和个人的文化教养，是人们在交际中约定俗成的礼节和仪式。

（1）公共关系礼仪的含义及特征

“礼仪”是一个合成词，指人们在日常生活或专门活动中必须遵守的礼节和程序。“礼”是人们在交往过程中为了表示相互尊敬和友善而共同遵循的行为规范，具体内容包括礼貌和礼节。“仪”是人类在交往过程中应当表现出来的外在风貌和遵循的行为程序，具体内容包括：仪表、仪容、仪态和仪式。

（2）礼仪是一种文化现象

世界各地区和民族的礼仪，其产生、发展和演化都是社会物质生活和精神生活的反映。从礼仪的形成和演变看，其背后是一个民族源远流长的文化和宗教信仰。

（3）公共关系礼仪的起源与本质

进入现代商品经济社会，人与人之间的关系发生了重大的变化，与此同时从古代一般的社会礼仪中分化出了专门的公共关系礼仪。公共关系礼仪的起源，可以概括为四个方面。

1）公共关系礼仪起源于传统礼仪的母体。一个社会是不断发展的，但社会的文化又是延续流传的。任何一个国家或民族，都无法摆脱自己的文化传统。现代公共关系礼仪是对传统礼仪的继承、发扬和改造。

2）公共关系礼仪服从于现代商品经济发展的需要。现代社会生活的基础是商品经济，高度发达的市场经济成为现代公共关系礼仪诞生的催生婆。

3）大众传播媒介推动了公共关系礼仪的发展。大众传播不同于人际传播，它建立在现代电子技术和通信技术的基础上，面向全社会的广大受众，每日、每时都在不断地制造、复制、发送各种信息。大众传播媒介在为各类社会组织发送信息的同时，也满足了公众对信息的需求。现代传播媒介在为组织塑造形象的同时，也将组织的各种公共关系礼仪发送出去，推动了公共关系礼仪的发展。

4）公共关系礼仪是公民意识不断提高的产物。改革开放和商品经济的发展，使全社会人民群众的公民意识有了很大的提高。人只有在正确认识了自己的公民身份，明确了自己的权利和义务后，才能树立起尊重他人的意识，而不是对上阿谀奉承，曲意逢迎；对下作威作福，仗势欺人。

2. 公共关系礼仪的特点

公共关系礼仪是礼仪的一个重要分支，是指社会组织及其成员在与公众交往的过程中所应具有的合乎社交规范和道德规范的礼节、礼貌、仪式等的总称。公共关系礼仪作为一种传播和沟通的技巧，是公共关系人员在社会交往过程中必须遵循的礼节和仪式。

随着现代公共关系活动的普及和发展，公共关系礼仪就是公共关系人员应该具备的基本知识和素养，已成为直接塑造公共关系人员自身形象、间接塑造社会组织形象的基本条件，以及公共关系人员获得自尊与自信、社会组织获得理解与支持的重要手段，在社会组织“内求团结、外求发展”中发挥着其他公共关系形式不可替代的作用。

公共关系礼仪与礼仪相比具有以下特点：第一，有备而为——运用追求目的性。第二，全员施礼——操作追求群体性。第三，不拘一格——形式追求艺术性。

3. 旅游公共关系接待礼仪的基本原则

每一个旅游公共关系人员参与接待交际活动时都应保持良好的精神状态，展现符合自己身份的言谈举止和原则，给对方留下一个良好的印象。具体来讲，公共关系接待礼仪的基本原则有以下几点。

1）尊重公众的原则。尊重公众的原则具体表现为尊重公众的人格；尊重公众的个性爱好和性格特征；尊重公众应当具有的各种公民权利。

2）公平对等原则。在公共关系工作中平等地对待一切公众，是搞好公共关系工作的基本前提。人与人之间、人与组织之间、组织与组织之间，在正式交往的过程中都要考虑参加人员的身份、人数、接待规格等方面的礼仪规范，要坚持对等的原则。

3）从简实效原则。随着人类社会的进步，礼仪也在不断地发展变化。古老礼仪中也有过于烦琐、不实用的内容，甚至成为社会发展的桎梏。因此在实际的公共关系活动中，我们要本着古为今用、洋为中用的原则，去除那些繁文缛节、礼宾教条，使各种礼节仪式要遵循当下的规范或约定俗成的惯例，自然得体，恰到好处，以求达到节约时间、节约经费的目的，使旅游公共关系礼仪更好地为组织塑造形象服务。

4. 旅游公共关系接待工作的分类

根据旅游公共关系工作常见的内容可分为业务接待、组织业务会谈、组织公众联谊活动等。

（1）业务接待

旅游公共关系业务接待工作的内容是很多的。在业务接待工作中，要注意布置好业务接待室。接待室直接影响着接待工作的气氛和公众的交谈情绪。就客观效果而言，接待室不仅可以体现旅游组织的实力、地位，展示旅游组织的精神风貌，而且可以显示对来访公众的尊重。接待室应具备较好的自然条件，如采光、通风、环境幽雅宁静；接待室的装饰应和谐、美观、宽松自然，在干净、清洁、整齐、明亮的同时，富有艺术性。

如果没有独立的接待室，也可在办公室中腾出比较安静的一角，使来访者可以从容不迫地提出询问和投诉。谈话过程中最好能避免他人干扰，如有条件，应该与来访客人一一分别对话。同时要注意为等候的人准备座位、茶水、画报。接待室应设有电话，以便在谈及有关问题需要询问其他部门时，可以立即打电话出去。

（2）组织好业务会谈

组织好旅游组织与公众之间的会谈活动，是旅游公共关系接待工作最本质的内容。为了确保会谈的效果，公共关系接待人员首先应在会议开始前安排有关方面的领导人在门口迎接访客的到来，以真诚亲切的方式表达欢迎之情。旅游公共关系接待人员要有熟练的主持会议的技巧，注意创造畅所欲言、轻松和谐的会场氛围。会议结束前注意“收拢”，所达成的结论应明确表决；如未取得一致，在总结时要积极寻找共同点和妥协点，以保持双方有继续会谈的积极性。

（3）组织公众联欢活动

公众联欢活动的方式主要有公众联谊会、交谊舞会、文艺招待晚会、参观游览活动、节假日祝贺活动以及聚餐和宴请活动等。组织公众联欢活动有利于创造和谐的氛围，提高公共关系工作的效率。只要运用恰当，它们都有助于增进旅游组织与公众之间的友谊，加强相互之间的交往联系，赢得公众的合作。

5. 旅游公共关系接待工作的策略

旅游公共关系接待工作与其他公共关系工作一样，也存在策略问题。巧妙地运用各种接待策略，可以有效地提高接待工作的质量水平，以达到良好的效果。

在旅游接待工作中，首先注意语言的感化。公共关系人员主要是通过语言交流（包括体态语言和口头语言）来完成工作任务的。因此，公共关系人员应有意识地运用友善、和蔼的体态语言和口头语言。感化公众，获得公众的好感。在正确运用文明规范的旅游接待服务情景用语（多用敬语、谦语）的同时，严格遵守旅游接待服务工作忌语的规定。

其次是微笑表达、热情服务。微笑能显示出热情、友善、和蔼、礼貌的感情，引发公众产生愉快的情绪和美好的联想。旅游公共关系人员应树立“微笑即工作”的观念，在心态上时时要求自己欣赏公众，努力寻找公众的可爱动人之处，使自己产生愉快的心态。微笑应自然、动人，有效地感化公众。

最后应该是赞美贴近。赞美公众可以创造融洽的交往环境，贴近公众，赢得公众的友善。旅游公共关系人员在称赞公众时，应注意赞美的真诚性、可信性。赞赏要发自内心，赞美之词要恰到好处，赞美表达方式要亲切。不要做作、虚夸，否则适得其反。

6. 旅游公共关系中的交际礼仪

旅游公共关系活动包含广泛开展的社交活动。交际活动的成败，在某种意义上讲，直接影响到旅游活动的成败。要实现成功的交际，必须掌握一定的交际礼仪。

（1）介绍的礼仪

介绍和被介绍是一种经常采用的社交形式。介绍的作用在于缩短人们之间的距离，扩大社交圈子；同时介绍还可以消除不必要的误会，以创造愉悦的氛围。

介绍的基本原则如下。

1）女士优先。在西方文化中非常尊重女性的社会地位，在为他人作介绍时，应先把男子介绍给女士。如果有一位女士第一次进入社交场时，已在场的成人男子应起立表示尊重，待该女士就座后，其他男子才可坐下；其他在场的女士点头示意即可。

2）将晚辈介绍给长者。年龄是介绍顺序的标志之一，把晚辈介绍给长者，表示对长者的尊重。

3）将未婚女子介绍给已婚女子。先把未婚女子介绍给已婚女子，表示对已婚女子的尊重。若无法辨认婚姻状况，则可随意介绍。

4）将地位低的人介绍给地位高的人，这是一种西方社会贵族文化的烙印，表示对地位高的人的尊重。如果二者地位差不多，则以年龄决定介绍的顺序。

5）集体介绍时的顺序，若主人在正式宴会做介绍时，则应按先宾后主、先尊后卑、先女后男的原则依次进行。如果介绍自己不熟悉的人，则应以“朋友”称呼。

介绍的注意事项如下。

1）在社交场合初次与外国人相识，应由第三者介绍，或作自我介绍。如果为他人介绍外国友人，要熟悉双方的情况，并应先征求双方的意见，切勿冒昧介绍。

2）介绍时，应说明自己与被介绍人的关系，便于新老朋友相互熟悉。在介绍时，神态要自然、大方，不可随便指点别人。以全名或姓氏加头衔作介绍，口气要委婉亲切，不可用傲慢命令式的口气。

3）作自我介绍时要讲清自己的姓名、身份、国籍、单位或职业，也可互换名片，不要打断他人的谈话，力求简洁。态度要自然、友善、随和，既不要过分谦虚，也不要自吹自擂。

4）在介绍时，介绍人要站起来作一一介绍。被介绍者除年长者或女子外，应站起来示意。当听了介绍后，双方应握手表示尊重和幸会。

5）交换名片。名片是现代人际交往的重要工具，在人际交往中发挥着重要作用。旅游公共关系人员在接待过程中，递送名片时要毕恭毕敬，双手奉上；接受公众的名片时，也要双手去接，毕恭毕敬。名片设计力求简洁、实用、美观；名片式样选择单面式样较好，即中文、英文都写在正面，背面的空白可留作记录专用。

（2）接待的礼仪

在旅游公共关系接待活动中，首先，要注重形象。公共关系人员着装要端庄整洁、朴素大方，符合职业和岗位的要求，不穿损害公司与自身形象的服装。化妆清淡自然，不佩戴过多首饰。其次，创造良好的环境。接待室是旅游公共关系的场所，应创造一种典雅、舒适、幽静的环境气氛，留给来访者良好的“第一印象”。接待室可分中式、西式两种风格。中式接待室一般采用自然光，应突出洁净、朴实、方便以及传统文化等风格；西式接待室一般不采用自然光，多用灯光，应注意创造光线和色彩的柔和、深沉、高雅、豪华格调。无论是中式接待室还是西式接待室，都要注意空气清新，保持适宜的室温、相对的湿度。室内应配备必要的通信和音响设备、宣传资料、接待用品。整理好自己的办公桌与办公用品，保持整洁有序。最后，对待来宾要热情周到，要用礼貌用语。礼貌用语可归结为“五声十字”：问候声“您好”，道别声“再见”，道歉声“对不起”，道谢声"谢谢"，恭敬声"请"。这是对于旅游从业人员的基本要求。注意称呼时声音优美、语音标准、音量适中、语速柔缓、语调婉转，要讲普通话；说话注意遣词造句，表达力求完整、清晰、确切、简洁；大方自然，面带微笑、表情自然、举止文雅，给客人以美的享受。

（3）握手的礼仪

握手是在现代交际活动中使用频率最高、适应范围最广泛的一种礼仪。无论认识与否，年长年轻，见面或告别时，感谢或祝贺时，鼓励或慰问时，都可以施行握手礼。既然握手是一种礼仪，就有着一套完整的要求。

1）握手要注意姿态。行握手礼时，通常距离受礼者约一步，两足立正，上身稍微前倾，伸出右手，四指并齐，拇指张开与对方相握，微微抖动三四次，然后与对方的手松开恢复原状。

2）握手要先后有序。一般应由主人、长者、身份高者及妇女先伸手。客人、年轻者、身份低者应先问候，待对方伸手后再伸手。当同级平辈见面时，双方伸手不分先后。

3）握手要掌握力度。一般情况下握一下即可，不必用力。久别重逢的朋友、熟人握手力度可大一点。男性与女性握手时，往往只要微微握一下女方的手指部分即可。但是如果用力过小，也容易使人感到你是一个拘谨、傲慢无礼或者虚伪的人。

4）握手要充满热情。握手时应双目注视对方，面带笑容，体现出主动、热情和真诚。如果漫不经心或东张西望，边握手边看其他人和物，这既违背握手礼的基本要求，也是对对方的不敬，是失礼的行为。

5）握手要讲究卫生。与人握手应该注意保持双手的卫生，以不干净或湿的手与人相握是失礼的行为。握手时，男性不可以戴手套，女士所戴的薄绒手套则可以不脱。男性如实在来不及脱手套，或正在工作来不及洗手，要向对方表示歉意。

6）握手要区分场合。握手看似平常，也要分清场合，区别对待。在一般情况下，熟人与老朋友之间，握手可随便些。如果在重大场合需握手的人比较多时，与每位握手时间要大致相等，力戒"厚此薄彼"。还需注意，不要几个人竞相交叉握手，或者跨门槛甚至隔着门槛握手，这些做法也是失礼的行为。

（4）称呼的礼仪

在交往中，不论是用口头语言还是用书面语言，称呼都十分重要。准确地称呼交往对象，是知礼的第一体现。旅游公共关系人员很有必要了解称呼礼仪中的国际惯例、地域差异与一般禁忌。

称呼的国际惯例主要有以下两个方面。

1）一般称呼。对任何成年男子统称为"先生"，女子称呼有"小姐"、"女士"、"夫人"、"太太"之分。对不了解其婚姻状况的女子可泛称"小姐"或"女士"前面冠以姓名、职务、头衔等。在商务性交往中，一般称呼交往对象为"先生"、"小姐"、"女士"。在政务性交往中，可直接以对方的职务相称，也可以把姓名、尊称、职务组合起来称呼，如××总理先生。

2）特殊称呼。主要是对某些人员的专门称呼。如对王室成员，习惯上称国王、王后为陛下，称“公主”、“王子”为殿下。对有爵位的可称呼其爵位，也可称“阁下”、“先生”。对宗教人士，一般称呼其神职，具体有三种：仅称神职，如“教皇”、“牧师”；姓名加神职，如“约翰神父”；神职加先生，如“传教士先生”。对军人一般称其军衔或军衔加先生；知道姓名的可称呼姓名加军衔，有的国家对将军、元帅等高级将领称“阁下”。若交往对象在社会上有一定的学位、学术性头衔等，可以此称呼，如“法官”、“教授”、“博士”等，也可与姓氏或名字混合在一起使用，如“乔治·伏特教授”。对于关系非常亲密的人，如在家庭成员中、夫妇之间、父母对子女、兄弟姐妹之间、恋人、情人之间，则可用昵称。

称呼的禁忌主要有以下几个方面：不要使用易混淆的称呼，如“爱人”、“夫人”、“老人家”等；不要用绰号作为称呼；与交往对象一面之交的，一般不宜直呼其名。

（5）交谈的礼仪

问候时要根据特定的时间、场合、对象采用不同的问候方式。问候语要简短，不要多说废话；能够点头示意的，不要说上三言五语。双方都应多说关心的话，使人感到亲切、温暖，宜多用省略句、无主句、感叹句。问候方式是多种多样的，但问候语一定要口语化，切不可故弄玄虚，更不能粗俗不雅。不宜按照常规问候或使人无法应答和难以应答的特殊场合，应机敏地绕开令当事人难堪的话题。谈些无关的话，这也是获得和谐气氛的问候语。特殊场合下的问候，一定要慎重、自然、合乎情理。与旅游者谈话时应注意以下几个方面。

1）谈话时要首先弄清对方姓名、身份，弄清对方谈话的意图，以便使自己谈话得体、有礼有节。谈话时态度要自然大方、和蔼可亲，切莫夸夸其谈、自吹自擂、强加于人。也不要过分谦卑，因为过分客气，不但难使客人领会你客气的用意，反而会造成误会而导致失礼。客人谈话时不论语气和内容如何，都应以和悦的态度注意倾听，不可左顾右盼。自己谈话时应注视客人，面向客人。有三位以上的客人在场谈话时，注意不要只与某一人长谈而冷落其他人，至少应间断地向其他客人致礼貌性词语。

2）谈话和回答问题要实事求是，恰如其分。对客人提出的要求，没有把握不要给肯定的允诺，要留有一定的余地，但已允诺的事则无论如何也要想办法做到。谈话中如非办理手续的必要，不要问及客人的私事。不要问女士年龄、婚姻、有无子女等，不打听客人的职业、履历、财产、收入、身着的服装质量和价格、所携带物品的有关情况等。不以客人的生理特点为话题，如胖、瘦、高、矮等。

3）要给客人充分的说话机会。客人说话时不要随便打断和插话；如果出现了误会，有必要插话解释，但一定要注意礼貌，先征得客人允许才能讲。对弄不清、拿不准的问题，和同事简单商量一下是可以的，但不要只顾商量，而长时间地让客人等待。谈话时尽量少打手势，需要打手势时动作也不可太大。说话的声音以对方能听清为准，与客人之间的距离应在 1～4 米。工作时间不要和同事交头接耳、私语窃笑。不要使用客人听不懂的语言，不要议论他人。如果谈话内容不适宜他人听，应寻找适当机会和地点。客人之间谈笑，不可靠近旁听。

（6）落座的礼仪

在正式的庆典、会见、会议、谈判等场合，落座是很有讲究的。落座的礼仪主要有三条原则。

1）“以右为尊”，即尊贵的客人在右边，主人在左边，其他人员一律按照右高左低的原则排列。这是一种国际惯例，目前我国的礼宾活动也在向其靠拢。这与中国“尚左”的传统习惯不同。在某些只有国内人员参加的场合，也有“以左为尊”的情况。

2）“以前为上”，即在前排就座的高于后排就座的。

3）“对门为大”，即在一些圆桌会议的场合，请最尊贵的客人坐在正对客厅大门的位子上，而背对大门的位子地位最低。

（7）电话的礼仪

1）选择适当的通话时间。在周一到周五的早上 8 点以前，周六、日的早上 10 点以前，每天晚上 10 点（假日最好在 9 点）以后，早、中、晚的用餐时间段不宜打电话给别人；有午睡习惯的地区，也不要在中午打电话。与国外通话还要注意时差和生活习惯，选择一个双方都适合的时间为宜，这样可以避免干扰受话人及其家人的休息。

2）在打电话拨号前，应先考虑一下讲话的内容和表达方式。电话接通后，应通报姓名、单位，然后再确认对方的号码或单位，报出受话人的姓名；当确定为自己的受话人后，即可阐述自己的电话内容。在表述、交谈过程中，应力求音调自然、简明扼要、口齿清晰、条理性强。通话时间尽量控制，内容要精简，闲聊要适可而止，不要长时间占用电话。

3）接电话的礼节。电话铃响起后，应立即接通，最好不要让铃声超过三遍。拿起话筒要用礼貌、谦和的语言说：“您好，这里是××。”注意不要问：“你在哪儿？你找谁？”若这样与英美人打电话，对方很可能会觉得你不懂礼貌而挂断电话。接电话时讲话要清晰、简练、准确、热情，讲话声音适中，忌矫揉造作。注意倾听对方讲话，既不要贸然打断，又不可沉默不语，要根据内容不断随以“是”、“对”、“嗯”的应声。同时应根据公众的具体内容作出正确的反应：若是上级主管部门的通知，做好记录并复述一次。若是顾客公众的投诉电话，应马上表示歉意，询问受害情况，然后耐心、友善地听公众倾诉，并提出相应的解决办法；电话结束时，不宜先把电话挂上，应先等公众挂上电话后再轻轻放下听筒。

此外，若受话当事人不在，可礼貌地说：“对不起，××不在，有什么事我能代为转达吗？”若允许代转，就做好记录（记下对方单位名称、姓名、具体内容等），若不需代转，可告知××大约什么时间在，请再打来电话。为了搞好电话接待，接待人员还要特别注意熟悉记住常用的通信电话号码。

4）打电话的语言技巧。西方许多国家都很讲究打电话的礼仪，常用的客套语有：开头先报出自己的姓名然后说“您好”、“对不起，打扰了”，最后道声“谢谢”或“再见”。电话交谈时，应多用肯定词语，少用否定词语，酌情使用模糊的不确定的词语；

多用致歉和客气的请托词，少用傲慢、生硬的词语，语音语调要温和文雅，语速适中，言谈之中表露友好而乐意与对方交谈的亲切感。

（8）馈赠的礼仪

送礼是向对方表示心意的物质体现，是增进友谊、促进友好交往的形式之一，一般用于喜庆、节日、感谢、探视病人、送行、拜访做客、还礼等时间与场合。馈赠之前，要对礼品进行认真地选择。赠礼者要考虑受礼者的性别、年龄、教养和嗜好，挑选有特色、实用、恰当的礼品，并为受礼者所喜爱。礼品不可太贵重，太贵重的礼品容易造成受礼者的心理负担，有行贿之嫌。礼物的轻重要根据送礼者的经济情况和双方感情深度决定。

1）赠送礼品的方法要对路。

① 礼品包装要得体。赠送的礼品一定要带包装，而且包装要精美。切不可把一堆乱七八糟的礼品放在一起，这是对受礼者不尊重的表现。讲究包装可以提高礼品的附加价值，表示对受礼者的尊重。给外国人送礼品，一定要把礼品包装好，即便礼品本身有包装，也要再加上精美的包装。

② 赠送时机要把握。节假日、嫁娶、庆典、生日、纪念等喜庆日子是馈赠礼品的良机，犹如锦上添花。在受礼者陷入困境或遭遇不幸时，馈赠礼品犹如雪中送炭，并会给对方留下最深刻的印象。如果时机不佳，不如不送。

③ 赠送途径要恰当。如何将礼品送交受礼人，有两种基本方法：一种是当面亲自赠送，向受礼者面呈；另一种是委托他人转送。一般情况可当面亲自赠送，受礼者当面开包装欣赏时，应向他介绍礼品的寓意、用途、特征、产地等细节。有时因故受到时空等限制，为把握时机婉转表达情谊，也可委托他人转送，或快递、邮寄贺礼、喜礼等礼品礼金。通常应在礼品盒内或礼金袋内，附上一张送礼人的名片、贺卡。

2）注意馈赠礼物礼品禁忌。

不同国家和地区、不同民族、不同宗教文化历史背景、不同的职业地位，对礼品的禁忌各有不同，因此在挑选赠送的礼品前，必须了解到受礼者对礼品的禁忌信息，赠送礼品切勿冒犯禁忌，务必回避下列几类禁忌。

① 礼品品种类别的禁忌。如穆斯林地区忌讳送酒，当地的习俗认为酒会误大事，是对真主安拉的不敬，受用酒是很大的“罪过”。

② 礼品色彩、图案、形状的禁忌。拉丁美洲的墨西哥人与秘鲁人对紫色忌讳；穆斯林对刀子、动物类或近乎裸体的女人图案、画像、形状忌讳。

③ 礼品数目的禁忌。如日本人忌讳“4”、“9”，西方人忌讳“13”。此外，送礼品给外国人，不要将自己的品位、习俗和偏好强加于他人。

以下物品一般不得作为礼品赠送。

① 现金和有价证券。世界上许多国家都有明文的法规制度规定，为维护清廉、公正和尊严，禁止公务人员、经济从业人员和其他利益关联的工作人员接受以现金和有价证券作为礼品的赠送。

② 文物、天然珠宝、皮草、珍稀动植物及以其原料制作的物品、贵重金属饰物。世界上许多国家对文物保护、自然资源和生态环境保护都有明文的法规，禁止将上述物品作为礼品赠送。

③ 药品、补品、保健品。对西方人而言，个人身体健康状况属于个人的隐私范围，因此，将药品、补品、保健品作为礼物是不受欢迎的。

④ 广告、宣传促销类赠品、物品。西方人极度崇尚个人的尊严，自我保护意识很强，将带有广告词、宣传用语或明显的公司标志的物品作为礼品送人，会被对方误解为在利用他，或有借机进行政治的、商业的宣传动机。

⑤ 引起异性误会的物品。给关系一般的异性朋友送礼品，千万不要赠送带有示爱的或不敬寓意的礼品或留有此类言词，以免引起误会。

⑥ 涉及国家机密、行业机密或单位机密的物品和其他有伤风化的不道德物品。无论出于什么动机，不要将此类物品送给别人，否则不仅损害国家的、行业的或单位的利益，触犯法律、道德的准则，而且还暴露了自己的卑劣人格品质。

⑦ 除特产外，食品不宜保存，故不送为佳。正式的场合尤其不要送食品；容易引起受礼者家庭不和的物品，如烟、酒、麻将等，也最好不送。

⑧ 不要以钟、鞋、药、白布为礼。在涉外交往中，要特别注意外国的禁忌，否则馈赠的效果会适得其反。

（9）异性交往的礼仪

女士优先，对女性彬彬有礼、恭敬谦让是国际上普遍的文明教养惯例。在与外国人交往中，不可忽视这个惯例。

1）应讲究“女士优先”的场合。男士与女士在街上行走时，男士应走在靠近马路的一侧。在遇到障碍与危险时，男士应走在女士的前面，为其开道。在进出门，上下汽车或电梯时，男士都应主动为女士开门。男士在陪伴女士时，不应吸烟。在乘坐公共汽车或火车时，男士应先行而上，为女士寻找座位。在飞机上，使用卫生间或拿取报刊等物时，男士应谦让女士先行。

在社交场合，男士应先向女士问好。凡有女士入室时，男士都应起身相迎。初次与陌生女士相识时，是否与其握手，要由女士采取主动。

外出用餐时，男士应帮女士将椅子拉出让女士先行入座，而后坐在女士的左侧或对面。在点菜时，男士应先将菜单递给女士，请其点菜。在女士开始进餐后，男士方可进餐。

2）应了解和尊重对方的兴趣、爱好和忌讳。男士在与女士交谈中应注意了解和尊重对方的兴趣、爱好和忌讳，找准相近的共同点，适当主动地展开恰当的话题，用有分寸的谈吐进行，才会有交流的互动和默契。

3）应注意时间和空间的恰当。与异性交谈时，时间过短或拖延过长，不理会对方的心理感受与愿望，不考虑地点场合，让女性感到窘迫，都是没有教养的失礼行为，会让女性感到不自然而生厌。

4）应保持正常化的健康心态。为了赢得对方的好感，过于注重对方对自己的看法、评价，心理紧张而显得畏畏缩缩、手足无措，或过于夸夸其谈、卖弄风情，炫耀自己的长处，都会适得其反。而在异性面前过于随便、放肆，出口不逊、举止粗俗轻浮，甚至话题和举止带有性侵犯的倾向，都会让异性生厌，甚至有受到侵害的不安全感。

三、旅游公共关系中的礼貌修养

1. 接待工作的礼貌修养

在旅游公共关系工作过程中，除了要遵循日常交际和公共关系活动中所要遵循的礼仪准则外，由于旅游服务工作自身的特点，旅游公共关系人员必须具有良好的礼貌修养，掌握主要客源国家和地区的风俗习惯和礼仪知识。在接待服务过程中，区别不同时间、场所、情景、接待对象和客人所在地的风俗，正确运用问候礼节、称呼礼节、应答礼节、迎送礼节、操作礼节，体现旅游服务的水平。

1）接待客人。接待客人要谦虚有礼、落落大方、表情自然、不卑不亢，既不低三下四，也不过分拘谨。见到客人，主动问好，用词准确，说话得体，语言亲切，态度和蔼，面带微笑。

2）日常服务。日常服务要尊重客人风俗习惯和宗教信仰。对客人服饰、面貌、形体、不同习惯和不同宗教信仰的动作、语言，不讥笑，不品头评足。称呼客人得体，服务操作规范，不大声喧哗、聚众说笑。动作轻稳，不随意打扰客人。进入客房应先敲门，服务操作时不乱翻、乱动客人物品。客人用餐主动领位、拉椅让座。操作过程中处处体现礼貌。

3）遵守时间。约请宾客或按宾客提出的时间提供某种服务，均应严格遵守时间，提前1～2分钟到达，不随意拖拉、延误，更不能有失约现象的发生。

4）尊重老弱妇女。对老弱病残、行动不便的宾客，礼貌尊重，照顾耐心，服务周到。接待服务中，尊重西方客人“女士优先”的习惯。对带小孩的客人特别照顾，未经客人允许，不随意抱玩客人的小孩。不随意摸小孩的头部，以免引起宾客的不满。

5）需要忌讳的不礼貌行为。不打听外国客人的年龄、私事、收入、婚姻状况、志向等。注意客人对数字、颜色、花卉等方面的忌讳。

在旅游公共关系工作中，良好的礼貌修养有利于改善人际关系、提高人员素质、改善经营管理。因此，旅游组织必须加强对旅游公共关系及服务人员礼貌修养的培养，通过教育培训、制度约束和群众性道德评估活动，形成讲究文明礼貌的良好风尚，促使员工逐步提高礼貌素养，养成礼貌习惯。

2. 旅游公共关系人员的个人礼仪

旅游公共关系工作者由于其工作性质、承当角色的要求，必然对其形体、穿着打扮、举止等都有相应的规定，并且在不同的工作场合分别具有不同的要求和规范。公共关系人员其实在很大程度上是组织或公司形象对外的代表，不仅对组织或公司在公众心目中的地位起着重要的作用，而且从公共关系人员本身就可以看出公司的素质。组织或公司的领导人则更是如此。因此每位员工一言一行都要注意，它不仅代表个人，而且代表组织或公司。

良好的个人礼仪是一切公共关系活动的起点，是一切社交场所必备的“通行证”。体态是语言，服饰会说话，微笑是“世界通行的货币”，个性和教养具有独特的魅力。因此，公共关系人员所具有的礼仪知识和良好素质，是一个人成功的关键，也是一个组织公共关系活动成功的关键。

（1）形态礼仪

形态是一个人体态与表情的综合表现，是人精神气质的外在彰显。公共关系人员要想在公众面前表现得精神焕发、举止优雅、具有感召力和亲和力，就必须时时注意自己的体态、动作、表情。在人际交往的过程中，这些体态构成了一种无声的语言，向公众传达不同的信息，我们必须学会使用这种语言。

1）立姿。中国古人有“站如松，坐如钟，卧如弓”的说法，形容人的各种体态，是很有道理的。站姿的基本要领是：男子在站立时，应端正、庄重，具有稳定感。一个人端立于前，从正面看去，以鼻为点向地面做垂直线，两侧的人体均衡对称。挺拔与稳定的站姿表现了男子特有的坚定沉着的性格与信心。女子站立讲究挺直、舒展，古人常以“亭亭玉立”来形容女子。其动人的立姿表现为：自然直立，挺胸收腹，腰直肩平，下巴微收，使头、颈、腰、腿保持在一条直线上，重心放在双脚中间脚弓前端位置。

2）坐姿。坐姿要体现端庄、大方、自然的特点。落座时要轻缓，不可猛地砸进沙发。落座后要注意上身挺直，不可半躺半卧地埋在沙发里。坐姿的基本要领：男子坐姿，要躯干正直，肩不歪头要正，腰背贴椅，两腿自然弯曲，双脚并列地面，四肢摆放不宜开太大，以形成一种端正规矩、平稳舒适的坐姿，即所谓“坐如钟”。女子的坐姿则更能显示一个人的风度和修养。女子落座时要从容大方，即使很疲劳，也应颈直目平，两手重叠静放脚上。双腿自然弯曲并拢，如穿裙子，要注意把裙脚收好，从椅子起身时，收腹提气，靠腿部支撑站立起来，全身站稳后再迈步。女子的优美坐姿有以下六种。

① 双腿垂直式。具体要求是，双腿垂直于地面，双脚的跟、膝盖直至大腿都需要并拢在一起，双手自然放在双腿上。这是正式场合的最基本坐姿，可给人以诚恳、认真的印象。

② 双腿叠放式。具体要求是，上下交叠的膝盖之间不可分开，两腿交叠呈一直线，才会造成纤细的感觉。双脚置放的方法可视坐椅的高矮而定，既可以垂直，也可与地面呈 45° 斜放。脚尖不可翘起，更不应直指他人。采用这种坐姿时，切勿双手抱膝，更不能两膝分开。穿超短裙时应慎用。

③ 双腿斜放式。坐在较低的椅子上或坐沙发时，最好采用这种坐姿。具体要求是，双腿并拢之后，双脚同时向右侧或左侧斜放，并且与地面形成 45° 左右的夹角。这种坐姿使得就座者的身体呈现优美的“S”形。必须注意两膝不宜分开，小腿间也不要有距离。

④ 双脚交叉式。具体要求是，双腿并拢，双脚在踝部交叉之后略向左侧或右侧斜放。坐在主席台上、办公桌后面或公共汽车上时，比较适合采用这种坐姿，感觉比较自然。

⑤ 双脚内放式。其做法是，两条小腿向后侧屈回，双脚脚掌着地，膝盖以上并拢，两脚稍微张开。这种坐姿尤其在自己并不受注目的场合使用，显得轻松自然。

⑥ 脚踝盘住收起式。椅子较低时，除可斜坐之外，还可以将脚踝盘起，往椅子下面靠。但像沙发这样下面没有空间的椅子就不可采用这种坐姿。

女子就座时还要注意两点：第一，在正式场合就座时，背部要保持挺直。不应倚靠在椅背上，尤其是不应把头靠在椅背上。第二，应注意就座后双手放置的位置。一般坐下之后，双手可自然地放置于双腿之上。其他的放置形式都是不雅观的，也是非常失礼的。

3）走姿。最能体现出一个人的精神面貌的姿态就是走姿。从一个人的走姿就可以了解他的欢乐或悲痛，热情而富有进取精神或失意而懒散，以及是否受人欢迎等。人在行走时要保持稳重、平衡的姿态，不要东张西望，左盼右顾。走路时，要求头部端正，腰部挺拔，步履稳健，步幅均匀，上身避免左右摇摆，前仰后合。男子要刚劲有力，显出阳刚之美；女性要款款轻盈，显出阴柔之美。在一般公共关系活动场合，避免匆忙地奔跑，即使有急事时，也要尽量使脚步放轻，不要带出声响。如果在有许多人的场合，必须向周围的公众说“对不起”，侧身从人群中穿过。

4）手势。手势是人际交往过程中非常重要的一种表达思想、情感的方式，是一种独特的体态语言。在社交活动中，手势运用要正确、规范、优美、自然。手势要配合语言运用，手势不可太多，动作幅度不宜过大。手势要尊重宾客的风俗习惯，使宾客能够理解，并体现自己的个人修养。

5）微笑。表情是人的情感的外在形式，是人的心理活动有意无意的流露与表现。在公共关系活动中表情同样也是传达思想的重要工具。人们通过微笑表达自己友好的情感。微笑是一种富于吸引力的表情和态度，是塑造个人美好形象所必需的素质。因为微笑最能表达一种热情而积极的处世态度。善于微笑的人通常给人以安全感、愉快感，是成熟人格的象征。

6）行的礼节。乘坐小汽车的次序和座次是比较讲究的，如是四个座位的小汽车，一般后排右侧靠窗的位置是上座，为主宾的座位；后排左边的位置次之；如果后排是三个座位，则中间位置为第三位；司机旁边的位置为低。乘主人自行驾驶的小轿车，以前座为尊，作为主客理应陪坐于前方；当前座客人中途下车而去。则后座之客人应即移坐前座，补其空缺，相陪主人，方不失礼。上车时打开车门应请客人或长辈先行上车。下车时最低位先下车。和女性一起坐车时，应先让女性上车。

坐飞机或火车，靠窗边的位置是上席，向着车辆前进的方向更好。在火车上，四人对坐的位置前进方向靠窗口的为第一位，对面为第二位，第一位旁边为第三位，对面为第四位。

7）个人礼貌习惯。旅游服务人员要有良好的礼貌习惯。不在工作时吸烟，不在客人面前吃东西、打喷嚏、挖耳、搔痒、脱鞋。上班前不吃葱、蒜等有异味的食品，不饮酒，以免引起客人不舒适的感觉。个人卫生方面，头发要适时梳洗，发型要朴实大方；要经常修指甲，保持指甲清洁；要经常洗澡，身上不能有汗味；要养成经常漱口的好习惯，口里不能有异味。

（2）服饰礼仪

服饰是指人的服装穿着、饰物佩戴、美容化妆等几个方面的总称。服饰是一种文化，从不同的服饰我们可以看到人内在的文化传统。而所谓服饰礼仪，就是人们在穿着打扮方面应该了解和遵守的惯例与规范。

服饰礼仪的主要作用是为人们的打扮提供一个可参照的标尺。它告诉人们，在各种各样的具体情况下，应该怎样打扮，不应该怎样打扮；针对每一个人，什么样的装扮才是美的，什么样的装扮是不美的。同时，服饰礼仪又时时刻刻在提醒人们，每个人的穿着打扮绝非个人的私事，而是与对他人的尊重与否密切地联系在一起的。

1）款式。服装的款式是一种造型艺术，相同的衣料通过服装设计师的加工，可以变成不同的样式。服装给人的第一印象就是款式，可以使用于不同的场合，表达不同的意义。由于服装的样式非常多，我们只能简单地将其分成正装、社交装和便装三类。

① 正装是在上班和参加各种会议、谈判、庆典及正式宴会时的着装。目前我国男士正装主要指西服和中山装，女士则以西服套装和套裙为主。这类服装对质地要求较高，必须是很好的毛料，这样才能显得既挺括亮丽，又柔软舒适，手感良好。

② 社交装是在出席各种非正式会议、晚宴、联谊活动等场合的穿着。目前在我国，男士在社交场合多穿西装、燕尾服等服装；女士则穿晚礼服、旗袍等长裙。2001 年我国成功地举办了 APAC 上海会议，“唐装”因各国首脑的示范效应而一下走红，为中国人士增加了一种社交服装的选择。

③ 便装是人们居家、旅行、参加家庭宴会、少数亲友聚会时穿着的服装。目前在我国，男士常见的便装包括夹克衫、两用衫、T 恤衫、牛仔服等。女士的便装则更为广泛，可以包括各种时装。

2）选择服饰的原则。服饰的选用不仅要适合自己的身份、年龄、性格和生理特点，更要注意穿着的场所。国际流行的 TPO 原则，有一定的通用性。TPO 是英文 time、place、object 三个英文单词的缩写，意思是时间、地点、目的。人们在选择服饰时，要注意这三个要素。一个人无论以什么身份在社会上活动，在服饰方面都有一定的、起码的要求。着装反映了一个人的精神面貌、文化素养和审美水平。重视社交场合的服饰与仪表是对人际关系敬重、礼貌的表现，服饰与仪表可帮助公共关系人员完善自我形象。

3）公共关系人员的服饰要求。一个合格的公共关系人员，在社交的各个不同场合，必须把服饰与仪表作为沟通人际关系、融洽感情和作为搞好本企业、本单位事业的重要窗口。因此，公共关系人员应高度重视自己的服饰与仪表，并把它看成是公共关系人员必备的素质之一。一般来说，对公共关系人员的服饰要求有以下几个方面。

第一，整洁大方。服饰必须整齐、清洁、端庄、大方。

第二，整体和谐。我们在服饰礼仪中所说的服饰，不完全是指日常生活中衣服和装饰物，而主要是指在着装后构成的一种状态。它包括所表达的人的社会地位、民族习惯、风土人情以及人在着装之后的美与丑。必须从整体综合的角度来体现各因素的和谐一致，做到适体、入时、从俗。例如：一位女推销员在美国北部工作，一直都穿着深色套装，提着一个男性化的公文包。后来她调到阳光普照的南加州，她仍然以同样的装束去推销商品，结果成绩不够理想。后来她改穿色彩淡的套装和洋装，换一个女性化一点的皮包，使自己增加了亲切感。着装的这一变化，使她的业绩提高了25%。

第三，展示个性。选择什么样的服饰，在很大程度上体现出穿着者的个性。在服饰整体统一的同时，追求个性美可以说是现代生活的一大趋势。公共关系人员在社交场合展示个性要把握好三点：一是尽可能不与同伴穿一样的衣服，免得引起别人去比较谁好谁差。二是注意与同伴的服饰又不能反差太大，否则也会引起议论。三是在服饰的款式、色调、质地上要尽量与客人和在场领导的服饰协调，切忌衣着太突出自己，表现得“与众不同”，那样会颠倒“主从关系”，与公共关系人员的身份不合。

【案例】

有位女职员是财税专家，她有很好的学历背景，常能为客户提供很好的建议，在公司里的表现一直很出色，但当她到客户的公司提供服务时，对方主管却不太注重她的建议，她所能发挥才能的机会也就不大了。

一位时装大师发现这位财税专家在着装方面有明显的缺憾：她26岁，身高147厘米、体重43公斤，看起来机敏可爱，喜爱着童装，像个小女孩，其外表与她所从事的工作相距甚远，客户对于她所提出的建议缺少安全感、依赖感，所以她难以实现她的创意。这位时装大师建议她用服装来强调出学者专家的气势，用深色的套装，对比色的上衣、镶边帽子来搭配，甚至戴上重黑边的眼镜。女财税专家照办了，结果客户的态度有了较大的转变，很快，她成了公司的董事之一。

由此可见，一个人的仪表不但可以体现他的文化修养，也可以反映他的审美趣味。穿着得体，不仅能赢得他人的信赖，给人留下良好的印象，而且还能够提高与人交往的能力。相反，穿着不当，举止不雅，往往会降低你的身份，损害你的形象。

随着社会经济、文化的发展，如何得体、适当地设计仪表已成为一门大有可为的学问。就寻职或在职的女性而言，服装风格的第一个原则是得体，例如在工商界、金融界或学术界，打扮过于时髦的女性并不吃香，人们对服装过于花哨怪异者的工作能力、工作作风、敬业精神、生活态度，一般都会持有怀疑态度。

3. 语言礼仪

旅游公共关系语言是指在旅游公共关系活动中所有具有一定意义并能引起互动的语言符号，具体包括有声语言、书面语言、无声语言、类语言、时空语言等。旅游公共关系语言的传播是指旅游组织和旅游公共关系工作者利用各种语言符号，有目的地将信息与旅游者或其他与旅游活动相关的个体或群体、组织进行传递和交流的活动。

旅游公共关系语言的信息传播，必须精确、准确、清晰，所传播的信息要能引起最佳“心理效应”——即要引起公众的“愉悦”和“互动”，调谐与各类旅游公众的关系，树立良好的旅游组织形象，激发旅游公众的顺意行为。

旅游公共关系语言是一种特殊的语言，它具有一般语言的共性，同时也具有其自身的特性。旅游公共关系语言艺术具有心理效应和美学价值，它是信息和情感交流的结合，是实用性和艺术性的统一。旅游公共关系语言艺术的使用，必须与语言运用时所处的语言环境和空间相适应，必须适当、妥帖、恰到好处，与语言使用者的地位、身份、角色及所处的场合等相适应。

旅游公共关系语言艺术的对象是旅游者和其他公众，这些公众的差异极大。从旅游者来看，其年龄、性别、文化层次、文化背景、个人偏好不同，对其使用的公共关系语言也应有所不同。旅游公共关系活动的空间和场所也是多变的。在游览景点、餐厅、客房、舞会、酒吧、康乐场所、办公室、商场、电梯等各个场所，都必须有相应的公共关系语言。

旅游公共关系语言艺术的表现形式是多种多样的。一般可以分为两类。

（1）有声语言

有声语言注重语音语调和言辞的礼貌性。在旅游公共关系活动中，不管在什么场景，都应该使用谦语和委婉语。谦语是谦虚、友善的语言，表示出充分地尊重对方，常用商量式的语气进行。委婉语是用好听、含蓄使人少受刺激的代词代替所要禁忌的词语，用曲折的表达来提示双方都知道、但又不愿点破的话题。广泛使用谦语和委婉语是沟通与公众的思想感情，使交际活动顺利进行的重要途径。

（2）无声语言

无声语言主要有默语、体态语这两类。默语的寓意丰富、时效性强、语境效应快。体态语包括首语、手势语、目光语、微笑语、姿势语、界域语、服饰语和类语言（包括声音要素、功能性发音这两种）等，能有效地弥补言谈沟通的不足，传递更多信息。

旅游公共关系人员还应通过对公众面部表情、语调、走姿、手势等去领略公众的心理状态，遇到语言激烈、情绪激动的公众就应特别使用温柔的语调和委婉的措辞，遇到情绪兴奋、欢悦的公众也应随之而语调轻快、热烈，遇到情绪不好的公众应用镇静、平稳、理解的语调尽量为他们排忧解难。

【小资料】

日常礼貌用语

初次见面说“久仰”；好久不见说“久违”。

等候客人用“恭候”；宾客来到称“光临”。

未及欢迎说“失迎”；起身作别称“告辞”。
看望别人用“拜访”；请人别送用“留步”。
陪伴朋友用“奉陪”；中途告辞用“失陪”。
请人原谅说“包涵”；请人批评说“指教”。
求人解答用“请教”；盼人指点用“赐教”。
欢迎购买说“惠顾”；请人受礼称“笑纳”。
请人帮助说“劳驾”；求给方便说“借光”。
麻烦别人说“打扰”；托人办事用“拜托”。
向人祝贺说“恭喜”；赞人见解称“高见”。
对方来信称“惠书”；赠人书画题“惠存”。
尊称老师为“恩师”；称人学生为“高足”。
请人休息说“节劳”；对方不适说“欠安”。
老人年龄用“高寿”；女士年龄称“芳龄”。
平辈年龄问“贵庚”；打听姓名问“贵姓”。
对方家庭称“府上”；道己家里用“寒舍”。
称人夫妇为“伉俪”；称人女儿为“千金”。

文明应酬十忌

美容——忌浓妆艳抹，服装——忌奇装异服，
饮食——忌狼吞虎咽，喝酒——忌贪杯狂饮，
做客——忌不讲礼貌，待客——忌冷漠无情，
言谈——忌粗俗低级，娱乐——忌影响他人，
乘车——忌争先恐后，骑车——忌违章抢行。

小　结

本章主要介绍了作为旅游公共关系人员所必需的素质，首先要有良好的品德，其次要有较好的心理素质，再次要有一定的知识素质，所有这些都是做好公共关系工作的基础，最后还要看你的能力素质，看你在工作中的表现。为了做好公共关系工作，除了以上所需要的素质外，在我们日常的公共关系工作中还要注意自己形象的设计以及公共关系接待中的礼仪规范，以更好地为公众服务。

本章重点：培养和提高公共关系人员的素质，在公共关系工作中加强道德修养，按照规范的礼仪程序做好接待工作。

典型案例

推销产品

风景秀丽的某海滨城市的朝阳大街，高耸着一座宏伟的楼房，楼顶上“远东贸易公司”六个大字格外醒目。某照明器材厂的业务员金先生按原计划，手拿企业新设计的照明器材样品，兴冲冲地登上六楼，脸上的汗珠未及擦一下，便直接走进了业务部张经理的办公室，正在处理业务的张经理被吓了一跳。

“对不起，这是我们企业设计的新产品，请您过目。”金先生说。张经理停下手中的工作，接过金先生递过的照明器，随口赞道：“好漂亮啊！”并请金先生坐下，倒上一杯茶递给他，然后拿起照明器仔细研究起来。金先生看到张经理对新产品如此感兴趣，如释重负，便往沙发上一靠，跷起二郎腿，一边吸烟一边悠闲地环视着张经理的办公室。当张经理问他电源开关为什么装在这个位置时，金先生习惯性地用手搔了搔头皮。虽然金先生作了较详尽的解释，张经理还是有点半信半疑。谈到价格时，张经理强调：“这个价格比我们预算高出较多，能否再降低一些？”金先生回答：“我们经理说了，这是最低价格，一分也不能再降了。”张经理沉默了半天没有开口。金先生却有点沉不住气，不由自主地拉松领带，眼睛盯着张经理。张经理皱了皱眉，问：“这种照明器的性能先进在什么地方？”金先生又搔了搔头皮，反反复复地说：“造型新、寿命长、节电。”张经理托辞离开了办公室，只剩下金先生一个人。金先生等了一会儿，感到无聊，便非常随便地抄起办公桌上的电话，同一个朋友闲谈起来。这时，门被推开，进来的却不是张经理，而是办公室秘书。请指出金先生的失礼之处，并说明原因。

分析提示：

1. 在进入他人办公室时，应先敲门，在征得办公室主人同意的情况下才能进入。

2. 当客户请自己坐下时，应表示感谢。

3. 当客户仔细观察自己公司的产品时，应及时对产品进行必要的介绍。

4. 在客户办公室内应坐姿正确，不能跷起二郎腿，在客户办公室内吸烟要得到主人的同意。

5. 在客户提出问题时，应及时做出解答。

6. 在价格问题意见不同时，应语气和善地与客户沟通。

7. 在客户离开办公室以后，不应自行拿起办公室的电话与他人通话。

实务训练

个人形象设计——展示综合能力训练。根据本章所学的知识，在平时的学习、生活中克服一些不良的习惯，注重形象气质的培养，练习自己的形体和着装打扮，并以班级为单位举行一次旅游从业人员礼仪竞赛。

思考题

1．旅游公共关系人员应具备怎样的基本素质？
2．旅游公共关系人员的职业道德有何特点？
3．旅游公共关系人员应具备哪些方面的能力？
4．礼貌礼仪在旅游公共关系中有何作用？
5．旅游公共关系活动中常用的交际礼仪有哪些？

参考文献

陈恢忠，郭小林．2003．公共关系学教程．武汉：华中科技大学出版社．

戴维新，周卫，徐刚．1998．公共关系学论纲．北京：警官教育出版社．

方其．2004．商务谈判：理论、技巧、案例．北京：中国人民大学出版社．

方宪玕．2004．公共关系教程．杭州：浙江大学出版社．

甘朝有，王连义．1999．旅游公共关系学．天津：南开大学出版社．

格伦·布鲁姆，等．2002．有效的公共关系．8版．明安香，译．北京：华夏出版社．

国家职业资格工作委员会公共关系专业委员会．1999．公关员职业培训和鉴定教材．上海：复旦大学出版社．

胡锐，弈德泉．1994．现代公共关系实务．杭州：浙江大学出版社．

居延安．1989．公共关系学．上海：复旦大学出版社．

卡特利普，森特，等．2001．公共关系教程．北京：华夏出版社．

刘代泉．2002．旅游公共关系学．重庆：重庆大学出版社．

刘军．2006．公共关系学．北京：机械工业出版社．

刘文广，张晓明．2001．商务谈判．北京：高等教育出版社．

吕莉．2006．我国旅游节事的策划与运作研究．商业研究，13．

马聪玲．2005．事件旅游：研究进展与中国实践．桂林旅游高等专科学校学报，1．

宁士敏．2003．积极应对“非典”影响，打好旅游产业恢复与发展战役．旅游调研，6．

欧国祥．1993．商贸公共关系原理与应用．成都：西南交通大学出版社．

秦美玉．2004．旅游节庆及其文化性因素论析．四川师范大学学报（社会科学版），5．

孙瑞亮．2006．第十六届青岛国际啤酒节闭幕．中国旅游报．

台湾新生报．1981．社商用 PR．台北：台湾新生报社出版部．

汪启明．1995．公共关系实务．成都：成都科技大学出版社．

王乐夫．1994．公共关系学概论．北京：高等教育出版社．

王玉琼，韩勇．2004．节庆旅游的现状及开发．成都大学学报（社科版），增刊．

肖辉．2001．实用公共关系学．北京：北京大学出版社．

徐舟．2005．旅游节庆活动的策划规划方法初探．平原大学学报，1．

杨哲昆．2002．旅游公共关系学．大连：东北财经大学出版社．

尹华光．2005．旅游公共关系与礼仪．长沙：中南大学出版社．

翟向东．1995．公共关系与市场文化．北京：中国商业出版社．

翟向东．1994．中国公共关系教程．北京：中国商业出版社．

张国洪．2004．旅游公共关系．2版．天津：南开大学出版社．

张国强，胡红卫．2004．实用公共关系学．长沙：中南大学出版社．

张洁，黄远水．2006．我国节庆旅游研究综述．平原大学学报，3．

张迺英．1999．公共关系学．上海：同济大学出版社．

张新生．2004．旅游销售技巧．北京：企业管理出版社．

张云．1994．公关心理学．上海：复旦大学出版社．

周忠兴．2003．商务谈判原理与技巧．南京：东南大学出版社．